疾風勁草

胡宗南

Against All Odds
Hu Tsung-nan and the Chinese Nationalist Army
in the Last Battles on the Mainland
（1949-1950）

與國軍在大陸的 **最後戰役**

（1949-1950）

胡為真 著
Wei-jen Hu, Ph.D.

推薦序

呂芳上
民國歷史文化學社社長
中央研究院近代史研究所兼任研究員

一

歷史的學術研究也有流行和時尚，1960 年代後，從研究晚清自強運動、戊戌變法而辛亥鼎革、五四運動到抗日戰爭，迄今戰後中國、冷戰時代的研究已乘勢而起。胡為真教授這本親自操刀的新書，論其時序正落在戰後國共內戰、冷熱戰交迭的當兒，符合現在的研究趨勢。

歷史學家常會碰到解不開的歷史問題，以中國近代史為例，大者如李約瑟的難題（Needham's Grand Question）、國共內戰勝負因素的各說各話；小者如中山艦事件的起因、西安事變如何結束、1949 年國軍西南據點的留防與撤守、古寧頭戰役「最長的一夜」凱歌誰屬等等。胡教授這本書正試著解釋 1949 年國、共對壘最後一役，胡宗南將軍在西昌之役的角色與功過。

二

如果把國軍分作黃埔的嫡系與非嫡系，人們認定胡宗南將軍為「天子門生」，擁有軍長、兵團總指揮、集團軍總司令、戰區司令長官、三顆星上將，屬「五個第

II | 疾風勁草：胡宗南與國軍在大陸的最後戰役（1949 - 1950）
Against All Odds: Hu Tsung-nan and the Chinese Nationalist Army in the Last Battles
on the Mainland（1949-1950）

一」的傑出畢業生。因而相同或不同派系的軍人，對
他的表現，檢驗往往格外嚴格。1949 年 10 月國府播遷
臺北前後，胡一度由成都走海南，後復回西昌，次年三
月胡部在西昌潰敗，大好河山至此盡失，這時的情景由
不得不使人想起孔尚任《桃花扇》中所說的：「養文臣
帷幄無謀，養武夫疆場不勇，到今日山殘水剩。」對西
南軍事勁旅期待落空，身負重責的胡，自然招來殊多物
議，甚至引來監察院的糾彈。其實，如從史事的發展
看，1948 年冬徐蚌會戰敗後，蔣中正實已有其政、軍
部署，如黃金、國寶運臺，作金融文物典籍的轉移；在
軍事上，一路西向到川、康是戰局的誘導，最後迫不得
已，政府才正式遷臺。嚴格說來，成都、西昌之役的失
敗，初在蔣、李（宗仁）過招未歇，繼則地方軍頭反覆
下，胡部當時未嘗不力作「死中求生」之謀，只是形勢
所迫，無補給、無後方、無運輸情況下，優勢不再，狂
瀾即使靠蔣、胡力挽，亦不可回。不過，歷史也告訴我
們，正因為康、川地區有被稱為「西北王」的胡將軍率
部一路抵擋，才使共軍不能及時全面「解放」臺灣，
讓國軍餘部得予從容有所安排布置，國府續命由此發
端，也才有日後臺灣的中華民國政府得在外交上打開出
路，在政治、經濟能有奇蹟式的發展，此種曲折歷史
意義，當時人、後繼者，豈能河漢。這一點在本書中
頗有闡發。

　　尤有進者，這本書論述本著「讓史料說話」的原
則，除文字流暢外，引註逾 300，徵引之資料更達 130
種之多。史家陳寅恪謂：「大抵私家纂述易流于誣妄，

而官修之書，其病又在多所諱飾。考史事之本末者，苟能於官書及私著等量齊觀，詳辨而慎取之，則庶幾其真相而無誣諱之失矣。」此書之作，接近此意。

三

多年前，我個人在一次偶然的機遇，參加了胡宗南將軍王曲七分校校友及舊屬的聚會，他們對胡將軍的愛戴與推崇，令人印象極為深刻。當年七分校校門對聯高揭：「鐵肩擔主義，血手著文章」；「升官發財請走別路，貪生怕死莫入此門」，這是黃埔精神與壯懷的延續。胡將軍個人練軍有成、屢建奇功，尤其有國無家、私款公用、忍辱負重的胸懷與修為，均可由其事蹟一一引證，民國史上又有幾人能及。

幾年前，胡為真教授已為胡將軍編印「胡宗南先生四書」，加上近年出版的《國運與天涯》（胡為真口述、汪士淳撰稿，2018）、《情到深處》（與汪士淳合撰，2020）以及這本《疾風勁草》，或可合為「胡宗南先生七書」。人謂：父母給予生命，子女給予父母生命的意義。信然！

推薦序

林桶法
輔仁大學歷史學系名譽教授

　　1949 年確實是中國的關鍵年代，中國大陸的統治由中國共產黨取代中國國民黨，體制由民主共和變為共產制度，國民黨失去中國大陸一直以來都是學界討論的焦點，推其原因甚多，如國民黨派系紛爭、戰後接收復員失利、學生運動頻繁、國際貽誤、通貨膨脹嚴重等，但其中最重要者厥為軍事的失敗；學界大多數認為國軍在三大戰役—遼瀋戰役、徐蚌會戰（淮海戰役）、平津戰役失敗是其中的關鍵，然而如果審視三大戰役後國共的軍力與戰力，國軍並非完全不可為，從三大戰役到中共渡江戰役之前，國軍的重整與佈署甚為重要，可惜蔣介石下野，李宗仁無力統治，陷於等待美國協助與和談的迷思，導致渡江戰役、淞滬戰役，國軍再度敗退，1949 年 5 月之後，國軍僅能控制東南及西南的部分地區，廣東雖為革命的策源地，但固守不易，是否以重慶大後方為反共的最後基地，考驗當政者的智慧。有幾個問題可能值得思考：其一，為何重慶大後方可以支撐八年奠下抗戰勝利的基礎，國共內戰時期國軍卻無法固守？其二，當時胡宗南是西南大後方最高的軍事統治者，政府對其最高的期待是長期固守甚至反攻，還是短暫固守作為將來轉進的準備？其三，西南戰局的失敗是

VI

疾風勁草：胡宗南與國軍在大陸的最後戰役（1949 - 1950）
Against All Odds: Hu Tsung-nan and the Chinese Nationalist Army in the Last Battles
on the Mainland（1949-1950）

中央決策的問題，還是胡宗南的問題？過去對西南戰局最後一役雖有研究論著，並未解決這些問題，隨著日記及許多檔案的開放，確有需要再檢視。

作者胡為真先生，為胡宗南長子，專精外交，學經歷豐富，思考敏銳，近幾年來最大的精神用於整理其父親的日記、相關資料，先後出版《一代名將胡宗南》（臺灣商務印書館，2014）、《胡宗南上將年譜》（臺灣商務印書館，2014）、《胡宗南先生日記》（國史館，2015）、《國運與天涯：我與父親胡宗南、母親葉霞翟的生命紀事》（時報文化，2018）、《情到深處：胡宗南將軍與夫人葉霞翟在戰火中的生命書寫》（臺灣商務印書館，2020 年，與汪士淳合著）等，可見其父子的深厚感情，除整理日記、書信與資料之外，胡先生勤讀資料，希望能以較親近的觀察、較客觀的態度，闡揚其父親的事功，本書即為其代表論著，利用《胡宗南先生日記》、「蔣介石日記」、《千鈞重負：錢大鈞將軍民國日記》、「王叔銘日記」等及當時重要的往來文電為基礎，從1949 年西南政局、西南地區派系、西南戰局決策、成都、西昌的撤退等方面進行論述，本書提供我們認識中國西南戰局，藉此了解國軍在西南戰事的失敗有其主觀與客觀的因素，許多「戰敗」將領汲汲為國家民族付出生命，後人應給於更多的同情理解。

中華民國地圖

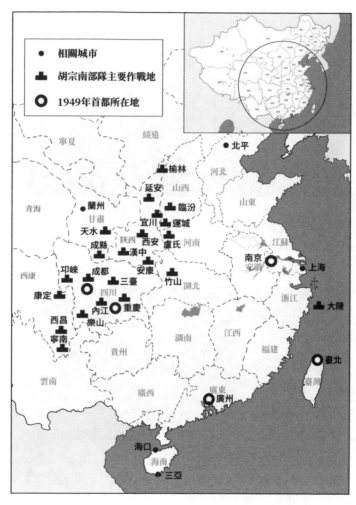

盤惠秦／繪製

VIII | 疾風勁草：胡宗南與國軍在大陸的最後戰役（1949 - 1950）
Against All Odds: Hu Tsung-nan and the Chinese Nationalist Army in the Last Battles
on the Mainland（1949-1950）

照片選錄

1942 年 9 月第八戰區胡宗南副司令長官與蔣中正委員長於西安常寧宮望遠亭。

1946 年底第一戰區胡宗南司令長官為在山西作戰有功部隊領導人授勳（整一師師長羅列，整九十師師長嚴明，整三十師師長魯崇義）。

1947 年元旦，胡宗南主任在王曲河西大操場西安督
訓處主持慶祝憲法成立及開國紀念大會。

1947 年 3 月西安綏靖公署胡宗南主任在延安向部隊官
兵講話。

1947 年 7 月 18 日西安綏靖公署胡宗南主任在陝西安塞
為第一軍有功官兵授勳。

1947 年 8 月蔣中正主席視察延安。

1949 年 10 月西安綏署兼川陝甘綏署胡宗南主任與夫人
葉霞翟於重慶。

1950 年 1 月西南軍政長官公署胡宗南代長官與蔣經國
先生在西昌合影。

XII | 疾風勁草：胡宗南與國軍在大陸的最後戰役（1949 - 1950）
Against All Odds: Hu Tsung-nan and the Chinese Nationalist Army in the Last Battles
on the Mainland（1949-1950）

1953 年胡宗南將軍夫婦為慶賀長女為美出生全家合照
於臺北（1954 年次女為明才出生）。

目　錄

推薦序／呂芳上 I

推薦序／林桶法 V

中華民國地圖 VII

照片選錄 VIII

摘　要 1

前　言　本書緣起 3

第一章　主要背景 5

第一節　大局形勢 5

第二節　蔣中正總裁的構想 11

第三節　國軍在陝由盛而衰 14

第四節　西安的撤守與反攻 23

第五節　西安綏署部隊一般情況 27

第二章　政府在西南地區的主要困難 35

第一節　張羣長官的困境 35

第二節　劉鄧潘的作為 39

第三節　滇黔康的問題 44

第四節　國軍士氣低落 48

第三章　高層對西安綏署兵力運用的猶豫 51
第一節　蔣李矛盾 51
第二節　李宗仁代總統的構想與張羣長官的態度 53
第三節　蔣中正總裁游移不定 56
第四節　關鍵的八月份 58

第四章　共軍的作戰安排 65
第一節　共軍針對國軍部署所訂的戰略 65
第二節　中共第二野戰軍的準備與欺敵 68

第五章　退守雲南的構想及夏秋戰局 71
第一節　宋希濂主任赴漢中研商 71
第二節　蔣李矛盾持續中的夏秋戰局 77
第三節　西北淪陷 85

第六章　遵令「死中求生」 89
第一節　綏署當時的不利條件 90
第二節　強化戰力的緊急措施 91

第七章　入川指示來得太遲了 97
第一節　共軍攻勢下我方高層的作為 99
第二節　全線南撤的安排
　　　　——必須先控制成都和西昌 105
第三節　蔣總裁趕赴重慶坐鎮 108

第八章　第一軍保衛渝蓉的矛盾與犧牲................. 113

第一節　總裁強令綏署改變原有安排................. 113

第二節　兵團倉促下川西　友軍潰散於川東......... 118

第三節　孤軍勤王血戰重慶市郊..................... 124

第九章　不應孤注一擲的成都決戰................131

第一節　四面受敵時的強行軍..................... 131

第二節　蔣總裁離蓉赴臺......................... 135

第三節　總裁讚賞戰史罕有之奇蹟................. 140

第四節　爭奪要地拚生死......................... 144

第五節　共軍合圍勢成........................... 147

第六節　新津會議及意外的海南停留............... 153

第七節　變生肘腋致第五兵團倉促突圍............. 157

第八節　第七兵團的覆滅......................... 161

第九節　責任一肩挑............................. 165

第十章　西昌盡職............................173

第一節　赴西昌的原因和當地情況................. 173

第二節　創造條件　充實實力..................... 177

第三節　滇南戰役後蔣經國來訪................... 183

第四節　準備不及的最後奮戰..................... 188

第五節　西昌陷共及西南戰役結束................. 190

第十一章　結語..............................197

附錄一：蔣經國先生於南京致西安胡司令長官宗南

　　　　親筆函（1947 年 9 月 16 日）...................... 207

附錄二：蔣中正總統於南京致西安胡宗南主任

　　　　親筆函（1949 年 1 月 20 日）...................... 211

附錄三：蔣中正總裁於臺北致漢中胡宗南主任

　　　　親筆函（1949 年 10 月 21 日）...................... 215

附錄四：蔣中正總裁於臺北致成都胡宗南副長官

　　　　親筆函（1949 年 12 月 11 日）................... 221

附錄五：蔣中正總裁於臺北致成都胡宗南副長官

　　　　親筆函（1949 年 12 月 21-22 日）.............. 228

附錄六：蔣中正總裁於臺北致海口胡宗南副長官

　　　　親筆函（1949 年 12 月 28 日）...................... 238

附錄七：蔣中正總裁於臺北致西昌胡宗南副長官

　　　　親筆函（1950 年 1 月 25 日）...................... 240

附錄八：行政院蔣經國院長致革命實踐研究院及中國

　　　　青年反共救國團主任李煥先生手札原文繕稿

　　　　（1975 年）.................................. 241

附錄九：1949-1950 年戰役國軍胡宗南部高階殉國

　　　　部分名單 243

附　　圖 245

主要參考書目 249

摘要

　　1949 年秋冬到 1950 年初，國共雙方在中國西南進
行在大陸上最後的作戰，多年來外界對於當時國軍胡宗
南部所扮演的角色卻常有不同看法。本文乃根據《胡宗
南先生日記》，配合兩岸政府出版品和當時相關人士的
回憶錄或傳記等一手資料再作回顧，以明真相。

　　按，與共軍作戰多年的西安綏靖公署胡宗南主任所
率部隊係中華民國政府當時在西南地區僅存的主要可
靠主力，於1949 年 5 月間自西安退守漢中後，即負責
川陝甘邊區之防務。那時國內外大局對政府極為不利，
國軍在東北、徐蚌和華北三大戰役中均已慘敗，蔣中正
總統引退，由李宗仁代理，全國經濟總崩潰，政府與中
共的和談又失敗；接著共軍渡江，有席捲東南甚至全國
之勢，以致軍民士氣均低迷。西南地區雖然還未陷共，
但其中最重要的四川卻是內部派系複雜，胡宗南鑒於許
多地方勢力對政府的忠誠度可疑，乃一再強烈主張立即
進入四川，並下到雲南擴軍，俾利用該地獨特的戰略地
位，和臺灣形成犄角之勢，才得與人數及裝備均具絕對
優勢之共軍在大陸上作長期抗衡。但一方面由於蔣中正
總裁與李宗仁代總統的政府之間彼此並無互信，對中共
戰略不一，又因政治考慮而決策猶豫；另一方面四川內
部親共政要則以政治手段一再阻止胡部進入，而我高層
未能獲得正確的情報，以致既未能整合地方勢力，又被
欺騙誤導，故而始終未採納胡氏的建議，使得其部隊竟

然只為「防備共軍南下」而滯留漢中，耽誤了半年之久。

　　反之，中共則在一元領導下，各野戰軍能互助合作，對我方的內部策反亦十分成功。其中央軍委鑒於我防守四川各軍在鄂川黔邊之部署較弱，乃以其第二野戰軍全部兵力，在第四野戰軍、第一野戰軍之配合下，於華中進入華南時，行大迂迴，自川鄂及川湘、川黔邊界攻入四川，截斷國軍退往雲南之路，以絕對優勢兵力形成對川境國軍之包圍。蔣總裁於 11 月間因李代總統離任不歸，自臺灣飛往重慶領導前後，胡宗南部方始奉命自陝南全線南撤入川，惜乎為時已太晚，情勢已難以挽回；由於道路及車輛缺乏，國軍主力無法集結，以致趕到渝、蓉者不及六萬，拼死力戰後，雖然政府及總裁得以安全撤至臺灣，中華民國法統得以在臺延續，但共軍及叛軍六十萬人之包圍圈業已形成。我軍孤戰，突圍不成，遂均犧牲。胡宗南續赴西昌率殘部奮戰，直至 1950 年 3 月下旬方才奉命來臺，為最後一位離開大陸的高級將領；而撤至臺灣的中華民國政府卻得以安渡危機。

　　作者身為當事人的家屬，回顧此項獨木難支大廈及民族內戰爭的慘痛歷史，既不在論斷是非對錯，更不在追究歷史責任，而完全在於以平衡的原始資料，還原當年的真實情況。盼望現代臺海兩岸人民都能以史為鑑，珍惜和平，共創民族光榮前途，更要對於七十年前明知不可為，卻仍然在戰場上忠心執行命令到為國獻身的萬千烈士，由衷表示永遠的敬意。

前言　本書緣起

　　中外各界對 1949 年中國的西南戰局，多有討論，中國大陸亦根據其所曾公佈之資料製作各類電影及連續劇，風行一時。曾任中華民國代總統的李宗仁之回憶錄在述及當時之歷史時，則以十分貶抑之文字指出：「胡宗南部此時（11 月）尚有精兵四十餘萬人……全軍悉係最精良的美式配備。此次蔣先生調其入川保衛成都，全軍可說一槍未發，便土崩瓦解。12 月 20 日共軍進佔成都，胡宗南率殘部退往西康雅安。該處未幾亦為共軍侵入，胡宗南隻身逃出，川康遂陷。」[1] 但 1962 年當胡宗南在臺灣逝世時，蔣中正總統頒發，且由行政院院長陳誠副署之〈褒揚令〉卻對胡在西南戰役中之角色十分加以肯定，以「政府播遷，率軍殿後，艱危備歷，勞瘁不辭」[2] 之語詞來表揚；不但如此，蔣中正總統在親視胡氏安葬後當日的日記中甚至以充滿情感之正面文字記載稱：「黃埔第一、第二期學生皆忠貞之士……而胡宗南與鄭介民二子乃為忠貞之尤者也，今皆在臺先我而逝去為慟。」[3]

1　李宗仁口述，唐德剛撰寫，《李宗仁回憶錄》（香港：南粵出版社，1986），頁 666。

2　國史館編，《中華民國褒揚令集初編》（臺北：臺灣商務印書館，1986），第十二集：中華民國 41 年至 51 年，頁 7699。

3　呂芳上主編，《蔣中正先生年譜長編》（臺北：國史館；國立中正紀念堂管理處；財團法人中正文教基金會，2015），第十一冊，頁 566。

　　按胡宗南（1896-1962）於黃埔軍校第一期畢業
後，參與東征、北伐、平亂、剿共、抗戰、國共戰爭及
保臺，無役不與，其部隊於 1949 年秋冬在中華民國政
府播遷至重慶及成都時係保衛該兩地之唯一可靠主力。
李宗仁代總統及蔣中正總統對胡宗南角色之評價雖完全
相反，卻因二人均擔任過國家領導人，其身份地位自有
其代表性，以致兩種說法的正確性究竟如何，實值深入
研究。本書乃以臺北國史館於 2015 年所出版之胡宗南
本人日記為基礎，參考兩岸政府出版品及當事人如蔣中
正總裁、張羣長官、錢大鈞副長官、王叔銘副總司令及
中共相關領導人等親見親聞之日記或回憶錄等一手資
料，檢視當年這段史實，來探討真相。由於文中之胡宗
南先生即為先父，自以父親稱之，年份則用西元。

第一章　主要背景

第一節　大局形勢

　　第二次世界大戰末期的 1945 年 2 月，美、英、蘇聯在不知會中華民國的情況下，秘密簽訂〈雅爾達協定〉（Yalta Agreement），用中國的利益交換蘇聯軍隊開入我國東北對日作戰，從而在大戰結束時把蘇聯勢力引入中國；同時在 1945、1946 年間美、蘇於全球愈趨對立的大局之下，由於我政府在抗戰後期主要軍力尚在大西南，美國既協助我政府將部隊運至華北、華東等地，恢復了對原日本佔領區主要城市的統治並派遣美軍至青島等地，蘇聯乃違背與我方在 1945 年 8 月所簽訂的《中蘇友好同盟條約》中「不協助中共」的承諾，反而致力支援中共在那有豐富的工業基礎和農業資源，具有重大戰略地位的東北及華北擴張軍力及政治影響力，支援中共逐漸在東北、以至華北佔據優勢。[1]

1　雅爾達會議對中華民國之傷害、蘇聯援助中共情況、中蘇友好同盟條約內容及蘇聯領導人史達林（Joseph Stalin）之態度、我代表團在聯合國所提控訴蘇聯違約案及美國調處國共失敗等情，可參考國史館中華民國史外交志編輯委員會編，《中華民國史外交志初稿》（臺北：國史館，2002），頁 130-135、890-892；以及蔣中正，《蘇俄在中國：中國與俄共三十年經歷紀要》（臺北：中央文物供應社，1957，再版），第一編第 4 章，其中在第 11 節蔣認為蘇聯的目的係希望我國在美蘇當中採取中立的立場；另見抗戰後期中國戰區參謀長美國魏德邁將軍（Albert Wedemeyer）之回憶錄，程之行等譯，《魏德邁報告（Wedemeyer Reports）》（臺北：臺灣光復書局，1959），頁 310-333；至於蘇共總書記史達林與蔣經國（中國談判代表團顧問）之間關於蘇聯對美、中關係之考慮及

疾風勁草：胡宗南與國軍在大陸的最後戰役（1949－1950）
Against All Odds: Hu Tsung-nan and the Chinese Nationalist Army in the Last Battles
on the Mainland（1949-1950）

　　另一方面，我國朝野因為對日抗戰八年而民窮財盡，人心厭戰，而美國民主黨杜魯門（Harry Truman）政府卻派遣對中國問題瞭解有限的二戰名將陸軍參謀長馬歇爾（George Marshall）作為特使赴華調停國共衝突，且欲迫使我方建立聯合政府。[2] 他於1947年初任務失敗回到美國擔任國務卿後，復對國民政府殷望的美援採取保留的態度，美國務院甚至有關鍵官員受美政府內部親共官員之影響，還誤以為對中國採取觀望態度可以避免與蘇聯關係更加敵對，以致在國軍失利連連時加速了我國政經情況的惡化。以上的這些發展均構成了國民政府在大環境中至為不利的地位。[3]

戰略的精彩對話、以及聯大控蘇案通過等，亦可參考蔣經國，《風雨中的寧靜》（臺北：正中書局，2003，第2版，該書係蔣氏回憶其父蔣中正總統連同其個人之部分日記、著作之綜合），頁65-75、240。

2　蔣中正總統在大陸失敗的檢討中提及軍事戰略的錯誤時，不止一次強調「過分遷就美國人的意見」、「誤信馬歇爾的調處，將最精良的國軍開到東北，以致內地空虛，各戰場都感到兵力不足」等，參考其演講〈國軍過去失敗之原因與今後應有之改革〉，1949年6月29日在東南區軍事會議上講，見蔣永敬、劉維開，《蔣介石與國共和戰：一九四五─一九四九》（臺北：臺灣商務印書館，2013），頁288-289。

3　參考《蔣中正日記》，未刊本，1948年2月21日，7月24日反省錄，1949年4月15日「上星期反省錄」；蔣在1949年8月20日並坦承，1947年初馬歇爾回美後，我政府還堅拒蘇聯調解國共爭端、及解決東北合作問題的提議實為失策。另參考沈劍虹，〈中美關係簡史〉，其中簡述美國協助及背棄我國之經過，錄於《使美八年紀要：沈劍虹回憶錄》（臺北：聯經公司，1982），第二部第一章，頁255-264；張憲文、張玉法主編，《中華民國專題史第十六卷：國共內戰》（南京：南京大學出版社，2015），頁166-181；美國歷史學者陶涵（Jay Taylor）著，林添貴譯，《蔣介石與現代中國的奮鬥》（*The Generalissimo Chiang Kai-shek and the Struggle for Modern China*）（臺北，時報公司，2010），下冊，第7章；張玉法，《中華民國史稿》（臺北：聯經公司，2013，修訂版），頁432-455、489；張玉法，〈戰後中國的新局與困局〉，

　　1948 到 1949 年，國軍在東北、徐蚌和華北（又稱遼瀋、淮海和平津）三大戰役中均慘敗，精銳兵力及主要裝備盡失，中央政府雖然仍保有長江以南及西北、西南廣大地區，許多人都認為共產黨在大陸的勝利已成定局。[4] 這時美、英、法、蘇各世界大戰勝利國均不願出面調解中國內戰，[5] 而政府控制區內，軍費高漲，農民離村、市民失業，罷工罷課、動亂頻仍，社會不穩、士氣低落；其中最嚴重的莫過於通貨膨脹，財政改革失敗，不可收拾，中產階級生活困難，經濟總崩潰。[6] 以

國史館編，《戰後變局與戰爭記憶》（臺北：國史館，2015），頁 30-38。

4　《李宗仁回憶錄》，頁 607；據張憲文、張玉法統計，該三大戰役國軍共損失 173 個師，154 萬餘人，而中共方面則動員了 880 萬人次的民工以確保後勤，從而達致勝利，見《中華民國專題史第十六卷：國共內戰》，頁 223-238；中共在各戰役前建立統一支前機構、組織解放區人力、財力、物力支援前線的情形參考軍事科學院軍事歷史研究部編著，《中國人民解放軍全國解放戰爭史》，第四卷（北京：軍事科學出版社，1997），頁 616-621；至於國軍在三大戰役後雖仍有 97 個軍，但多戰力殘缺；其中長江江防部隊有 36 個軍（湯恩伯部 20 個，多屬新編部隊，裝備殘缺，兵員平均僅二分之一，白崇禧部 16 個軍較完整，只是為數有限），但集中運用困難；海空軍雖然完整，但分佈區域遼闊，機、艦數量有限，支援地面作戰之戰力不足。見三軍大學編纂，國防部審定，《國民革命軍戰役史第五部—戡亂》（臺北：國防部史政編譯局，1989），第六冊，頁 2（該叢書中所附各戰役地圖尤具參考價值）；另蔣經國先生也早於 1947 年 9 月 16 日即曾致私函予西安綏靖公署胡宗南主任告稱：「領袖最近曾謂，如再不知恥而奮鬥，則三五年之後，必為共產黨之天下。」（該函全文見附錄一：〈蔣經國於南京致西安胡司令長官宗南親筆函（1947 年 9 月 16 日）〉，原函在作者處）。

5　當時各國都在觀察國共內戰進展，參考《蔣中正日記》，1949 年 1 月 7 日、19 日；張玉法，《中華民國史稿》，頁 489。

6　關於政府區情況，蔣中正總統對當時影響最深遠的經濟失敗現象有以下之描述：「自金圓卷發行以來，中下級人民皆以其所藏金銀外鈔，依法兌現，表示其愛國與擁護政府之真誠。不料軍事著失敗，經濟每況愈下，物資枯竭，物價高漲，於是人民怨聲載道，對政府之信用全失，失敗主義彌漫」，見《蔣中正日記》，1948

8 | 疾風勁草：胡宗南與國軍在大陸的最後戰役（1949 - 1950）
Against All Odds: Hu Tsung-nan and the Chinese Nationalist Army in the Last Battles
on the Mainland (1949-1950)

致中央政府人事問題重重，各中間黨派亦紛紛向中共靠攏，社會上「蔣中正總統為和平之障礙」的輿論亦甚囂塵上。蔣中正遂在桂系之逼迫下，於 1949 年 1 月 21 日引退，不任總統，但仍保留中國國民黨總裁職，桂系領導人副總統李宗仁隨即代理總統，並進行與中共之和談。[7]

但是中共早先在 1 月 14 日〈關於時局的聲明〉所宣布的和談條件中，第一條就是「懲辦戰爭罪犯」（其「戰犯」當中「蔣中正」是第一位，「李宗仁」是第二位，「胡宗南」為第三十位）。[8] 李宗仁政府原盼與中共劃長江而分治，但中共明確表示，談判不論談成與否，共軍都要渡江。4 月間和談破裂，共軍隨即根據中共毛澤東在上年底即已制定的「將革命進行到底」方

年 11 月 3 日；另參考張玉法，《中華民國史稿》，頁 489-490；《中國人民解放軍全國解放戰爭史》，第四卷，頁 622-624，武月星主編，〈國統區經濟崩潰示意圖〉，列於《中國現代史地圖集》（北京：中國地圖出版社，2006，四版），頁 241-242。

7　蔣中正總統在 1949 年元旦〈告全國軍民同胞書〉中即表示「和戰關鍵不在政府，只要共黨有和平誠意，政府必願與商討停戰」、「個人的進退出處絕不縈懷」；1 月 21 日復發表引退書告，表示「決定身先引退，以冀弭戰銷兵……務望全國軍民及各級政府，共矢精誠……翊贊李副總統，一致協力促成永久和平。」文告全文分見《中央日報》（南京），1949 年 1 月 1 日、22 日；蔣引退前後之作為及心路歷程參考《蔣中正先生年譜長編》，第九冊，頁 231-239；《風雨中的寧靜》，頁 32-50，123-138；西安綏靖公署胡宗南主任奉召赴南京，於元旦日陪同蔣中正總統謁中山陵後，蔣在午餐時問對於元旦文告的感想，答稱：「這文告動搖第一線民心士氣，又何必如此？」，「委座不語，狀不悅。」見《胡宗南先生日記》（臺北：國史館，2015），1949 年 1 月 1 日；另各地民意代表電促中共停戰文見《中央日報》，1949 年 1 月 4 日。

8　四十三名「戰犯」名單見《華商報》（香港，中共立場），1948 年 12 月 26 日報導。

針，發佈「向全國進軍的命令」，展開渡江戰役。[9] 然後總結經驗，將總數已達四百萬人的共軍加以整編，成立四個野戰軍，又在其控制區內將貨幣制度完成統一，提高農業生產力，區內工商業開始發達，兵工企業也有160家，均為爾後作戰提供了物質基礎。共軍由於連年作戰勝利，士氣高漲，裝備日益精良，後勤保障較為完備，自4月起將第二野戰軍、第三野戰軍、第四野戰軍中的一百萬人投入渡江戰役。[10]

而政府方面，蔣中正總裁和李宗仁代總統卻持不同的抗共戰略，蔣堅持以主力守上海，把江防主力軍放在長江沿岸離上海不遠的江陰以下，「以其對內政外交比較有利」，但李則主張以南京為中心，以重兵阻敵渡江，萬一守江失敗，則放棄京滬，將我方京滬杭警備司令的大兵團向浙贛路（杭州經南昌至湖南）配備，與華

---

9 參考毛澤東，〈將革命進行到底：1948年12月30日〉、〈中共中央毛澤東主席關於時局的聲明：1949年1月14日〉及〈向全國進軍的命令：1949年4月21日〉，均載於《毛澤東選集》（北京：人民出版社，2009），第四卷，頁1372-1380、1386-1390及1449-1456（以上第1項中特別強調「1949年中國人民解放軍將向長江以南進軍」；第2項除懲辦戰犯外，還包括「廢除偽憲法」、「廢除偽法統」、「沒收官僚資本」、「改革土地制度」等共8個條件；第3項則在其註釋中附有未能為南京李宗仁政府所接受的「國內和平協定」（稿）全文；該全文亦見《中央日報》，1949年1月21、22日。

10 《中華民國史稿》，頁480-482；共軍渡江戰役部署及突破我方長江防線見逄先知主編，胡喬木等指導，《毛澤東年譜（1893-1949）》（北京：中共中央文獻研究室，1993），下卷，1949年4月18、20日，頁483-484；《中國現代地圖集》，頁263-264；中共百萬大軍橫渡長江的新聞稿見中國人民解放軍軍事科學院及毛澤東軍事思想年譜組編，《毛澤東軍事年譜1927-1958》（南寧：廣西人民出版社，1994），1949年4月22日，頁746-747；但以上兩者均未提國軍戴戎光江陰要塞叛變以致共軍得以順利橫渡長江的「功勞」。

10 | 疾風勁草：胡宗南與國軍在大陸的最後戰役（1949－1950）
Against All Odds: Hu Tsung-nan and the Chinese Nationalist Army in the Last Battles
on the Mainland（1949-1950）

中區桂系大軍成犄角，保衛西南五省以待變。兩者矛盾
之下，造成東南部和華中之間的皖南地帶防務空虛。在
江陰要塞叛變，共軍順利渡江後，其第二野戰軍在蕪湖
以西遂更長驅直入。由於國軍許多部隊均係新建或遭受
重創後重建者，故共軍之質、量尤其士氣均優於國軍，
是以第二野戰軍、第三野戰軍在以軍事打擊、政治策
反、及群眾運動同時並進之下，便陸續攻取南京、上
海、浙江、江西，進入福建，第四野戰軍於 5 月間也渡
江攻下武漢，並打通平漢路。我政府則由李代總統令，
行政院何應欽院長副署，於 4 月 21 日起自南京遷都廣
州。此外，由於和談失敗，李代總統在 4 月 22 日於杭
州與蔣中正總裁會談時即請蔣總裁復出領導政府，為蔣
拒絕。[11]

---

11 先是行政院在院長孫科率領下早於 2 月 5 日即遷到廣州辦公，並通
告外交使節團，見《蔣介石與國共和戰：一九四五—一九四九》，
頁 237（根據當時政治會議秘書長吳忠信之日記所述，但行政院長
一職到 3 月間便由何應欽接任）；另，中國國民黨中央黨部也在
1 月 24 日便決定遷移至廣州，見秘書長鄭彥棻回憶錄，《往事憶
述》（臺北：傳記文學，1978，再版），頁 101-104；蔣中正總
統早在 1948 年秋徐蚌會戰進行時就已決定遷都廣州，且在引退後的
3 月間即預見共軍渡江必將由蕪湖上游先佔皖南，見《蔣中正日記》，
1948 年 11 月 16 日，1949 年 3 月 16 日，4 月 21 日；及《風雨中的
寧靜》，頁 48-50，175-183（惟在頁 50 中所述蔣總裁與李代總統共
同簽名提及遷都廣州事，《蔣中正日記》及《蔣中正先生年譜長編》
卻均未記載）；當時大局及遷都情況參考《蔣中正日記》，1948 年
11 月 3 日，1949 年 1 月 21 日，2 月 17 日；毛澤東，《毛澤東選集》，
第四卷，頁 1386-1390；《李宗仁回憶錄》，第 65 章、第 66 章；
潘振球主編，《中華民國史事紀要（初稿）—中華民國 38 年 1 － 6
月份》（臺北：國史館，1996），頁 234；張玉法，《中華民國史
稿》，第 8 章，頁 472-483，490；《蔣介石與現代中國的奮鬥》，
第 8、9 章；以及《中國人民解放軍全國解放戰爭史》，第四卷，
頁 632-633、及第五卷，頁 8-30，第 2 章；另參《國民革命軍戰役
史第五部—戡亂》，第四冊，頁 3-10，及第六冊，頁 12-48，其中
1949 年 3 月期間國軍全般作戰序列表及共軍四個野戰軍全般序列表

第二節　蔣中正總裁的構想

　　1948 年政府在政治、經濟、軍事上的種種失利使蔣中正總統痛苦萬分，痛心於「一般高級幹部心裡動搖悲觀，抱怨攻訐」，特別是「黨政軍幹部自私無能，散漫腐敗，不可救藥」；由於東北對於全國局勢有舉足輕重之地位，故在東北（遼瀋）會戰中我方完全失敗，國軍精銳未及早撤出以致被殲，更特別感到「愧怍交集，後悔莫及」。[12] 由於各方面的不順利，蔣中正甚至「屢萌生不如死」之感，想要結束自己的生命；但由於其虔誠信仰，認為「上帝賦我使命」，「深信有我在世，必能使我國家民族轉危為安」，乃考慮「捨棄現有基業，另選單純環境，縮小範圍，根本改造，另起爐灶」，[13] 此即為退守臺灣做準備。

　　他隨即派陳誠為臺灣省政府主席，亦曾一度考慮任命蔣經國為中國國民黨臺灣省黨部主任委員（但未實施），並令黃金於 1948 年 12 月 1 日起開始運臺灣，前後一共四批，臺灣金融賴以穩定；[14] 不但如此，蔣在

見頁 7-9；至於共軍渡江戰役之準備及其與和談進展之關係可參考後來擔任中共中央軍委副主席的張震撰述，〈第三野戰軍的渡江作戰〉，載於張樹軍、史言主編，《紅色檔案：中國共產黨重大事件實錄》（長沙：湖南人民出版社，2006），上卷，頁 319-338。

12　《蔣中正日記》，1948 年 11 月 2 日、24 日。

13　《蔣中正日記》，1948 年 10 月 10 日記載國慶日默禱後首得聖經啟示錄「新天新地之默示」；至於蔣轉移至臺灣之大戰略及其個人自裁念頭見以下日記：1948 年 11 月 7 日、23 日、24 日，12 月 5 日、8 日，1949 年 5 月 21 日反省錄，11 月 26 日反省錄。

14　《蔣中正日記》，1948 年 11 月 21 日，12 月 18 日，1949 年 2 月 10 日；蔣中正對臺灣的人事及防務安排參考林桶法，《一九四九大撤退》（臺北：聯經公司，2009），第 2 章；黃金運臺詳情及其貢獻可參考吳興鏞博士根據其父吳嵩慶（當時聯勤總部財務署署長）貢

1948 年底還令教育部次長杭立武主持將故宮文物運送
臺灣。[15] 然後，蔣在下野後因仍然維持其中國國民黨總
裁之身分，乃以此職及「革命指導者地位」繼續指導軍
事與政治，於國共和談破裂，政府遷廣州之後更以改
革黨務為目標。既設立總裁辦公室，又主持設立國民
黨非常委員會，替代訓政時期中央常會下之政治委員
會，非常委員會以總裁兼任主席而以李宗仁為副主席；
此外並令精銳的機械化部隊及空軍總部遷臺。[16] 1949
年 3 月，決定「定臺灣為反共基地」；於 5 月間，決定

料所撰，《黃金秘檔：1949 年大陸黃金運臺始末》（南京：江蘇
人民出版社，2009），頁 24，第 4、5、6、7 章；以及吳興鏞編注，
《吳嵩慶日記（一）1947-1950》（臺北：中央研究院臺灣史研究
所，2016），1948 年 11 月 29 日註釋，頁 309-310，317-318；另
參蔣經國，《風雨中的寧靜》，頁 51-53，189-190；《蔣中正先
生年譜長編》，第九冊，頁 243，但美國對於中國問題是否與臺
灣問題分開對待亦開始醞釀，甚至因為「美國主張臺灣歸還中國
是以中國留在美國勢力範圍內為前提」而設法進行種種分離臺灣
的方案，參考資中筠，〈中美關係中臺灣問題之由來〉，及王緝
思，〈論美國「兩個中國」政策的起源〉，見資中筠，何迪編，
《美台關係四十年 1949-1989》（臺北：海峽學術出版社，2014）
頁 24-46，69-75。

15 參考王萍訪問，官曼莉紀錄，《杭立武先生訪問紀錄》（臺北：
中央研究院近代史研究所，1990），第 5 章。

16 《蔣中正日記》，1948 年 12 月預定大事，1949 年「六月反省錄」、
7 月 24 日「上星期反省錄」；《蔣中正先生年譜長編》，第九冊，
頁 236-237，266-267，299-330；「中國國民黨非常委員會」設置
之經過，其中人事之處理，蔣中正總裁與李宗仁代總統之態度比
較，可參考劉維開，《蔣中正的一九四九》（臺北：時英出版社，
2009），頁 160-181；張玉法，〈兩頭馬車：總裁蔣介石與代總統
李宗仁的權力運作（1949）〉，呂芳上主編，《蔣中正日記與民
國史研究》（臺北：世界大同出版公司，2011），頁 8-16，23；
裝甲兵遷臺參考汪士淳，《千山獨行：蔣緯國的人生之旅》（臺北：
天下文化，1996），頁 123；空軍總部遷臺參考空軍總司令部原編，
民國歷史文化學社編，《關鍵年代：空軍一九四九年鑑（一）》（臺
北：民國歷史文化學社，2020），頁 10-11；王叔銘（當時空軍副
總司令），《王叔銘日記》（未刊本），1949 年 1 月 23 日。

「建設臺灣為三民主義實現之省區」，要「致力建設臺灣」、「加強臺灣防務」、「全力鞏固臺灣」等。[17] 儘管如此，他仍對大陸東南和西南存著希望，盼鞏固當地防務，以維護臺灣安全及整個國家的國際地位，尤其是「中華民國法統」的繼續。[18] 在西南方面，蔣於 1 月下野前即派原籍四川的老戰友，曾任四川省主席和行政院院長的張羣擔任「重慶綏靖公署」主任，[19] 並親自召見川、滇、黔三省主席（王陵基、盧漢、劉文輝）和四川政要們面談，再宴請一向反蔣的劉文輝等，希望他們和張羣精誠合作。而張羣也在和劉文輝單獨談

17 《蔣中正日記》，1949 年 3 月 10 日、25 日、5 月 7 日、21 日、6 月反省錄；關於對臺灣重視的作為參考《蔣介石與國共和戰：一九四五—一九四九》，第九章；另蔣中正於 4 月中旬亦在奉化接見他的學生部屬—第二十一兵團司令官羅廣文（黃埔三期）時，就臺灣的重要性坦白交換意見，見張玉法、陳存恭訪問，《劉安祺先生訪問紀錄》（臺北：中央研究院近代史研究所，1991），頁 106。

18 《蔣中正日記》，1949 年 3 月 31 日；吳興鏞編注，《吳嵩慶日記（一）1947-1950》，1949 年 5 月 5 日。

19 《蔣中正日記》，1949 年 5 月 1 日；按，張羣於 1908 年即與蔣同時被清廷陸軍部派往日本習軍事，二人在同一連隊，「朝夕相處，一見如故」，後來又同時參與革命、討袁，抗戰時奉蔣委員長命主持軍事委員會重慶行營，後擔任四川省政府主席六年。見張羣口述，陳香梅筆記，「與日本結下了不解之緣」，錄於張岳軍傳略與年譜編纂委員會編，《張岳軍傳略與年譜》（臺北：中日關係研究會，1991），頁 212-213；另，重慶綏靖公署到當年 4 月 5 日改為西南軍政長官公署，轄川、康、滇、黔、渝五省市，直隸行政院，係根據當時行政院第 52 次例會通過，參考《中央日報》，1949 年 4 月 6 日報導；以及《中華民國史稿》，頁 486；張羣任命之同時，亦發表曾任甘肅省主席、在西北服務過多年的重慶綏靖公署主任朱紹良上將（原籍福建）為閩綏靖主任，亦均見《胡宗南先生日記》，1949 年 1 月 19 日，但胡宗南主任對此任命竟然感到「殷憂」。又，胡曾於抗戰期間的 1944 年 11 月 22 日與甫出任田糧部長，前來西安視察之陳誠談話時特別請其「整頓四川」，可見對張羣擔任省主席時的四川情況掛慮，見陳誠，《陳誠先生日記》（臺北：國史館，2015），頁 664。

14   疾風勁草：胡宗南與國軍在大陸的最後戰役（1949 - 1950）
Against All Odds: Hu Tsung-nan and the Chinese Nationalist Army in the Last Battles
on the Mainland（1949-1950）

話時明白的表示：「西南是最後的堡壘，四川又是西南
的心臟；別的地方可以丟，四川不能丟；到必要時，
中央將調百萬大軍來保衛四川。」[20]

第三節　國軍在陝由盛而衰

　　西安綏靖公署係 1947 年 6 月由抗戰後期的第一戰
區改組而成，防區初為陝西、河南兩省，父親胡宗南上
將續任主任，副主任裴昌會，總參議龔浩，正副參謀長
盛文、薛敏泉，政治部主任顧希平、及各處處長，皆
延第一戰區司令部舊職。[21] 當時中共中央軍委對「胡宗
南部情況」的評估是：「兵員充實，裝備精良……且經
過長期反共教育與軍事訓練，有較強的戰鬥力，要戰勝
它將會遇到很多困難。」因此，中共所佔領的陝甘寧
邊區為了準備戰爭，防備國軍進攻，做了極多的防禦

20　《蔣中正日記》，1949 年 1 月 5 日、10 日；張羣日記記載蔣中正
　　於即將下野、但北平還未陷共，西南、西北均有眾多事務要處理
　　時，還特別宴請劉文輝及張羣，見張羣，《張羣先生日記》，未
　　刊本，1949 年 1 月 15 日；按，張羣早在 1938 年 8 月赴重慶任行
　　營主任職務時即設法結交當地政要，首先便與「川康綏靖主任」
　　鄧錫侯、副主任潘文華、「重慶行營副主任」劉文輝會談數日，
　　確保彼等擁護中央、抗戰到底；其後在四川擔任省主席期間更與
　　彼等密切合作，見臺北市四川同鄉會、重慶同鄉會編輯委員會編，
　　《張岳軍先生在川言論選集》（高雄：四川同鄉會，1985），頁
　　234；另劉文輝在其投共後所發表的回憶錄中強調他自 1930 年代
　　起即因理念、作風等而「與蔣介石水火不容」，相關情形及上引
　　張羣談話見劉文輝，《走到人民陣營的歷史道路》（北京：三聯
　　書店，1979），頁 3-5、24，劉記述，該項談話自然增加了劉的警
　　覺，而盡力阻止；另參楊鴻儒、李永銘，《張羣傳》（武漢：湖
　　北人民出版社，2006），頁 138。

21　於達、羅列編纂，葉霞翟、胡為真增訂，《胡宗南上將年譜》（臺
　　北：臺灣商務印書館，2014）增修版，頁 203。

工事。[22]

　　自1946年底至1947年初，共軍在西安北面其所佔之陝北和隴東的黃陵、宜君、淳化、慶陽、合水等縣之間似囊形的所謂「囊形地帶」不斷襲擾國軍，2月中旬，父親乃令整編第二十九軍進兵攻略，且有進展；但2月下旬，國軍在山東萊蕪戰役中大敗於共軍，影響國內外的觀感甚鉅，蔣中正主席為挽回頹勢，提振民心士氣，乃決心收復中共首府陝北延安（距離西安302公里），認為「此時對政略、對外交皆有最大意義。」[23]父親奉命於1947年2月28日到南京與蔣及國防部參謀次長劉斐等人面商後，乃令主力部隊整編第一軍（剛從山西調回，軍長董釗，黃埔一期，陝西長安人）及整編第二十九軍（駐洛川，暫停攻擊「囊形地帶」，軍長劉戡，黃埔一期，湖南桃源縣人）共八萬四千人於3月14日晨分由宜川（延安東南約140公里，在西安東北約280公里）、洛川（延安南約110公里，在西安北東北約200公里）以鉗形攻勢進兵延安。我空軍並在第三軍區劉國運司令指揮下，先一日進行轟炸。攻勢中左翼整編第二十九軍遇共軍依據其堅強工事在大小嶗山激烈抵

22 軍事科學院軍事歷史研究部編，《中國人民解放軍全國解放戰爭史》，第二卷，頁121-123，281-282。

23 《蔣中正先生年譜長編》，第八冊，頁615-622，其中蔣中正記稱：「（山東萊蕪）吐絲口如此重大失敗（第七十三軍與整編第四十六師被殲），為生平未有之慘敗……此役至少在二萬人以上，美械槍炮亦盡為匪所得，此種利器被匪利用以創我軍，今後剿匪已成不了之局」。該項戰役亦可參大陸方面印製之地圖：武月星主編，《中國現代史地圖集》，頁229-230。按抗戰勝利後政府裁軍，將集團軍減為整編軍，軍減為整編師，簡稱整二十九軍等。另參《胡宗南上將年譜》，頁190-191。

16 ｜ 疾風勁草：胡宗南與國軍在大陸的最後戰役（1949 - 1950）
Against All Odds: Hu Tsung-nan and the Chinese Nationalist Army in the Last Battles
on the Mainland（1949-1950）

抗，進展緩慢，但右翼整編第一軍的整編第一師因經由事先秘查所探得之無人區的崇山峻嶺及鴉片種植地，由工兵砍伐進軍途徑，險要處重武器均係以繩吊下（此路線未向南京國防部報告），出敵意表地繞行敵後，鑽隙突擊，故能於 5 日後在 3 月 19 日下午 5 時攻入延安。[24]

　　中共中央軍委在戰前的 3 月 6 日曾電告劉伯承、鄧小平等在外地的軍方首長，強調要保衛延安的存在；戰役開始後第三天，3 月 16 日，毛澤東更以「中央革命軍事委員會主席」名義發佈保衛延安的作戰命令稱：「敵以三路五師十二旅**約八萬兵力進攻延安**（並非後來中共所一再強調的國軍共動員二十餘萬兵力），經三天猛烈攻擊，已突破我第一線陣地。**我邊區各兵團有堅決保衛延安任務**，必須在……甘泉、南泥灣、金盆灣地區**再抗擊十天至兩星期（16 至 29 日），才能取得外線配合，粉碎蔣軍進攻延安企圖**。命令以……為右翼兵團……為左翼兵團……為中央兵團……**堅決抗擊**……餘為預備隊，置於延安……上述各兵團及邊區一切部隊自 17 日起統歸彭德懷、習仲勛指揮……」；此一命令中所謂「外線解圍」係指望在晉西南的陳賡、謝富治兵團。到延安失守之 3 月19 日，中共中央再電告各地的中央局、中央分局稱「延安有於最近失守之可能」，

---

24 相關情形及檔案，包括戰役報告、空軍戰績、基層軍官事後之檢討報告等參考《胡宗南先生日記》，1947 年 2 月 26 日－5 月 26 日、1948 年 1 月 21 日；以及胡宗南著，胡為真增訂，《胡宗南先生文存》，（臺北：臺灣商務印書館，2016），頁 209-242；《中國現代史地圖集》，頁 233。

並未稱主動退出延安。[25] 本書作者亦有多幀照片顯示共軍係倉促而退，而國軍在克服延安後，被迫離開的當地百姓即均返回延安，在國軍協助下重整家園。換言之，**共軍一直進行堅決抵抗，只因未能阻止國軍攻勢、而外線援兵又未能延緩國軍進程（被位於晉西南吉縣之國軍三十師所阻），故不得不後撤，絕非早即決定放棄抵抗而只剩下空城。**

但國軍攻下延安後，在缺乏群眾條件且不熟悉的陝北黃土高原特殊地理環境下持續追擊共軍主力，相繼克服了陝北的安塞、延川、延長、瓦窯堡（在今子長縣）、清澗、綏德（在延安東北 164 公里，距西安將近 500 公里），打通了延（安）榆（林）公路，擊破了憑堅固工事一再頑抗的共軍第三五九旅、新編第四旅等，並在瓦窯堡擄獲大批共軍物資，卻也因為國防部共諜作戰次長劉斐不斷強力要求前進，限期克服指定城市等，致在青化砭（今延安市寶塔區青化砭鎮，在西安北方 341 公里，延安東北 36 公里處）、蟠龍鎮（延安北 50 公里）等地遭遇優勢共軍圍攻而失利數次。按，自此中共方面出版品均一再宣傳延安戰役後其第一野戰軍對國軍之「三戰三捷」，但對其所遭受之失利及挫折均略而不提，例如 4 月 19 日在永平附近（延安東北 71 公里），共軍全線進攻國軍七次失敗，遺屍1,984 具，

---

25 《毛澤東軍事年譜1927-1958》，1947 年 3 月 16 日，頁 563；習仲勳、王震主任編審，《中國人民解放軍第一野戰軍文獻選編》（北京：解放軍出版社，2000），第 1 冊，頁 88-251，其中在 3 月 25 日還電報其中央，強調必須爭取時間休整，可見其損失頗重。

受傷必數倍於此，亦被俘多人；又如 4 月底共軍在榆林
附近橫山縣響水堡內完全被國軍第二十八旅殲滅，外界
均不知曉。而由於每次我方挫折均係我軍一個旅（約
7,000 人）遭受共軍五、六個旅以上圍攻，故亦反證共
軍兵力遠超其所宣傳防守延安僅有二萬餘人。[26]

　　國軍乃設法改進攻擊方式，開始以主力並列的方式
前進，分區清剿，在地方上加強重組保甲，安撫流亡，
清查戶口，協助耕作，併村築寨，移民移糧；遂逐漸獲

---

26 延安戰役經過及其後的攻略、挫折除註釋 24 所列《胡宗南先生日
記》有關部分外，另參考《胡宗南上將年譜》，頁 189-202；《國
民革命軍戰役史第五部—戡亂》，第三冊，頁 748-752；《中國
人民解放軍全國解放戰爭史》，第二卷，頁 280，但其中頁 281-
286 若干細節不符事實，未註出處或數字矛盾；共諜劉斐作戰次
長之破壞參考當時他的長官陳誠參謀總長之回憶，見陳誠，《陳
誠先生回憶錄》〈國共戰爭〉（臺北：國史館，2005），頁 21，
241，附錄壹，頁 151，謂劉斐「一紙命令下部隊，一紙命令暗達
中共」；以及西安綏靖公署參謀長盛文之回憶，見張朋園、林泉、
張俊宏訪問，張俊宏紀錄，《盛文先生訪問紀錄》（臺北：中央
研究院近代史研究所出版，1989），第十三章。按延安戰前父親
向蔣中正主席報告評估防守延安之共軍各旅有六萬正規軍及民
兵，加上晉西可調回三萬二千人，共十一萬餘（並非中共所宣稱
守軍僅二萬餘人），而國軍第一線八萬四千，預備隊三萬，故認
為戰力相當。共軍作戰另參鍾仁、林峰、張高陵主編，《一野檔案：
第一野戰軍》（北京：國防大學出版社，1998），頁 230-233；《中
國現代史地圖集》，頁 235-236；該戰役背景可參徐枕，《一代名
將胡宗南》（臺北：臺灣商務印書館，2014），頁 365-412，作者
徐枕為國軍整編第一軍基層幹部，攻進延安時之尖兵連連長，渠
於 3 月 19 日首先衝入毛澤東窯洞時，毛澤東之茶水中尚有餘溫，
其後再會同旅長許良玉，團長李柏年，營長高蓋臣入窯洞檢查，
見徐枕另著，《風霜雨露集》（臺北：飛燕公司，2004），頁
72。至於國軍首先攻入延安的整編第一師情況可參考張銘梓（整
編第一軍副參謀長），〈延安攻略之追憶〉，錄於羅列上將紀念
集編輯委員會撰，《羅列上將紀念集》（臺北，1977），頁 95-
102。（羅列將軍為當時的整編第一師師長）；以及首先入延安的
整一師一六七旅五〇〇團團長曾祥廷之訪談，錄於《中共教導旅
陝北作戰日誌（1947 年 3 月 22 日 -1948 年 3 月 13 日）》（臺北：
國史館，2001），頁 259-265。

得進展，迫使毛澤東及中共領導階層在一年之內於陝
北把住處搬遷了三十七次到十二個縣的三十八個不同村
莊，一共一千餘里，其中主要搬遷均在當年 11 月 22 日
之前進行，亦即平均不到七天就得被迫搬一次家。[27] 其
中在 8、9 月間，國軍數次偵知共軍主力，但卻因軍糧
不足，後勤不濟，而坐失攻擊良機。[28] 但是**中共中央在
國軍不停追擊之壓力下遂逐漸感覺到「不能支持」了，**
而共軍投誠我方者亦日益增加。是以中共為避免指揮部
被消滅，乃於 7 月下旬在陝北定邊由毛澤東主持會議，
下令其他地區的共軍發動攻勢，以便調虎離山，將父親
部隊引離陝北，其中最主要的是令劉伯承、鄧小平的
「十萬大軍」（當時正在山東西部支援被國軍擊敗的陳
毅部）直下鄂、豫、皖交界的大別山，以及陳賡、謝富

---

27 《胡宗南先生日記》，1947年 4 月 11 日、18 日、25 日，5 月 6 日，
6 月 30 日、7 月 5 日、28 日、30 日，8 月 5 日；《毛澤東年譜（1893-
1949）》，1947 年 4 月 4 日載毛澤東率中共中央機關轉移到子長
縣石家灣（延安北北東約 95 公里處，靠近清澗），次日轉移到靖
邊縣青陽岔（延安北北西約 120 公里處，縣城在今內蒙自治區邊
境，屬榆林市）；6 月 8 日載，國軍「劉戡（整編第二十九軍長）
先頭部隊離王家灣（在今延安市安塞區）只隔一個山頭，形勢危
急」，毛澤東乃於當晚率中央機關冒雨離開王家灣到靖邊縣小河村，
又經一夜風雨中行軍，於 10 日到靖邊縣天賜灣，頁 180，196；
至於 38 個村莊之位置見《中國現代史地圖集》，頁 234。

28 國共戰爭時期軍隊糧食的徵購、徵借多半是地方政府的責任，照
中央核定數量徵撥，所以父親對當時負責補充部隊軍糧和兵員的
陝西省政府有強烈的意見，認為係「對革命，對剿匪軍事最大妨
礙」，見《胡宗南先生日記》1948 年 7 月 17 日；攻略延安後的
後勤不濟史實另見於達、羅列編纂，葉霞翟、胡為真增訂，《胡
宗南上將年譜》，頁 212-214，351，例如其中載「延安作戰之前，
聯勤總部僅補給乾糧 15 萬份，以後即無補充，陝西省政府軍糧支
應，尤乏熱忱，每致影響戰機，如 4 月 3 日我整一、整九十師會
克瓦窯堡，次日即以糧盡，回至永平。」（但留下的一三五旅在
4 月 5 日即發現瓦窯堡附近中共大批物資，見《胡宗南先生日記》，
1947 年 4 月 5 日）

治、徐向前、王新亭、粟裕等所率領共軍在豫西、晉
南、豫皖蘇邊區等處的配合行動。[29]

　　蔣中正主席雖然在 8 月 7、8 兩日巡視延安時還稱
讚延安戰役為「全國剿共軍事唯一按計劃奏功者」，
9 月 15 日還電令胡宗南主任「專對留在陝北之匪積極
痛剿，不必為其南竄匪部所牽制而分兵尾追，反陷被
動」，[30] 仍因為國防部作戰次長共諜劉斐誤導其對劉伯
承、鄧小平軍南下目標的判斷，以致國軍阻擋失敗，使
京畿受到威脅，於是蔣中正對陝北剿共的決心動搖，於
1947 年秋冬之際除指示國防部長白崇禧在九江設立指
揮所，負責統一指揮、圍剿劉伯承、鄧小平外，並強力
要求父親停止攻擊，將「北攻東守」之戰略改為「北守
東攻」，俾將主力整編第一軍調離陝北，赴河南支援；
劉斐更是以其國防部長官之身份一再下令。[31] 父親力爭

29 中共中央軍委於 1947 年 7 月 29 日致電劉伯承、鄧小平等人：「現
　　陝北情況甚為困難（已面告陳賡），如陳謝及劉鄧不能在兩個月
　　之內以自己有效行動調動胡軍一部，協助陝北打開局面，致陝北
　　不能支持，則兩個月後胡軍主力可能東調，你們困難亦將增加。」
　　見《中國人民解放軍全國解放戰爭史》，第三卷，頁 72、99-
　　128；另參考《胡宗南先生日記》，1947 年 7 月 19 日；《國民
　　革命軍戰役史第五部—戡亂》，第五冊，頁 199-203；及習仲勛
　　傳編委會，《習仲勛傳》，上卷（香港：中和公司，2013），頁
　　470-484；傅高義著，馮克利譯，《鄧小平改變中國》（臺北：
　　天下遠見，2012），頁 83；《中國現代史地圖集》，頁 244。

30 《胡宗南上將年譜》，頁 210-211；《蔣中正先生年譜長編》，第
　　八冊，頁 750；《蔣中正日記》，1947 年 8 月 7-10 日。

31 1947 年 10 月 9、10、18、22、29 日，1948 年 1 月 24 日，2 月 25
　　日各相關電報見國發會檔案，錄於《胡宗南先生文存》，頁 253-
　　260；另參蔣中正，《蔣中正日記》，1947 年 8 月 7 日、9 月 13
　　日「上星期反省錄」，10 月 29 日，11 月 24 日，12 月 4、16 日；
　　《蔣中正先生年譜長編》，第八冊，頁 784；《蔣中正日記》中
　　明載在劉伯承、鄧小平「千里躍進大別山」的過程中，劉斐次長
　　一直對蔣中正「堅決判斷」他們不會越過隴海路，但是等到該部

至 1948 年初，並派參謀長盛文前往南京面報各首長，仍然無效，乃不得不聽命；等整編第一軍離陝後，共軍立即集中力量南下攻擊戰略要地、靠近山西的宜川，以絕對優勢的八萬兵力從陝北和晉西南迅速前往圍點打援，綏署只得派唯一的另一主力軍——整編第二十九軍二萬餘人從洛川（兩地相距約 100 公里）前往救援，結果在惡劣的天候（空軍未能支援）及不利的地形中，在宜川以西 22 公里處的瓦子街不幸遭到全軍覆沒，軍長劉戡（黃埔一期）、師長嚴明（黃埔四期）自裁，旅長周由之（上年延安之役擔任第三六八團團長，受傷不退而打勝仗、升旅長，8 月 8 日蔣視察延安時與合照）、李達（均黃埔七期）陣亡（以上四人均湖南人）。[32] 國

暗中渡過沙河後，方「使蔣介石大夢初醒」，知道彼等的目標其實在大別山，參考陳錫聯（當時共軍縱隊司令，中共建政後曾擔任國務院副總理），《陳錫聯回憶錄》（北京：解放軍出版社，2007），頁 201-207；以及中共湖南省委黨史研究室及中共瀏陽市委編，《楊勇紀念集》（北京：中共黨史出版社，2013），頁 267-268；另見陳誠，《陳誠先生回憶錄》〈國共戰爭〉，頁 241；至於臺北三軍大學編纂，國防部審定，《國民革命軍戰役史第五部一戡亂》，第五冊，頁 369-381 載我軍方對劉伯承、鄧小平下大別山所作之專業評論稱：「共軍竄大別山區雖具戰略價值，但含有甚大冒險性（因目的是調動陝北國軍離陝，以救援毛澤東等中共領導階層），只是國軍既未掌握戰機，指揮又不統一，戰術犯錯，才未能殲滅之」；所以純就野戰用兵而言，共方以大軍作如是之冒險，實不足為訓；同冊頁 491 另明指「匪高級諜員劉斐及郭汝瑰，滲透潛伏國軍參謀本部多年，始終未能破獲。兩人⋯⋯利用調遣兵力之機會，導陷部隊於不利態勢，為匪製造戰機⋯⋯以致部隊往往被殲，而國軍不能補殲匪軍。」

32 整編第九十師師長嚴明於自裁前電報父親：「主任胡，局勢甚急，召團長以上決心成仁，以報鈞座、報總裁，敬祝，職嚴明、鄧宏義、楊」電畢至此即失聯絡。父親在連續三天的日記中只記「痛心何極」四字，他除了報請予各殉職家庭特卹並親自指導厚葬外，十年後在澎湖擔任防衛司令官時亦親自為劉戡、嚴明寫傳記。見《胡宗南先生日記》，1948 年 3 月 1-6，14-21 日，6 月 8-11 日，9 月 26 日，1957 年 10 月 4、12、15 日，12 月 14、19 日，1958 年 2 月 17 日，

軍在此形勢下，遂不得不於 1948 年 4 月 21 日棄守延
安。[33] 以後綏署立即暗中調回整編第一軍，趁共軍致力
擴張戰果時，於 5 月間側襲於涇渭河谷，大戰而獲勝，
連續追擊之後，在隴東馬繼援部隊的配合下，殲滅了彭
德懷四個縱隊（傷斃 27,000 人，俘虜 3,800 人，我方
亦傷亡 5,000 餘人，其中黃埔四期的名將徐保師長在寶
雞陣亡），其後雖獲分得其他戰場殘餘部隊而增編第
二十七軍、第三十軍、第三十六軍、第七十六軍等四
軍，但防務擴增；且儘管於 10 月又在關中平原東部的
大荔（西安東北東約 134 公里）與共軍五個縱隊（相當
五個軍）大戰而打了勝仗，殲第二縱隊，重創一、三
縱隊，但終因面對共軍整體優越的態勢，不得不縮短
戰線。[34]

---

3 月 5、12、21 日，另參《胡宗南上將年譜》，頁 215。

33 國軍克服延安後，政府積極進行建設，包括成立電信局，建立延
安至甘泉、延園、拐節鎮石子馬路，鋪設延榆、延宜、延保公路、
鄜慶公路、清涼山、寶塔山公路，大量植樹，建立中正大橋，成
立師範學校、接濟民眾醫藥等十多項，父親亦令兵工修整城中至
機場石子馬路及中央大禮堂、延安機場、毛澤東圖書館等，並
限期完成，在各縣並設造林機構，見《胡宗南上將年譜》，頁
215；《胡宗南先生日記》1947 年 7 月 22 日、25 日、31 日，8 月
8 日、14 日，10 月 17 日。

34 陝北國軍由盛而衰可參考張朋園、林泉、張俊宏訪問，張俊宏紀
錄，《盛文先生訪問紀錄》，第 10 章〈抽調陝北剿匪部隊的爭辯〉、
11 章〈陝北撤兵的悲劇—瓦子街的覆滅〉；及《胡宗南先生日記》，
1948 年 2 月 3 日－5 月 8 日、10 月 5 日-18 日；《胡宗南上將年譜》，
頁 190-202、205-215、219-233、237-240，350-351；《毛澤東年
譜（1893-1949）》1948 年 3 月 4 日則載毛澤東評瓦子街一役（宜
川戰役）為「西北戰場第一大捷」；共軍資料可參其教導旅（旅
長兼政委羅元發）在延安失守到攻下宜川後，每日作戰行動及所
收總部指令連同各戰鬥地圖和國軍相關將領評述，見《中共教導
旅陝北作戰日誌》，按教導旅為共軍精銳部隊，該日誌係 1948 年
3 月 18 日為國軍整一師七十八旅在白水縣（西安北北東約 146 公
里）附近俘獲；另見彭德懷傳記組撰，《彭德懷全傳》（北京：

第四節　西安的撤守與反攻

　　1949 年 1 月，蔣中正總統於引退前一日給父親一個親筆函，要求「作死中求生之奮鬥……今後主力應置於漢中附近……對於四川關係，特須密切，將來應受重慶張羣主任之指揮……中不論在何地何時，對弟部一切，必如在京時無異，不必以此自餒……。」（全文見本書附錄二）這函件要求父親（撤出西安）將主力移到陝南，是蔣中正在前一週的 1 月 12 日考慮全盤佈局時就在思考的方向。[35]

　　三個月後，華北、華中、華東大部淪陷，由於武漢國軍南調，鄂西共軍傾巢西上，晉南豫西又次第陷共，共軍於 4 月間以五十萬兵力再加大量在東北及華北戰役中擄自我方的火炮，攻陷了守軍僅剩七萬二千人的山

　　中國大百科全書出版社，2009），第二冊，頁 571-790，惟該書非學術著作，甚多史實待商榷；另參考《國民革命軍戰役史第五部——戡亂》，第五冊，頁 199-305，尤其其中之「黃河東西岸作戰及秦隴作戰」部分；《中國人民解放軍全國解放戰爭史》，第三卷，頁 35-45；第二卷，頁 278-301；《蔣中正先生年譜長編》，第八冊，頁 636-637、728-730、763、775、784、810、817、820，第九冊，頁 17、18、38-39、42；鍾仁、林峰、張高陵主編，《一野檔案：第一野戰軍》，頁 257-262；對於國軍的涇渭河谷及大荔戰役之勝利蔣中正總裁記載「上週，陝甘邊區對共四個縱隊之解決，是為最近唯一告慰之快事也」，以及「錦州城區工事被毀多處，形勢危急異常，惟西安、陝東共軍已擊潰，形勢轉穩」，分見《蔣中正日記》，1948 年 5 月 11 日、10 月 14 日；而國軍涇渭河谷勝利後，第一軍軍長羅列獲頒三等雲麾勳章，見羅列上將紀念集編輯委員會撰，《羅列上將紀念集》，頁 7；另《胡宗南先生日記》則記載大荔地區勝仗後追擊共軍，佔領郃陽、澄城，向黃龍山麓掃蕩，其中我六十五軍、六十一師、七十六師均立功。

35　《蔣中正日記》，1949 年 1 月 12 日；信函係由父親同仁、負責政工的蔣堅忍中將（黃埔四期，空軍創始人之一）於 26 日從南京返回西安任所時帶回。全文另見《胡宗南先生日記》，1949 年 1 月 26 日，父親反應是「讀罷淒然，汗骨悚然，不知涕淚之何從也」。

西太原後，便以其中的第十八兵團（司令員兼政委周士
第，政治部主任胡耀邦）、第十九兵團（司令員楊得
志，政委李志民，副司令員兼參謀長耿飈）增援第一野
戰軍，以致關中及秦嶺東側完全暴露，使西安綏署處於
三面受敵之勢。父親乃決定集中兵力退守涇、渭河南
岸，各以一部扼守秦嶺各隘口，並決定抽調戰略預備隊
第一軍入四川鞏固後方，俾兵力不在關中（陝西中部，
以西安為中心）損失（另參本書第三章第二節）。[36]

5 月中，共軍以絕對優勢兵力分從關中、晉西南、
鄂西進兵，欲迫使國軍在西安決戰而予殲滅，而我蘭州
長官公署（馬步芳）所指揮駐陝甘邊境之長武友軍不但
未能照西安綏署期望，向南推進邠州（今彬州，南距西
安 150 公里，北距甘肅平涼 160 公里），反向涇州、平
涼後撤，而西安綏署當時在關中可機動運用之守軍僅有
五、六萬人，為保存戰力，在國防部指示下，決定不堅
守西安，而把主力撤至寶雞附近（位於西安以西約 180
公里，漢中南鄭以北約 200 公里）。父親於安排好全線
撤退後，率同仁於 18 日轉移到漢中南鄭（在西安西南
約 280 公里）指揮。[37]

---

36 《胡宗南先生日記》，1949 年 4 月 24 日、30 日；《國民革命軍
戰役史第五部—戡亂》，第七冊，頁 102、117；第四冊，頁 237-
318（內容係太原四次保衛戰始末）；《中國人民解放軍全國解放
戰爭史》，第五卷，頁 248；《胡宗南上將年譜》，頁 352。

37 國防部評述此舉為「此在當時狀況中應為至當方案」，見《國民
革命軍戰役史第五部—戡亂》，第七冊，頁 120-124，130；《胡
宗南先生日記》，1949 年 5 月 16-20 日；《胡宗南上將年譜》，
頁 239-242、352；廣州國防部 1949 年 4、5 月間相關電文如〈展
利簽字第 396，展利字第 1357、1369、2253、2451、2674 號電〉，
均見國防（當時部長為何應欽，參謀總長為顧祝同），《西南

　　但是我方西北寧夏、青海的將領因為西安撤守後甘
肅東翼暴露，感受威脅，遂力請國防部下令反攻西安。
國防部接受，便指導西安綏靖公署部隊配合西北軍政長
官公署（代長官馬步芳、副長官劉任）所指揮的寧夏
兵團（馬鴻逵指揮）和隴東兵團（馬繼援指揮），共三
方面集中兵力會攻共軍，企圖在共軍增援部隊未到前，
包圍殲滅彭德懷第一野戰軍而規復西安，是為關中會
戰（國軍兵力一共二十五萬人，共軍共四十萬人）。
6 月，西安綏署遵令以五個軍與寧夏和青馬聯合，於東
西兩方反攻，各部隊經奮戰後頗有進展，擊破第一野戰
軍王震第一兵團及周士第第十八兵團之第六十軍（張祖
諒），其中西安綏署的第三軍（盛文）出秦嶺大峪口後
甚至已經攻到了西安城外，而當時中共在西安城內外的
兵力十分薄弱，父親在離開前也還留下了許多忠於政
府的力量，所以只要各方通力合作，確是光復西安的
良機。[38]

　　國軍隴東主力原已擊破共軍第二兵團（司令員許光
達，政委王世泰），但卻在 6 月 14 日因騎兵四百人陷

　　戡亂作戰經過概要：1949 年 4 月— 1950 年 5 月》（檔案管理局
　　檔號 38 ／ 543.64 ／ 1060.2B/1）；另父親於 6 月 9 日寫信告訴在
　　臺灣的母親安慰說，「放棄西安」（註：實情為未以主力保衛西安，
　　至於留守之第十二、第四十八師及保安團隊係先於激戰並受重大
　　傷亡後方才突圍撤至秦嶺）為戰略上至當的行動，確保了秦嶺
　　……打垮了自（黃）河西進的敵人，所以鞏固漢中，所以掩護四
　　川，所以爭取時間，以為反攻的準備，還是當年諸葛先生一套。」
　　另中共新華社自大荔報導，共軍「解放西安」時一路的口號是「活
　　捉胡宗南」！參考《華商報》，1949 年 5 月 22 日。

38 參考當時中共在西安負責人賀龍的傳記：《賀龍傳》編寫組著，《賀
　　龍傳》（北京：當代中國出版社，2007，二版），頁 246-250。

沒城壕的小挫而退卻，寧夏兵團也由乾縣西撤，兩方均
不顧西安綏署一再力爭，反逕自改變原先商量好決定了
的部署，接著亦未遵國防部指示行動，以致三方兵力分
離；共軍方面則因為毛澤東原就指示要全力攻擊「胡
部」（所謂「鉗馬打胡」），其增援兵力便源源趕到，
以致西安綏署部隊在渭水兩岸各軍在數倍之敵攻擊下均
陷入單獨苦戰（部隊當時的前線指揮官是裴昌會），結
果最後不但功敗垂成，寶雞還失陷，而且五個軍均損失
慘重，第一六五師師長孫鐵英（延安之役時為第三十六
師之團長，當時擔任該師主攻）被俘，團長陣亡三員，
被俘兩員，第三十八軍軍長李振西、第六十五軍副軍長
張琛、第五十五師師長曹維漢、副師長石滌非等高級指
揮官負傷；是以此項被動參加的戰役不但完全違反了父
親原先所期望「兵力不在關中損失」的計劃，而且共軍
經此戰以後，便在西北從相對優勢轉為絕對優勢，完全
掌握了主動權。[39]

---

[39] 《胡宗南上將年譜》，頁 242-247，353-354；《中國人民解放軍
全國解放戰爭史》，第五卷，頁 260-276；我國防部則對寧夏前後
任之馬鴻逵、馬鴻賓主席及青海馬步芳主席各軍在此役中之表現
有強烈批評，指責寧青兩方「不能推誠合作，且無決戰意志，難
以發揮統合戰力」，以致失敗。見《國民革命軍戰役史第五部—
戡亂》，第七冊，頁 111-135；國防部 6、7 月間與西安綏署、蘭
州、寧夏來往各電報如〈展利簽字第 553；展利字第 4208、441、
5236、5647、5649、6738、7245、8306 號電〉，見國防部，《西
南戡亂作戰經過概要：1949 年 4 月—1950 年 5 月》，檔號 38 ／
543.64 ／ 1060.2B/1（國防部的指示中 6 月上旬前係何應欽部長決
行，其後由總長顧祝同或兼部長閻錫山決行）；另參考《胡宗南
先生日記》，1949 年 6 月 8 日至 7 月 18 日，其中父親特別要受
傷的張琛副軍長到廣州治療；另外他在來臺後蔣中正總統曾特別
請他評述羅列之能力、人品，他舉數例，其中也談及此「寶雞之
戰」（中共稱之為為扶眉之役），並推薦羅列稱，羅在 1949 年 7 月
11 日夜間曾建議「渭北部隊連夜西撤」（因李振兵團即將被圍），

第五節　西安綏署部隊一般情況

　　「西安綏靖公署」在之前抗戰時期的「第一戰區」所指揮的戰鬥部隊，在兵力最多時期也不過二十七萬人，那時要分防豫、冀、晉、陝、甘、新六省，並且奉軍事委員會命，另以西安第七分校等設備陸續整編／整訓華北對日作戰受到戰損的非黃埔系統部隊，包括高桂滋、高雙成、孫殿英、馬占山、鄧寶珊、上官雲相、魯大昌、楊虎城、郭希鵬等舊部，共二十萬人，然後於整編／整訓完後奉中央令再派赴各地，參加並支援對日本、對蘇聯入侵部隊的作戰，例如赴山西、太原、河北、重慶、貴州、新疆等地，完成任務後中央對各軍都另有別的安排；戰後還又再奉命自第一戰區分兵派往河北、山東等地支援國軍對共軍作戰。[40]

父親未立即接受，要他「與（前線指揮官）裴昌會商定」，結果耽誤了一天，李振率領的第六十五軍、第三十八軍便「蒙受極大損失，李隻身逃出」，因此父親覺得很對羅列不起，但此役足以證明羅列「有判斷、有決心」，見《胡宗南先生日記》，1957年1月15日（蔣中正於不久之後便任命羅列為陸軍總司令）；只是當時父親和羅列參謀長都不知道國軍在該戰役的前線指揮官裴昌會已在前一年被中共策反，當月甚至想在陝南的雙石鋪（在今寶雞市鳳縣）「起義」，所以當然會坐視部隊陷入危險。裴昌會的情況另見本書第六章第二節，以及政協山東省濰坊市濰城區委員會學宣文史委員會編，《愛國起義將領裴昌會》，濰城文史資料第十四輯（濰坊：1999年），頁8-10；中共毛澤東因此扶眉之役特向第一野戰軍彭德懷司令員等致電表達「殲滅胡宗南四個軍甚慰」，見《毛澤東軍事年譜1927-1958》，1949年7月14日。

40 參考父親1959年入國防研究院前所撰自傳，載於《胡宗南先生文存》，頁497；另見《胡宗南上將年譜》，頁350-351；另，《陳誠先生日記》1944年11月22日載，渠以新任軍政部長身份特別赴西安與父親研究將劉安祺第五十七軍空運貴州增接對抗日軍「一號作戰」事。至於1946年派往華北歸傅作義指揮參加對共作戰的綏署精銳第三十四集團軍係由黃埔一期的李文中將率領，其第十六軍軍長為袁樸（師長分別為馮龍、周士瀛、嚴映皋，另參第六章及第七章之第二節）。

28 | 疾風勁草：胡宗南與國軍在大陸的最後戰役（1949 - 1950）
Against All Odds: Hu Tsung-nan and the Chinese Nationalist Army in the Last Battles
on the Mainland（1949-1950）

　　國共戰爭期間，全國劃分了二十個綏靖區，以統合
黨政軍的指揮，從事總體戰，[41] 1949 年時西安綏署責
任區在隴南、陝西關中和陝南，並支援鄂西北、及豫西
等地；轄有第十八綏區（秦嶺以北的關中地區，總部在
寶雞）和第十九綏區（陝南各縣，總部在商縣，今商洛
市商州區）、及第五兵團和第十八兵團，總數先後為
十二和十三個軍，但由於連年在山西及陝北兩面作戰，
損耗大，而當地人口不足，補充不易，其戰鬥部隊員額
遂逐漸降低，到 1949 年秋季各軍只有原先實力的三分
之二甚至二分之一，故總數不到十六萬人，中共毛澤東
在1948 年底亦在內部估計稱「胡宗南部尚有……十五
萬八千人」。[42] 綏署因為兵力不足而防區廣大，早於
1948 年 11 月即呈請中央同意增編六個師，但李代總統
接任後與中共議和，蔣中正總統原先同意、甚至在引退
時在致父親親筆信中所承諾的增兵事自無法實現。[43]

---

41 總體戰包括嚴密各種組織、充實地方武力、注意經濟發展、加強
　思想鬥爭，要講求技術、注重基層、屬行檢討、嚴明賞罰等要點，
　見參謀總長顧祝同在 1948 年 6 月之演講，〈綏靖區總體戰之實
　施〉，顧祝同將軍紀念集編輯小組，《顧祝同將軍紀念集》（臺
　北：國防部史政編譯局，1988），頁 279-283；但是就實際運作來
　觀察，後來綏靖區制度並未能達成總體戰目標，且由於國軍連連
　戰敗而失去城鎮，也難以承擔支援機動兵團給養與保衛聯絡線的
　任務，參考陳佑慎根據相關檔案所作的研究，《國防部：籌建與
　早期運作》（臺北：開源書局；民國歷史文化學社，2019），頁
　340-341。

42 《國民革命軍戰役史第五部─戡亂》，第六冊，頁 7；第七冊，
　頁 111，148；《胡宗南上將年譜》，頁 243；《中國人民解放軍
　全國解放戰爭史》，第三卷，頁 255-256，第五卷，頁 247；以上
　各項資料均與李宗仁先生回憶錄中聲稱父親部隊有四十萬人之數
　相差遠甚。另，各綏靖區名稱地點可參見《中國人民解放軍全國
　解放戰爭史》，第三卷，頁 257-258。

43 力請增兵之相關電報見《胡宗南先生文存》，頁 270；蔣中正同

　　至於部隊裝備，「一直沒有美械，所配武器純係國械，且因產量關係，只按六成或八成配賦，而雜色步槍又占全數六分之一，每槍配彈不足五十發，輕機槍每連至多六挺，少則三挺；軍中炮兵或無或缺，平均每軍僅得裝備十分之四。言裝備，品質既非新式，數量尤不足，攜行尚且不夠，自無庫存，而且倉庫都是（國防部）聯勤總部第七補給區所管」；國防部則肯定此一說法，明白指出：「**所謂美械，並未分配與該署。**」[44]

　　西安綏署位於西北，主要困難除兵源和裝備外，一直是糧食問題，而自1948年中起，部隊即斷絕肉食，且需自行籌集兵食，到1949年中，部隊侷陷於面積有限的漢中盆地，因為交通不便和運輸困難，問題更趨嚴重，[45]蔣總裁甚至在當年5月電報四川省主席王陵基以

意的答復在他引退時給父親的信中，參考《胡宗南先生日記》，1949年1月26日，及本書附錄二〈蔣中正總統於南京致西安胡宗南主任親筆函（1949年1月20日）〉；另見《胡宗南上將年譜》，頁237-238，350-351。

44　參考父親於1950年即民國39年6月在臺灣遭到若干監察委員彈劾時之申辯書，見《胡宗南上將年譜》，頁351、以及國防部在本案中於審訊、查核該案各相關人證後所作之裁決書，見國防部檔案，三十九年（1950年）動勵字第十七號，偵查第二卷，頁68；從而證明，李宗仁代總統所謂父親部隊全為美式配備，並非事實，也因此之故，一般所稱「蔣介石的五個王牌軍」中，沒有一個是父親的部隊。

45　《胡宗南上將年譜》，頁234-235；《胡宗南先生日記》於1949年2月10日記載：「2月20日即無存糧，甚為憂慮，乃……召集董主席（釗）規定如此：限2月20日前繳足糧十七萬包……渭河北各級公糧迅即移西安以西，令裝司令官（昌會）轉飭駐軍協助……」，6月15日載，接到陸軍財務署吳嵩慶署長電報，才奉准發5月份薪餉（延遲了一個半月）和6月份副食費，另6月19日、22日、24日亦分別記載「稻田將枯了」、「天旱了，陝南將荒了」、「求雨而雨不下」等，顯示天候、農產收成及薪餉發放對部隊的影響至大。

及張羣長官謂：「陝省國軍聞將絕糧……」，請彼等接
濟父親部隊糧食及兵源；而到了 8 月，竟然還發生因為
漢中大雨連綿一個月，飛機無法降落，以致到 10 月份
才能關餉。[46] 相反地，共軍則在攻佔城鎮或村寨後，立
即設立黨組織，組織農會或民兵隊，集中所有糧食，
民兵由其家人作保，防止逃亡，故其困難較少。[47] 另在
1948 年金圓券改革失敗後，全國在經濟及後勤補給上
的困難直接影響國軍士氣，父親部隊也不例外，雖然自
3 月20 日起陝西國軍人員待遇開始按銀元發薪。[48]

　　儘管如此，毛澤東對「胡軍」的評估仍然是不敢
小覷，雖然共軍在人數和裝備上在 1948 年底開始均已

---

46 《蔣中正日記》，1949 年 5 月 13 日載：「電川張供給宗南軍糧
與兵源」；吳興鏞編注，《吳嵩慶日記（一）1947-1950》1949 年
6 月 8 日載：分配「胡部糧款 8,000 餘兩（黃金）」；《張羣先生
日記》，8 月 1 日載：「方舟（王陵基主席）自蓉來電託請胡部
軍糧事」，2 日載：「方舟又電話問胡部軍糧事，請（蕭參謀長）
蕭毅擬辦法」；《胡宗南上將年譜》，頁 351；但徵兵徵糧事因
為四川親共勢力阻擾而常不成功，參考《張羣傳》，頁 139。

47 《蔣中正先生年譜長編》，第九冊，頁 278；以及西安綏署基層軍
官徐枕的實地體認，見《一代名將胡宗南》，頁 349，381-385。

48 當時銀元軍餉發給士兵是由 6 元，尉官 10 元，校官 20 元，將
官 28 元起薪，而 1 銀元等於 3,300 元金圓券，見《中央日報》，
1949 年 3 月 21 日；但這薪金絕對不夠，參考後來綏署被俘幹部
有以下記載——雖然嫌誇大：「……西安市面上一片蕭條混亂景
象……惡性通貨膨脹加劇，二月下旬跌落到十萬元抵一塊銀元，
而蔣政府則是金圓券八千元抵一塊銀元發給士兵，不安分的士兵
就強買強賣，安分的則生活更加艱苦。尤其五六月以後，金圓券
已不能使用，真到了軍民不安，士無鬥志的地步……」，陳子幹，
〈胡宗南部在關中地區全面潰敗紀略〉，范漢傑，《我所知道的
胡宗南》（北京：中國文史出版社，2017），頁 431。按，內戰
期間被俘將領之多種回憶文字及其用字遣詞均係經過政治審查及
多次重寫才通過，參考被俘後又重獲自由的段克文之回憶錄，《戰
犯自述》（臺北：聯經公司，1978），頁 59 與「否定前半生」、
「交罪認罪」兩章。是以此類文字尤其形容詞無法證明是否係作
者之原意，故本文僅視內容斟酌引用，以下同。

佔相當優勢，他仍然認為「西北解放軍的戰力弱於胡軍」。[49]這其中一個重要的原因，除了父親在西北艱困地區其個人極為刻苦的榜樣外，便是他從東征、北伐以來帶部隊帶心的許多特殊作法，以身教代替言教，遇事皆默默經營，不事表現，治軍以嚴，待人以寬，嫉惡如仇，而好覆人過，自己每月薪餉一向分給傷兵遺眷、從沒有銀行存款，其部隊到各地時自己都是住在祠堂廟宇中，從未在任何地方建立「故居」，同時特別照顧部屬的家庭長輩，親自督導政治教育和教育訓練，尤其是精神教育，不斷強調「為何而戰及為誰而戰」，以集中意志、提升士氣，故其部隊可靠且常打勝仗，也為共軍所熟知（從1930年代共軍「長征」時期在皖、鄂、豫、陝、川、甘、寧一路被追擊、抗戰時陝北一度遭受封鎖，到戰後在華北的發展頻頻被阻擋、追擊等）。[50]他

49　《中國人民解放軍全國解放戰爭史》，第五卷，頁63、247；又如，國軍西安綏靖公署前線幹部亦認為「我軍一個旅可打共軍一個半到兩個旅」，《胡宗南先生日記》，1947年5月13日。

50　參考多年部屬吳俊將軍之回憶，〈恭逢胡宗南長官百歲誕辰懷感〉，《王曲通訊》，（臺北，內部刊物），第23期1996年6月2日；羅列，〈陸軍一級上將胡宗南傳〉，徐枕，《一代名將胡宗南》，臺北：臺灣商務印書館，2014年，頁Vii-X；《胡宗南上將年譜》，頁45-51，62-69，152-153，160-163，173-183，189-191；父親個人的刻苦作風及不建「故居」，薪俸全給傷兵遺眷，而銀行沒有存款等可參考抗戰前大公報名記者范長江親見的描述，見丁三（林曉寒），《藍衣社碎片》（北京：人民文學出版社，2003），頁140-147；其鼓勵士氣作為，如成立「傷兵年會」，籌款每年資助部隊中已經退伍的傷兵前來當時的駐地同樂並予以政治教育等，見李少陵，〈胡將軍軼事〉；張自英，〈這樣的將領能有幾個？〉等，均錄於胡故上將宗南先生紀念集編輯委員會編纂、胡為真增訂，《令人懷念的胡宗南將軍》（臺北：臺灣商務印書館，2017），頁48-49，273-281。另，父親的作風也影響了其部屬，如侍從參謀夏新華便曾告知作者，渠當年為效法父親曾數年未領薪俸而甘之如飴。但父親的愛才也吃虧，因為曾招收

32

疾風勁草：胡宗南與國軍在大陸的最後戰役（1949 - 1950）
Against All Odds: Hu Tsung-nan and the Chinese Nationalist Army in the Last Battles
on the Mainland（1949-1950）

還常利用各種機會到最前線去召集部隊幹部甚至士兵，
作各種談心，以求瞭解第一線的狀況，作精神鼓舞，以
致抗戰時與其對戰的日軍在其「一號作戰」時便避免與
之「硬碰硬」，[51] 而內戰時共軍內部電報中亦曾形容其
部隊「敵……頑抗，非死不繳械」、「敵反動教育很
深，較為頑強，長於守備」等，[52] **這類經驗對於共軍在
1949 年秋的西南戰役前決定集中第二野戰軍全部和第
一野戰軍、第四野戰軍配合才有把握進兵，極有關聯。**

　　1948 年父親看到局勢不利，便更加強各種短期的
訓練班隊，例如韋曲（在今西安市長安區韋曲鎮）黨政
訓練班、政工訓練班、重兵器訓練班、幹部訓練班、軍
士訓練班等等，自己常去主持開訓或畢業典禮，以求強
化忠貞的情操和貫徹戰鬥到底的決心。當年秋季，他進
一步成立「西安綏署黨政人員訓練班」，自兼班主任，
召訓公署幹部、省市黨部人員、當地中學校長、工商團
體骨幹等，目的是「改造國民黨，集中革命力量，徹底

到共諜熊向暉（原名熊彙荃）、陳忠經、戴忠溶等人。熊 18 歲時
以當時西北地區稀有的大學生身份進入父親部隊，以其才華而受
信任，被培植，也作過侍從參謀，家庭父母均受到照顧，但他卻
未被感化（或凜於中共對情報人員的冷酷紀律）而仍為中共做情
報工作。**他晚年良心始終不安，於去世前說：「一生中最對不起
的人就是胡宗南」，乃特別要其子傳話給「胡宗南的家人」，表
達至深之歉意。**

51　參考許倬雲院士的評論，見齊錫生，〈抗戰中的軍事〉，許倬
雲、丘宏達主編，《抗戰勝利的代價：抗戰勝利四十週年學術論
文集》（臺北：聯經公司，1986），頁 21；父親在抗戰期間「抗
擊日本的歷史貢獻」可參考彭玉龍，〈抗日戰爭時期正面戰場作
戰的胡宗南〉，《軍事歷史》，總第 177 期（北京：軍事科學院，
2010），頁 46-55。

52　見 1947 年 3 月 5 日張宗遜、習仲勳致軍委電，錄於習仲勳、王震主
任編審，《中國人民解放軍第一野戰軍文獻選編》，第一冊，頁 88。

實現三民主義，統一意志」，尤其重要的是學習組訓民
眾，樹立社會新風氣。在蔣中正總統引退的第二天，
他更進一步在黨政班第三期選員成立「鋤奸救國同志
會」，帶領大家宣誓：「永不背叛主義，總理和總裁
……永遠不忘記，我們是主義的信士，總理的戰士，領
袖的死士……是革新本黨的先鋒隊……要堅決相信……
國民黨必然復興！」[53]

---

53 《胡宗南先生日記》，1948 年 8 月 6 日至 10 月 6 日，12 月 6 日、
　　12 日、15 日；1949 年 1 月 22-23 日；李猶龍（曾任西安綏靖公署
　　政工處長），〈胡宗南的反動組織及有關訓練機構〉，《我所知
　　道的胡宗南》，頁 339-353。（按李處長後來於 1950 年春西昌戰
　　役後與羅列參謀長一同在突圍途中，在 4 月 26 日於四川洪雅縣甘
　　相營附近不幸被俘，惟其眷屬子女均先已順利赴臺，居於父親請
　　陳誠主席代建之眷舍中，成長後均留美有成）；另，父親對士氣
　　的要求也在其對官長講話中顯示，如：「攻擊不能成功之部隊，
　　無論營、連、排，必須增加其部隊，鼓勵其再戰，必使之勝利，
　　必使之成功。然後才能養成旺盛士氣，培養官兵勝利心，榮譽
　　心！」胡宗南，《胡宗南將軍手札》，未刊本。

第二章　政府在西南地區的主要困難

　　本文所述之西南地區，包括川、康、黔、滇四省，而以四川為主。四川盆地北部以大巴山脈與陝西隔絕，平均高度二千公尺，東西橫亙，山勢連綿不絕，為南北交通之大障礙，古云「蜀道難，難於上青天」，此之謂也。川境西為邛崍山、大涼山，東與湖北有巫山南北縱貫，南面為貴州之大婁山，河流為長江會合岷江、涪江、嘉陵江、烏江，江流洶湧，運兵及交通基本不便。1949 年時四川無鐵路，僅賴以成都為中心之少數公路。[1]

第一節　張羣長官的困境

　　中國西南地區的地方勢力素極強大，抗戰時政府坐鎮重慶，四川也曾出了六個集團軍出川參加抗戰，有重大犧牲及戰果，[2] 但是執政的國民黨卻未能貫徹建立對四川全省的掌控，較諸共黨在敵後地區掌控全部農

1　《國民革命軍戰役史第五部—戡亂》，第七冊，頁140-141；四川山川之地略形勢，包括對各城市之評估，可參考清代顧祖禹《讀史方輿紀要》，卷66，輯於續修四庫全書編纂委員會，上海復旦大學古籍部編，《續修四庫全書》（上海：古籍出版社，2003），第606冊，頁425-456。

2　詳情可參考四川籍資深名將孫震之回憶，《八十年國事川事見聞錄》（高雄：四川同鄉會，1985），頁211-254。

36 | 疾風勁草：胡宗南與國軍在大陸的最後戰役（1949 - 1950）
Against All Odds: Hu Tsung-nan and the Chinese Nationalist Army in the Last Battles
on the Mainland（1949-1950）

村，不可同日而語。[3] 四川地方領導人中以劉文輝、鄧
錫侯、潘文華、楊森、王陵基、孫震等人各有實力，其
中孫震綏靖公署主任、楊森市長、王陵基省主席一貫支
持蔣總裁，但各人與張羣長官之關係卻都不同，例如楊
森之女嫁予蔣總裁外甥竺培風，故亦係蔣之姻親；而劉
文輝、鄧錫侯、潘文華則與中央政府和蔣中正總統有距
離，卻與張羣維持關係，該三人且相互策應。蔣中正總
統在 1949 年初任命張羣擔任重慶綏靖公署主任，原寄
望他代表中央，以其四川省籍、曾任省主席六年的資望
和人脈，能團結地方、安定大西南，挽救危局。張羣接
受任命後，便先請在軍中享有崇高地位，曾擔任國民革
命軍總司令部上將總參議、軍事委員會侍從室主任、第
一任上海市長等職的錢大鈞將軍擔任副主任兼參謀長
（後來請蕭毅肅兼參謀長，但錢大鈞對蕭毅肅對人的態
度有意見），[4] 但赴任後便立即發現內外困難重重。

首先最基本的是大環境的問題：國內全面性的經濟
財政失敗、通貨急速膨脹，使他立刻面臨的是財政不
敷，人民生活困難而造成的連鎖問題，使得社會動蕩，
人心不安，各種政治事件層出不窮——其實於當年年
初，在張羣就任之前，全四川便曾宣佈戒嚴。[5]

3 　參考前參謀總長、行政院長郝柏村著，《郝柏村解讀蔣公日記
　　1945-1949》（臺北：天下遠見，2011），頁 438。

4 　錢世澤編，《千鈞重負：錢大鈞將軍民國日記摘要》（美國加州
　　蒙特利：中華出版公司，2015），第一冊，頁 XIII-XIV，第三冊，
　　1949 年 2 月 1、5、13-14、24 日。

5 　《中央日報》（南京），1949 年 1 月 4 日載，四川開始每晚 11
　　時至次晨 6 時進行宵禁；由於 1948 年冬起金圓券跌勢一瀉千里，
　　廣東各地已開始拒用金圓券，市場混亂，食米漲價飛速，學生請

　　第二方面是行憲以來，「新制度未能成熟與確定，而舊制度先已放棄崩潰」，[6] 以致我方各級政府內部的權限分野亦不清楚，對張羣造成困難。而張羣以蔣總裁的主要助手及前任行政院長的身份，還必須參與高層的政治商討折衝，經常出入重慶、廣州、臺北等，依違於蔣總裁與李代總統之間，而又希望調和鼎鼐，甚為辛苦。[7]

　　第三方面是川、滇、康、黔各省的地方勢力各有企圖，貌合神離，而他缺少有實力的班底，以致反而需要當地政要的支持來提升自己及政府的聲望，才能順利推動施政；例如張羣於抗戰時期在四川主政六年期間便一直需要劉文輝、鄧錫侯、潘文華三人的合作來推動中

願聲勢甚大，重慶遂再宣佈特別戒嚴令；參考《華商報》，1949年4月17-18日；以及張玉法，《中華民國史稿》，頁466；四川省革命委員會文史研究館編輯組，〈一九四九年四川大事紀〉及米慶雲，〈金圓券銀元券給四川帶來的災禍〉，均列於《四川文史資料選輯》（成都：政協四川省委員會出版，1978），第18輯：1949年的四川，頁3-21，147-162。

6　這是蔣總裁的反省之語，見《蔣中正日記》，1月22日「上星期反省錄」，3月反省錄；蔣對於我方制度和組織不健全的講話亦可參考《蔣介石與國共和戰：一九四五—一九四九》，頁286-290。

7　《張羣先生日記》，未刊本，1949年4月23日，5月24日，9月11-12、29日等；關於政府單位之間權限不清事，例如1947年行憲後成立國防部，便希望實行「以政治軍」、「還軍於國」的理想，以新制度來創立未來，但因為內戰持續不利，變化甚大，蔣總裁、李代總統、國防部長、參謀總長與地方各「軍政長官公署」的指揮權責便變動不一，以致張曾對錢副長官說他來到重慶才體會到中央賦予的權限有問題，對中央銀行不撥借經費之態度也頗有微詞，甚至覺得來擔任軍政長官是「受人之騙」；另外張也向錢坦白表示，他對（西南方面的）政治經濟有興趣，軍事則不欲過問，見《千鈞重負：錢大鈞將軍民國日記摘要》，1949年2月13、23日；至於我國在行憲後國防部制度的建立、權責釐清的努力與困難參考陳佑慎，《國防部：籌建與早期運作》，第5章〈國防部在大陸的最後歲月〉，及頁367。

38 | 疾風勁草：胡宗南與國軍在大陸的最後戰役（1949 - 1950）
Against All Odds: Hu Tsung-nan and the Chinese Nationalist Army in the Last Battles
on the Mainland（1949-1950）

央的政策，所以他甚至在1947年離任赴行政院服務前的正式場合，還公開抬高這三位親共人士的地位，說自己和劉文輝、鄧錫侯、潘文華「不論職位如何，在四川是共同負責的！」[8] 而蔣委員長為了國家的復興和地方的重建，對四川也一向寄以厚望，在抗戰快勝利時即曾約見張羣與劉文輝、鄧錫侯三人共同研究川康的軍政改革，希望在一年內能「建立建設四川的基礎」。[9]

這次張羣奉命擔任西南軍政長官，從年初還未就職時，便多次向曾任四川省主席的西康省主席劉文輝、以及曾在抗戰時接替張擔任四川省主席的鄧錫侯等地方勢力領導人拉攏疏通，甚至還邀請劉、鄧一同研商其就職演說，以示誠意，並列入彼等的意見，號召各省人民要「團結、自衛、自保」來保衛西南，也就是在中共勢力高漲時，川人要彼此團結自保（不靠外援）；甚至由於重慶市參議會（在劉文輝、鄧錫侯等人的影響下）在3月14日通過了決議，請中央停止徵兵徵糧後，他為安人心，減少施政阻力，居然還順勢宣佈自明年起西南地區都要停止徵兵徵糧。[10]（另見下節）

8　1947年2月8日張羣離開重慶赴南京升任行政院長前，在成都勵志社歡宴四川各政要，包括黨政軍民各首長、省參議會駐會委員、省參政員時的演講，題為〈在川為政的感想〉，錄於臺北市四川同鄉會、重慶同鄉會編輯委員會編，《張岳軍先生在川言論選集》，頁233-236。

9　《蔣中正先生年譜長編》，第八冊，頁70。

10　參考《張羣先生日記》，1949年1月12、15日，2月14-16、19-24日，5月10日，10月18日，11月28、30日，12月2、5日；《千鈞重負：錢大鈞將軍民國日記摘要》，1949年2月14、21-24日，其中透露劉文輝「極思四川主席」，張羣長官自己「則欲兼任四川省主席，以胡宗南長渝市（重慶），致楊森（重慶市長）亦不滿」；承諾停止徵兵徵糧事見《中央日報》，1949年3月15、20日。

　　第四方面是占了關鍵位置的四川省主席王陵基（1949 年初接替鄧錫侯），雖然在反共的立場上和他一致，但兩人在歷史關係、作風和態度上卻有矛盾，以致蔣中正在 5 月底曾給張羣電報表示，四川省主席一職「或可由兄（張）自兼，否則如找別人，可能較王更不如。」此顯示張羣與王陵基的矛盾已經達到張羣認為必須請蔣中正總裁換人的地步，只是蔣又不直接將王陵基免職、讓張羣兼任；所以張羣長官既有內外各項困難，無怪他在任期間，雖然「盡力國事」，[11] 仍然多次向蔣總裁請辭。[12]（另見第四節）。

第二節　劉鄧潘的作為

　　曾任四川省主席、當時擔任西康省主席的劉文輝早在1930 年中原大戰時即參加反蔣（中正），後來在1930 年代亦參加剿共，抗戰時則受命負責地方建設，受到蔣中正委員長的指揮並協助，[13] 他後來在回憶錄中卻從不提蔣對他的寬容和在他施政上的協助，反而強調

11　張羣在其 69 歲陰曆生日時記載：「六十年來盡力國事，不能說無所貢獻，然局勢糟到今天，任何人均該負責」，見《張羣先生日記》5 月 7 日 Memo；張羣、王陵基過去的關係可參《蔣中正先生年譜長編》，第五冊，頁 471，記載王陵基在抗戰期間即曾以四川保安處長身份通電，反對張羣入川擔任省主席；至於蔣中正認為不易找人接替王陵基一節見《蔣中正先生年譜長編》，第九冊，頁 288。

12　《張羣先生日記》，1949 年 7 月 17-31 日，8 月 3、13 日，10 月30-31 日，11 月 3、9 日。

13　參考《蔣中正先生年譜長編》，第四冊，頁 76、310；第五冊，頁 518；第七冊，頁 562、594。

40　疾風勁草：胡宗南與國軍在大陸的最後戰役（1949 - 1950）
Against All Odds: Hu Tsung-nan and the Chinese Nationalist Army in the Last Battles
on the Mainland（1949-1950）

他的反蔣歷史，且坦稱所有四川軍人當年「所控制的防
區都是獨立王國」，他自己一向就是「軍閥」，「為所
欲為，不卹民困」；然而儘管如此，他在檯面下與主張
「無產階級專政」的中共的關係卻甚長久：抗戰時期的
1939 年他任西康省主席後，便一再阻止中央軍及軍統
的力量入康，1942 年他與中共周恩來私下見面後便在
西康雅安（今四川境內，在重慶以西約 500 餘公里）設
秘密電臺開始與中共密集聯繫。[14] 到國共戰爭期間更一
直設法控制四川省參議會，把「同我們有關係的向傳
義、唐昭明選出來作正副議長」，與反共的省主席王陵
基對抗，「從而省參議會在各種重大問題上都是跟著我
們（劉、鄧、潘）走，曾給蔣介石在四川的政治控制和
經濟榨取增加了不少困難」。在 1948 年初，「中國國
民黨革命委員會」在香港成立時，劉文輝且以化名秘
密擔任民革的「川康分會主任委員」，主持民革地下
組織。[15]

　　1949 年春，劉文輝聽說父親部隊可能將入駐川北
的三合、鹽亭、中江等縣時，他便鼓動地方士紳反對，
甚至由議會電請重慶綏靖公署阻止其實現；同時用議會
反對徵收田賦，使省政府在惡性通貨膨脹的情況下無法

14　《走到人民陣營的歷史道路》，頁 3-9；蔣中正對劉文輝與中共接
　　觸應早亦有所聞，例如在《蔣中正日記》，1940 年 3 月 15 日即
　　曾記載：「康劉已入共黨之包圍中乎？後方各地情形與軍閥心理
　　之陰惡，殊堪注意，然有備（可能靠當時軍統的情報）乃可無患
　　矣。」另蔣中正亦查知劉文輝、鄧錫侯、潘文華等「軍閥」（劉
　　文輝自稱）在抗戰期間囤積居奇，竟然是糧食漲價的元凶，見《蔣
　　中正先生年譜長編》，第六冊，頁 554。

15　《走到人民陣營的歷史道路》，頁 20-33。

掌握實物以支撐法幣；劉再用「政府在廣州無力顧及西南」、「不要在四川打仗」等為號召，策動民眾組織自衛運動，成立「省、縣自衛委員會」，在國共之間以第三者自居，並在西南軍政長官公署完成了立案手續，欲將川省現有之徵兵徵糧、軍政及民眾組織各種權力，轉移到省、縣各自衛委員會，表面上是與省府對立，但「鬥王實際上是鬥蔣」，主要目的是妨礙抗共軍事，「捆住王陵基的手腳，從而牽制蔣在四川的軍事行動」，先替中共作第一步的接收。雖然自衛委員會的組織到了夏季被廣州行政院駁覆，以致未能完全如劉之願，但仍然讓張羣長官處理這個組織頗為為難及費心。[16]

此外，劉文輝還利用張羣與王陵基和楊森個人之間的矛盾，影響西南軍政長官公署和四川省政府及重慶市政府之間的合作，並以「驅王擁張」為號召，不斷分化張羣和王陵基，在蔣中正、張羣面前不斷的醜化王陵基，要求將王陵基撤換，並聯絡鄧錫侯、潘文華一同鼓動張羣兼任省主席，還明勸張羣不要讓大家的家鄉變得像山西太原一樣打得生靈塗炭；也就是一方面堅定張羣對他們和政府「合作」的信心，另方面也讓張羣用他們來平衡不合作的王陵基，從而達到他和鄧錫侯、潘文華

---

16 《走到人民陣營的歷史道路》，頁 14-34；《張羣先生日記》，1949 年 6 月 24、28 日，10 月 19、27-29 日；〈一九四九年四川大事記〉，四川省革命委員會文史研究館編輯組，《四川文史資料選輯》，頁 5-23；《八十年國事川事見聞錄》，頁 312-313；《胡宗南先生日記》，1949 年 8 月 30 日。

等人不讓父親部隊下四川掌控局勢的目的。[17] 到了 9 月間劉文輝再設法阻止王陵基主席為了協助父親的防區而打算在北面的大巴山成立二十個保安團。但蔣總裁受張羣影響，對他本人仍然信任，當月還在重慶勸他「徹底清除其所部掩護下之中共分子，以昭信用」。[18]

除劉文輝以外，曾在抗戰時帶川軍出川作戰、擔任川康綏靖主任九年，戰後也曾擔任四川省主席的鄧錫侯則通過其部屬第九十五軍軍長黃隱及副軍長楊曬軒與中共接觸，還利用自己與張羣之友誼，敷衍政府高層，[19] 鄧於 1948 年底辭去四川省主席職，以養病為名，居於上海，繼而用拖延的方式，不遵從蔣總裁希望他到漢中擔任「川陜邊區綏靖主任」，與擔任「西安綏靖公署」主任的父親協同防守川北的要求；然後在 1949 年初因

---

17 《胡宗南先生日記》，1949 年 6 月 4 日；《走到人民陣營的歷史道路》，頁 25-26；《張羣先生日記》，1949 年 4 月 23 日，1949 年 7 月 26 日記載：友人蔡君告，四川內部傳言「倒張（羣）、滅劉（文輝）、擁王（陵基）、迎胡（宗南）」之「內幕」，此等挑撥言論自使張羣不快，而更感到劉文輝、鄧錫侯等「友好」人士的重要性。

18 《走到人民陣營的歷史道路》，頁 32-33；《蔣中正日記》，1949 年 9 月 17 日。

19 鄧錫侯曾明白的敘述稱：「我們在地方上支持了他（張羣），他在蔣介石面前也支持了我們……他……作行政院長，我即真除（四川省主席）。他並表示在行政院長任內，決盡力支持我，與我同進退……我的起義和在起義前的因應時變，就運用了這種關係。」見鄧錫侯，〈我在川西起義的經過〉，中國人民政治協商會議全國委員會文史研究委員會編，《文史資料選輯》（北京：中國文史出版社，1986），合訂本第 5 冊第 17 輯，頁 20；另參考鄧錫侯的第九十五軍參謀長王大中著，〈第九十五軍起義紀實〉，編輯於王克俊等著，《起義 1949》（北京：中國文史出版社，2009），頁 89-99；父親對鄧錫侯主席的尊重態度則見胡宗南，《胡宗南先生日記》，1948 年 1 月 30 日，1949 年 12 月 1 日（到達成都後便偕同蔣經國共同拜會鄧錫侯）、12 日（劉文輝、鄧錫侯那時均已叛變，但先攻擊劉文輝部而暫且不對鄧錫侯部攻擊）。

為張羣的推薦，還到重慶擔任西南軍政副長官。到了夏天，中共方面包括喬冠華、劉伯承等先後與其秘密聯絡，以堅其投共之決心，他乃於1949年10月政府還在重慶時，便在成都設了電臺直接和進兵川東南的共軍第二野戰軍通訊。[20]

而潘文華原係四川軍人，追隨劉湘，劉湘於1938年病逝，潘文華在抗戰初期至戰後則先後擔任第二十三集團軍副總司令、川康綏靖公署副主任、川鄂邊區綏靖主任等職，到1948年復調任西南軍政長官公署副長官，其部隊則逐漸在不同階段分別調歸白崇禧、康澤、孫震等人指揮，心中自然不滿——儘管政府還曾委請其弟擔任四川省銀行總經理。但他也是在抗戰時期便開始與中共建立聯繫，掩護左傾報刊，國共戰爭時則與劉文輝、鄧錫侯採取聯合行動，以應對反共的張羣及王陵基，還派人向鄧錫侯秘密轉達中共的意旨。[21]

總而言之，蔣總裁一心希望大家團結合作為大局，而張羣則是在蔣委員長的支持下，顧念與劉文輝、鄧錫侯、潘文華三人從抗戰以來的老關係和合作「友誼」，一再苦口婆心地期望他們繼續支持蔣所領導的政府；但該三人在國共戰爭期間基本上都是腳踏兩邊船，當戰事發展對中共愈趨有利時，則愈在暗中強化與中共的配

---

20 〈我在川西起義的經過〉，《文史資料選輯》，合訂本第5冊第17輯，頁19-27，他表示前此稱病不遵蔣離四川去漢中是為了保留實力在成都附近，以便與劉文輝、潘文華兩部形成犄角互助之勢，以免王陵基主席在四川「肆無忌憚」地推動反共部署。

21 〈我在川西起義的經過〉，頁24-26，四川省革命委員會文史資料館資料組，〈劉、鄧、潘起義與蔣介石的"川西決戰"〉，《四川文史資料選輯》，第18輯，頁95-101。

合，到了 1949 年夏秋的關鍵時期，更彼此合作，利用
張羣來保持其自身的地位和影響力；再以「禦共於境
外，安民於境內」的口號和各項政治上的手段來阻止
西安綏靖公署部隊從陝西南下，為中共爾後入川的順
利製造條件。[22]

第三節　滇黔康的問題

　　與越南、緬甸、寮國為界的戰略要地雲南省，其歷
來主政者也多潛存著割據意識。而由於其戰略地位，各
方政治勢力都期望控制雲南。中共早在抗戰期間即滲透
昆明各大學及政界，使得政治情勢一直不穩，1945 年
底的昆明學潮，以「停止內戰、保障言論集會人身自
由」等為要求，即造成了廣大影響，予蔣中正委員長及
以下相關官員相當之困擾；[23] 雲南全省各股土共（即滇
桂黔邊縱以及中共雲南省工委所領導的滇南、滇中、
滇西、滇西北各地的人民自衛軍、自衛團）亦達十
萬人之眾，中共地下黨員更有數千人，到國共戰爭後
期，在雲南內部及貴州邊境建立游擊根據地、佔據了數
十縣城，更具聲勢。[24] 該省領導人雲南講武堂出身的盧

---

22 《八十年國事川事見聞錄》，頁 203、223；〈劉、鄧、潘起義與
　　蔣介石的“川西決戰”〉，《四川文史資料選輯》，四川省革命
　　委員會文史資料館資料組，第 18 輯，頁 91-123。

23 陳永發，《中國共產革命七十年》（臺北：聯經出版，2001，修
　　訂版），頁 454-456；潘邦正，〈蔣檔關於西南聯大歷史新証：建
　　校、學運及李、聞兩案〉，《春秋雜誌》（香港，2019 年 12 月），
　　第 1125-1127 期，頁 12-24。

24 《中國人民解放軍全國解放戰爭史》，第五卷，頁 352-355；《千

漢受提拔在抗戰後曾赴越南接受日軍投降，嗣接其老長官龍雲擔任省主席，並兼任雲南省綏靖公署主任，直屬西南軍政長官公署指揮，蔣總裁、張羣長官甚至李代總統都對其寄以厚望。[25]

但 1949 年初，三大戰役中國軍精銳大部喪失之後，盧漢的立場立刻動搖，於 5 月和 8 月先後兩次與中共建立了秘密聯繫管道。這時盧以雲南省保安司令之名義轄有第七十四軍（軍長余建勛）、第九十三軍（軍長龍澤匯，盧漢的內弟）及各縣保安團隊和憲兵二團，另中央軍第八軍（軍長李彌）及第二十六軍（軍長余程萬），組第六編練司令部，由李彌任司令，亦駐雲南。[26] 八月底盧漢不願赴重慶參加蔣總裁主持的西南防務會議後，西南軍政長官公署原決定討伐盧漢，並由貴州省主席谷正倫、駐貴州第十九兵團司令何紹周出任「滇黔剿匪正、副總司令」；但盧漢後來改變態度，自滇赴重慶見蔣中正總裁，這時在廣州主持政務的李宗仁代總統聽聞後立即派行政院長閻錫山赴重慶，勸蔣立即

鈞重負：錢大鈞將軍民國日記摘要》，4 月 1 日載：「滇匪日漸猖獗，黔邊如赫章、威寧、水城、及興義等縣均告急」。

25 參考《蔣中正先生年譜長編》，第八冊，頁 151、156、190、196-198、254、257、277；《李宗仁回憶錄》，頁 663；曾恕懷，〈雲南和平解放前後的幾點回憶〉，中國人民政治協商會議全國委員會文史資料研究委員會，《文史資料選輯》，（北京：中華書局，1962），第 23 輯，頁 84-86。

26 《國民革命軍戰役史第五部—戡亂》，第七冊，頁 187、193，《中國人民解放軍全國解放戰爭史》，第五卷，頁 475-476；按，盧漢於 7 月間和赴訪的行政院政務委員徐永昌談話時，即表示對政府的失望，以及對共黨的嚮往，見徐永昌，《徐永昌日記》，（臺北：中央研究院近代史研究所就原件影印，1991 年），第九冊，7 月 26-28 日，8 月 8 日。

扣押盧漢。但蔣認為雲南為國家存亡最後關頭，此舉既
不合道義，又會在滇境造成另一戰場，而在滇的中央軍
卻無必勝把握，故此反對，而與其懇談；盧漢流淚交
心，強調其困難，要求新編六個軍及二千萬現款，蔣中
正乃同意擴大盧漢的軍力，並勉力發壹佰萬銀元作為剿
共經費，甚至還要在滇的中央軍聽盧漢的指揮，而盧亦
接收了國軍駐昆明的第四十二、四十三補給分區及其
糧、彈。[27]

　　而在此期間桂系華中軍政長官白崇禧曾令魯道源
（雲南人，原第十一兵團司令，屬桂系）接任雲南省主
席，李宗仁、白崇禧並直白地要求蔣中正立即派空軍空
運魯道源的部隊入滇，且同意讓中央軍第二十六軍歸魯
道源指揮，此態度使蔣中正不滿，因明顯表示桂系希控
制雲南；但蔣仍一度考慮接受魯道源赴滇，「決允桂之
所求，委魯主滇，以顧全湘、粵之戰線」，而讓盧漢轉
任西南副長官。但由於盧漢後來態度改變，故由魯道源
代盧漢的提議終未實現。盧漢聽蔣的勸說，於回滇後便
閃電解散了反對徵兵徵糧的雲南省議會，又逮捕了甚多
左傾份子，使蔣總裁深感欣慰，但此舉又招致中共不
滿。等到 11 月共軍第二野戰軍逼近雲南，中共再予接

---

27 蔣對盧漢會投共原有正確的評估，而準備「收復」雲南，「使西
　　南保全整個局勢」，只是蔣一方面不願使用過激手段，使雲南進
　　入戰亂而不能成為抗共後方，一方面也因為當地中央軍確無把握
　　迅速掌握情勢，而見到盧漢後，更完全為其表演所矇蔽，見《蔣
　　中正日記》，1949 年 8 月 30 日，9 月 3-8 日，其中載「彼（盧）
　　流淚者，在表示其苦衷與精誠也」；《千鈞重負：錢大鈞將軍民
　　國日記摘要》，1949 年 9 月 2 日；《中國人民解放軍全國解放戰
　　爭史》，第五卷，頁 475-476。

觸，盧漢乃決心投共，只是蔣總裁仍然聽信張羣意見，一直不撤換盧漢直到最後，甚至到了盧漢正式投共的前兩週，還親自致函給他，「以道義相勖」（另見本書第九章第五節及第十章第三節）。[28]

　　另外關於西康省，由於劉文輝在 1939 年建省前即負責當地政務，建省後續擔任省主席，二十多年下來，根基甚深。雖然蔣總裁在抗戰時西康建省之後，便設立「軍事委員會西昌行營」，以張篤倫為主任，抗戰勝利後，行營改成警備司令部，張羣離職，由曾主持四川政務的賀國光擔任西昌警備司令以制衡劉文輝，但其兵力有限，而劉文輝則一面竭力控制省議會和各縣議會，一面在 1948 和 1949 年分別在雅安、西昌、及康定三個主要區域，依據當地不同環境及各少數民族，派親信積極採行各項措施，用各種方式拉攏民間領袖，且為對抗西康警備司令部，成立「西康省屯墾委員會」，不斷作政治鬥爭，以增加其覓機反叛的力量。[29]

---

28 《蔣中正先生年譜長編》，第九冊，頁357-359；《李宗仁回憶錄》，頁663；《風雨中的寧靜》，頁54-55、58，234-237，268-269；《蔣中正日記》，1949 年 9 月5-9 日，其 10 日的「上星期反省錄」中記：「本週之初，滇盧已經絕望……只有冒險用軍事解決一途……不料盧最後覺悟，毅然飛渝來見……回滇後居然遵命實施清共政策，此實國家轉危為安之最大關鍵」，另李宗仁、白崇禧亦在徐永昌政務委員為盧漢事前往溝通後，願意緩圖，見《徐永昌日記》第九冊，1949 年 9 月3-7 日；另參《張羣先生日記》，1949 年 9 月3-7 日；《千鈞重負：錢大鈞將軍民國日記摘要》，1949 年 9 月7 日，其中特別提及「李、白爭此地盤（雲南）」；《國民革命軍戰役史第五部—戡亂》，第七冊，頁144-145；《中國人民解放軍全國解放戰爭史》，第五卷，頁476-477；林桶法，《一九四九大撤退》，頁126；沈醉，〈雲南解放前夕軍統在昆明的特務活動〉，中國人民政治協商會議全國委員會文史資料研究委員會，《文史資料選輯》，第23 輯，頁129。

29 《走到人民陣營的歷史道路》，頁 25-30。

48 | 疾風勁草：胡宗南與國軍在大陸的最後戰役（1949－1950）
Against All Odds: Hu Tsung-nan and the Chinese Nationalist Army in the Last Battles
on the Mainland（1949-1950）

　　至於貴州省，是歷史上有名的欠缺資源、人民居住
環境艱難的省份。政府於形勢已經不利的 1948 年 5 月
1 日始任命糧食部長、貴州籍的谷正倫為省主席，渠雖
忠勤謀劃，但大環境不允，「中央」分裂而力量有限，
乃不得不在資源原就不足的省內強調自衛、自給、自
治，而其能指揮運用，戰力本已不足的何紹周第十九兵
團兵力又東西分離，在安定地方外，還必須協剿雲南土
共，故只能積極編組訓練保安團自衛隊。其武裝團隊表
面上番號雖多，但受到裝備和部隊經驗的限制，實際戰
力甚為有限。[30]

第四節　國軍士氣低落

　　政府的廣州國防部在當時指示西南軍政長官公署的
部署是「以重慶為指揮中樞，以昆明為後方」，在西南
地區的邊境分別以湘、鄂、川、陝、甘的芷江、恩施、
秀山、萬縣、漢中、武都各城市為中心，來致力強化黨
政軍一元化，實行總體戰，且對雲南寄以厚望。但國防
部的作戰計劃中亦坦白指出，由於全國性的經濟崩潰，
西南地區的國軍部隊的高級軍官固然忠貞，但一般成員
因為待遇微薄，士兵生活痛苦，逃亡甚多，中下級幹部
多對政府不滿，對社會仇視，軍紀不良，戰鬥意志消

---

30 《忠蓋垂型：谷正倫傳》（臺北：近代中國出版社，1986），
　　頁 146-147；《國民革命軍戰役史第五部—戡亂》，第七冊，頁
　　157；貴州土共問題可參考曾任貴州省主席楊森之著作，《楊森回
　　憶錄》（臺北：天聲出版，1968），頁 34-35。

沉，軍民關係惡劣等情；而且當地政要劉文輝、鄧錫侯
的第二十四軍和第九十五軍軍紀敗壞，甚至販毒。[31] 不
但如此，由於財政困難，西南軍政長官部的軍隊和機
關在5月底竟然無法發餉，其6月份的副食也沒有
著落（與前述西安綏署情況一樣），此對張羣長官
自為重大挑戰。[32]

　　至於蔣總裁則一面看到張羣無法整頓西南，一面又
為張羣、王陵基、劉文輝、鄧錫侯人之間之矛盾鬥爭傷
腦筋，於是在6月底召集王陵基主席到臺北聽取四川近
情後，覺得「岳軍在川之不宜」，[33] 乃在言語上對張羣
加以責備，張立即辭職，推薦甫於3月起到6月擔任了
短期行政院長而辭職的何應欽（原籍貴州興義）接任，
獲蔣中正同意，但何不願接，蔣總裁乃勸張羣留任；張
羣於7月底再請參謀總長顧祝同代遞辭呈，蔣再以電
報勸其留任，[34] 8月份張羣再辭，請由朱紹良繼任，10
月間請辭並「請慕尹（即錢大鈞副長官）代行」，均未
奉批，以至於到最後都一直未能解決問題。[35] 是以總括

---

31 廣州國防部，〈保衛西南作戰計劃大綱〉（1949年9月29日），
　　檔案管理局檔案，檔號BS018230601-0038-543.64。

32 《千鈞重負：錢大鈞將軍民國日記摘要》，1949年5月27日。

33 《蔣中正日記》，1949年6月27-28日；《張羣先生日記》，1949
　　年6月24、28日。

34 蔣於1949年7月18日之日記記載張羣「岳軍器小量窄，對私人恩怨
　　太明……此其所以川事不能平定也」；7月30日則電報張羣表示：
　　「前因一言不慎，致生支吾，無任惶惶。中再三考慮西南事仍以
　　兄繼續主持為最宜，務望特加忍耐，持以寬大，勉為其難，萬勿
　　過於精察微嫌。中嘗以為吾兄不患精明有餘，而患渾厚不足，凡
　　大事應放過者則暫置之不去計較……不難解決困難也。」《蔣中
　　正先生年譜長編》，第九冊，頁324、328。

35 《蔣中正日記》，1948年4月22日（「岳軍見難求退，不能負重

而言，當時的西南地區各省，在內外的各層面均已存有
對中央極多不利之因素，除財經困難外，其最嚴重者是
人事不和，以致蔣總裁感嘆記下：「今日國家之亡，並
非亡於中共之兇，而將亡於內部意氣之爭……廣州紛
亂既如此，西南複雜又如彼，民族自殺，其悲慘有如
此也！」。[36]

責，擔大任」），7 月18 日，1949 年，8 月29、30 日；《蔣中正
先生年譜長編》，第九冊，頁311；張羣欲辭職之記載見《張羣先
生日記》，1949 年7 月17-20 日；26、28、31 日，8 月3 日，10 月
30-31 日，11 月1、9 日；另錢大均副長官認為，張羣辭職原因之
一為「此間將進入作戰階段，而張不願指揮作戰也」，《千鈞重
負：錢大鈞將軍民國日記摘要》，7 月14 日。

36 《蔣中正日記》，1949 年8 月30 日。

第三章　高層對西安綏署兵力運用的猶豫

第一節　蔣李矛盾

　　前述 1949 年 1 月蔣總統引退，僅擔任總裁，由李宗仁代理總統，與中共和談失敗，政府遷廣州，蔣總裁經過多時研究運作，便於 7、8 月間在廣州成立了中國國民黨非常委員會以及在臺北陽明山（當時名草山）成立總裁辦公室，以便以黨領政，並掌控委員會委員人選，從而控制決策，還在臺成立革命實踐研究院，加緊訓練培養人才。另由於政權的運作在於總統府和行政院，便儘量掌控行政院長、國防部長和其他重要閣員人選，以透過從政黨員去執行其政策；同時以黨總裁身份和私人過去的關係，向行政院長、國防部長和參謀總長提出軍事方面建議，或直接指揮親信將領。[1] 但李宗仁雖然自 1930 年中原大戰以後，尤其抗戰以來一直接受蔣中正的領導，現在卻認為他既領導中央政府，對人事和資源的運用便應都有主導權，尤其希望其桂系的白崇禧擔任國防部長，且能運用已經運抵臺灣的存金，但均為蔣所拒絕，[2] 因此雙方意見不合，彼此懷疑持續，例

1　參考《蔣中正日記》，1949 年 8 月 1-3 日；張玉法，〈兩頭馬車：總裁蔣介石與代總統李宗仁的權力運作（1949）〉，《蔣中正日記與民國史研究》，頁 7，46-49。

2　《李宗仁回憶錄》，第 65、66 章；《蔣中正日記》，1949 年 5 月 21 日，7 月 28-29 日；《風雨中的寧靜》，頁 51-53，189-190；蔣總裁另

52 | 疾風勁草：胡宗南與國軍在大陸的最後戰役（1949 - 1950）
Against All Odds: Hu Tsung-nan and the Chinese Nationalist Army in the Last Battles
on the Mainland（1949-1950）

如蔣甚至懷疑出身桂系的前國防部作戰次長劉斐投共後
於 6 月赴香港將扮演接洽桂系降共或者桂系欲與中共劃
分勢力範圍的角色。[3]

　　至於在軍事方面，軍權屬於總統，其運作需要透過
國防部長和參謀總長。國民革命軍從北伐開始，即大致
可分為蔣中正、閻錫山、馮玉祥、李宗仁四大派別，抗
戰後以蔣中正、李宗仁二系為主，地方勢力則以川軍、
晉軍、滇軍和粵軍較有力量；當時蔣中正掌握了國防部
長和參謀總長人選（何應欽、閻錫山先後任部長，總長
一直是顧祝同），至於地方上的有關負責人，東南方面

曾於 5 月 6 日函行政院長何應欽，請其轉告李宗仁，國家局勢如
此嚴重，唯有相忍為國，同心補救；請李宗仁從桂林回到廣州，
主持政府。另自己引退後，不會復職，亦並未再過問國庫所存金
銀和美援軍械之分配；至於軍政人事，代總統依據憲法有權調整；
而且自己絕不接受李宗仁之建議而出國等，見《蔣中正先生年譜
長編》，第九冊，頁 274-275；關於黃金存量，學者吳興鏞根據其
父當年陸軍財務署吳嵩慶署長之資料統計，1949 年秋國軍每月軍
費需 40 萬兩黃金（即 3,000 萬銀元），而蔣手頭只剩不到 300 萬兩，
其中 200 萬兩是臺灣最後的保命錢——新臺幣發行準備及臺澎軍
費、財政的支出。見〈蔣毛博弈及臺灣免於戰禍初探〉，《傳記
文學》（臺北：傳記文學社，2019 年 3 月），第 682 期，頁 16-
17。

3　《蔣中正日記》，1949 年 6 月 9 日記載：「劉斐自北平到香港，
　　甚可駭異，必為中共與桂系撮合而來」（其實劉斐係藉機說服其
　　湖南醴陵同鄉程潛、陳明仁投共，此於 8 月初實現），接著，蔣
　　在 6 月 17 日的日記中才認識到自己信任多年、影響全國軍事至鉅
　　的共諜劉斐破壞之大：「乃知去年以來對余之毀謗謠諑，果皆出
　　諸其製造，而三年來，對中央各將領間挑撥離間，與毀謗中傷
　　者，亦皆由其一手所造成。」關於蔣中正、李宗仁矛盾另參《蔣
　　中正日記》1949 年 4 月 15 日，5 月 4 日、31 日，5 月反省錄，6
　　月 13 日，7 月 29 日，9 月 5 日、26 日、28 日，10 月 16 日、27 日，
　　11 月 9 日等；以及《李宗仁回憶錄》，頁 605-606，623-628，
　　642-645，第 70、71 章；蔣、李為國防部的控制權交手情形，另
　　參陳佑慎，《國防部：籌建與早期運作》，頁 330-337、341-342
　　等根據徐永昌、黃仁霖等相關人士之日記、回憶錄及國防部檔案
　　所提之論述。

的陳誠、湯恩伯，西南、西北方面的張羣和我父親等都是一路跟隨蔣中正多年的嫡系，所以如果蔣、李有不同意見，他們便很難直接聽命於李宗仁，故而李宗仁能夠有效調度的只有華中軍政長官統率下的桂軍和部分粵軍（何況過去黃埔系統部隊和桂軍還彼此對戰過），所以在蔣、李二人對於抵抗共軍攻勢的看法不一，對部隊的調動和主力的配置想法相異之下，便沒有一個統一的戰略來集中力量作戰，必賴顧祝同總長調和鼎鼐，而顧祝同主要是聽從蔣，而又不能完全違背李，甚為困難；而相反地，優勢的共軍卻是一元化領導，各野戰軍合作而能分進合擊，此自然成為政府方面當時的致命傷。[4]

第二節　李宗仁代總統的構想與張羣長官的態度

1949 年夏秋之際的關鍵時刻，與共軍作戰多年、經驗豐富的西安綏署主力部隊，已經撤至漢中，究竟應當從漢中運用於何處，高層始終舉棋不定，以致錯失良機。當時綏署的防線從甘肅南部的武都、西固沿著秦嶺到安康、洵陽（在陝西東南，接近湖北），長

4　如前述，1949 年春、夏共軍渡江前後，李宗仁、蔣中正對於國軍主力的配置即有不同的主張，至夏秋之間，李宗仁仍認為華中戰場是全盤戰事的心臟，蔣中正則強調廣州和四川的防備。參考《李宗仁回憶錄》，頁 640；《蔣中正日記》，1949 年 8 月 12 日、22 日、29 日，10 月 4 日；《蔣中正先生年譜長編》，第九冊，頁 270-274、365-366；郝柏村，《郝柏村解讀蔣公日記 1945-1949》，頁 431、435；張玉法，〈兩頭馬車：總裁蔣介石與代總統李宗仁的權力運作（1949）〉，《蔣中正日記與民國史研究》，頁 38-46；林桶法，《一九四九大撤退》，頁 125。

達 2,000 華里（約 1,000 公里）。李宗仁政府顧慮共軍
在華中的威脅，於是計劃將這批能戰的部隊撤至武漢、
鄂北、鄂西，而讓寧夏、青海馬家的部隊（放棄其家
鄉）移至陝甘，讓原來駐於鄂西的川湘鄂綏靖公署主任
宋希濂的部隊十萬多人移防到湖南的西北，這個構想自
是集中兵力以強化華中的作戰；然後李宗仁即電召父親
到南京一商。[5] 父親為此先和參謀長羅列、秘書長趙龍
文研究，再遵令於 4 月 6 日到南京晉謁李代總統和何應
欽院長，然後於 10 日和 19 日兩度赴溪口謁見蔣總裁，
深談之後，便遵行了後者「保衛大西南」的政策，而沒
有率軍移駐武漢，而且在 4 月 10 日從溪口回到南京後
還在何應欽院長晚宴上和西南軍政長官張羣相遇而「懇
談」。[6]

5　《胡宗南先生日記》，1949 年 3 月 31 日，4 月 1 日；《李宗仁回
　　憶錄》，頁 641-642；國防部於 4 月 15 日所擬定的〈國軍今後作戰
　　計劃〉目標則是以持久作戰確保廣州與重慶兩大陪都，其中有九
　　項部署，其主張集中兵力避免為敵分割的內容甚為合理，包括建
　　議「胡宗南部主力為免孤立⋯⋯應迅速向漢中及其以南地區集結，
　　爾後逐漸與宋希濂、羅廣文部會合形成西南重心」、三馬⋯⋯逐
　　漸接替胡部在關中之防務」、「川滇黔各新編軍提前完成俾與胡
　　部形成一強大力量」、「新疆國軍應撤至蘭州天水一帶，逐漸加
　　入胡之序列」等，見國防部，《西南戡亂作戰經過概要：1949 年
　　4 月－1950 年 5 月》，檔號 38／543.64／1060.2B／1，但以上計
　　劃多未能實現；另參考陳克非（國軍嫡系部隊、宋希濂部隊中最
　　精銳之第二軍軍長及兵團司令）所述關於桂系白崇禧強烈要他率
　　部去強化華中，但顧祝同及宋希濂均不贊成的情形：陳克非，〈我
　　從鄂西潰退入川到起義的經過〉，中國人民政治協商會議全國委員
　　會文史資料研究委員會，《文史資料選輯》，第 23 輯，頁 44-51。

6　《胡宗南先生日記》，1949 年 3 月 31 日至 4 月 10 日，19、24、
　　30 日，5 月 2-5 日；《蔣中正先生年譜長編》，第九冊，頁 262；《蔣
　　中正日記》，1949 年 4 月 10 日；樓文淵，《老蔣在幹啥？從蔣
　　介石侍從日誌解密 1949 大撤退》（新北：聯經公司，2019），頁
　　67；值得注意者為《張羣先生日記》中 1949 年 4 月 10 日記載與
　　父親「懇談」，但父親日記卻根本未記載與張羣見面，此或可以

　　至於如何保衛大西南？他於返回西安後便於 4 月
24 日記載「決抽調第一軍入川」，這當是主要的答案，
也是在戰略上放棄西安退守漢中的第一步，因為太原已
於當日失守，我方防線必須收縮。但是，若如此，會影
響西北全局的戰略態勢，因此，他一面撤離陝中的浦
城、銅川，先將主力撤到涇河、渭河南岸，以及研究西
安撤守問題；另一面，立即約了熟悉的甘肅省主席郭
寄嶠和新疆警備總司令陶峙岳來西安討論，決定了：
新疆部隊進行撤退、甘主席決不放棄、甘肅兵力撤退
到隴南、以及西安綏署部隊主力控制在陝南，準備入
川，使兵力不在關中損失等原則（另參本書第一章第
四節）。[7]

　　然後第一軍軍長陳鞠旅本人率軍部於 5 月 15 日夜
間即向南開拔。[8] 而由於這時經靖公署的補給一切仰賴
川北接濟，四川北部相關各縣乃在省主席王陵基的指導
下，開始協助後勤，大陸所出版文史資料選輯相關著作
在「1949 年四川大事記」的 4 月 19 日即記載：「國民
黨胡宗南部隊向四川移動，偽省府電飭昭化、廣元、閬

　　顯示二人當時意見並不一致，故也可推論：父親要下到四川雲南
　　增進當地防務，蔣總裁亦同意，但張羣為顧及劉文輝、鄧錫侯、
　　潘文華等人而有意見。

7　《胡宗南先生日記》，1949 年 4 月 30 日 - 5 月 2 日，其中郭寄嶠主席
　　並且私下透露，西北馬家部隊的合作有限，馬步芳（青海省主席）
　　不願其與父親關係良好的長子馬繼援軍長常赴西安見父親，故馬家
　　不能參加（即將進行的）涇渭河之戰，只可能參加寶雞作戰等；另
　　郭寄嶠主席本人雖有作戰到底的決心，且對西北形勢熟悉，曾於抗
　　戰勝利後在新疆平亂有功，不久卻被李宗仁撤換，改由馬鴻逵繼任。
　　蔣總裁對此深表嘆息，見《蔣中正日記》，1949 年 9 月 19 日；及《郝
　　柏村解讀蔣公日記 1945-1949》，頁 441。

8　《胡宗南先生日記》，1949 年 5 月 15 日。

中、蒼溪、鹽亭、三臺、巴中等縣供給糧食、副食、燃
料」。[9] 此證明四川政要中至少省主席王陵基是支持西
安綏靖公署部隊及早下四川的。

但是第一軍到了 6 月都還沒有真正奉命入川，父親
在日記中非常遺憾地記載：「陳鞠旅（第一軍軍長）來
見，第一軍暫不入川，暫在留壩（在南鄭北 82 公里）、
褒城、城固（陝西西南部，在南鄭東北東 52 公里）一
帶，作為戰略預備隊」，只是沒有記下其原因。[10]

第三節　蔣中正總裁游移不定

至於蔣總裁，雖然一直有派綏署部隊入四川的想
法，卻礙於政治考慮，舉棋不定，未能貫徹執行——因

9　四川省革命委員會文史研究館編輯組，〈一九四九年四川大事
紀〉，《四川文史資料選輯》，第 18 輯，頁 10。

10 按 4、5 月到 6 月初係和談失敗，政府遷穗，華東南、華中戰事持
續，大局劇烈變動之時，李宗仁、蔣中正在政治、外交、軍事上
每日均處理大量突發事件，《蔣中正日記》及《蔣中正先生年譜
長編》二書亦未記載與張羣長官研商父親部隊事宜。由於父親派
第一軍南下必然已有蔣總裁的口頭同意，但他是西安綏靖公署主
任，在體制上與西南軍政長官的張羣還沒有隸屬關係，而部隊入
川必須張羣同意；可是政府高層一直到 6 月都還沒有給他相應的
名分可以派部隊入川，便說明廣州政府李代總統、國防部和西南
軍政長官公署張羣長官均有不同考慮，而蔣總裁也因為全國政局
的困難與複雜而沒能下決心，第一軍因而耽誤。後來投共的四川
政要鄧錫侯在回憶文中敘述得十分清楚：「淮海戰役以後……我
們當時的計劃，是不讓蔣介石的嫡系部隊潰竄四川，不讓蔣介石把
四川作為他最後掙扎的根據地，但王陵基是絕對不可能與我們合作
的。」，見〈我在川西起義的經過〉，《文史資料選輯》，合訂
本第 5 冊第 17 輯，頁 22；另外，在本書所引之《張岳軍傳略與
年譜》中所載「1949 年 1 月張羣受任為重慶綏靖公署主任，後成
立西南軍政長官公署，胡宗南等為副長官」一節則有時間上的錯
誤，副長官則係錢大鈞等人，父親要到年底的 12 月 7 日才受命為
副長官兼參謀長（見第九章第二節）。

為蔣不但早在 5 月 1 日在上海時便計劃找時間飛重慶「佈置西南與西北軍政，使之安定，以為第二步政府遷移之準備」，進一步於 6 月 10 日（在高雄）認真研究父親部隊主力退守西康之道路，到了 7 月17 日（在廣州黃埔），蔣也曾再度認真考慮黃埔嫡系的父親和宋希濂部隊的行止，並於 19 日與顧總長等人商量軍事時，「甚覺胡宗南部處境之惡劣，擬囑其此時不宜再求決戰」；[11] 於是他在 7 月25 日和 8 月 4 日先後讓侍衛長俞濟時及空軍副總司令王叔銘傳達密諭給在漢中的父親：「避免與共軍做主力決戰，萬不得已時，一部兵力留駐陝南與共軍周旋，自身主力分為三路（往西南）向川西撤退，目的地是西昌（在南鄭南西南約 900 公里）、雅安（南鄭西南，需經成都，約 578 公里）、康定（從雅安再往西，距南鄭約 753 公里），而向雲南靠攏（西昌向東南到雲南昭通約 400 公里，往南到昆明約 500 公里），沿途公買公賣，維持良好紀律。」「做此計劃時極端秘密，不可向國防部報告」，但「只要先做準備，而行動問題必須待（8）月底面商決定，切勿輕率從事」。[12]

　　這個密諭是保存西安綏靖公署兵力的作法，自與前述父親於 4 月間兩度到溪口與他商議有關；而此時之所以要極端保密，除了是對中共隱蔽企圖外，很明顯也是不要及早讓李宗仁政府、以及有強烈地方色彩的四川政

11　《蔣中正日記》，1949 年 5 月 1 日，6 月 10 日，7 月 17、20 日；《老蔣在幹啥？從蔣介石侍從日誌解密 1949 大撤退》，頁 109。

12　《胡宗南先生日記》，1949年 8 月 4 日、23 日。

要們、甚至西南軍政長官部知道，以免他們阻止，而打
算等自己於 8 月底到廣州與張羣長官、顧祝同總長及其
他相關人士研究全局的部署後，再召集父親飛來面談，
之後才開始行動。

　　按，這個戰略轉移其實早就是父親自己的想法：根
據當時的侍從參謀張政達回憶，父親在 1949 年年初徐
蚌會戰結束後，感到由於當時的內陸部隊的戰鬥力大有
問題，未必能守住江南，便已經以機密電報呈給總裁，
建議放棄西安，用十三個軍的一半兵力固守秦嶺，然後
用六個精銳軍先集中到四川的廣元，同時空運一個師到
西昌，趕走劉文輝的部隊，再以兩千輛軍車把部隊從廣
元經過新津（成都），經過西昌，開到雲南，以這六個
軍為基幹，父親有把握在一兩年之內將之發展成一百萬
部隊，與臺灣形成犄角之勢，利用雲南的地勢和鄰接東
南亞國家的位置，便可以對中共長期抗戰，「而後來這
個電報總裁也同意了」。[13]

第四節　關鍵的八月份

　　7 月 30 日，父親電報總裁，以西安綏靖公署轉移
陝南後，一切補給均有賴川北接濟，後方基地已先後移
置川北，且大巴山、摩天嶺、劍門關均為預備戰略要

---

13 張政達，〈胡宗南先生行誼〉，見胡宗南先生紀念集編輯委員會
　　編纂、胡為真增訂，《令人懷念的胡宗南將軍》，頁 156-157。按，
　　張政達來臺後曾任職國家安全局，以少將階退役。但由於作者尚
　　未能自國史館查有該項電報，推斷此一戰略至少係四月間到溪口
　　晉謁總裁後，奉總裁當時首肯，但後來未能貫徹的構想。

地，而隴南連接川北，為秦嶺側背，必須先事經營，部
署準備，因此建議將川北綿竹、德陽、遂寧、南充、巴
中及其以北各縣，與隴南兩當、徽縣、成縣、禮縣、西
固及其以南各縣，劃歸綏署轄境，並正名為川陝甘邊區
綏署。此建議獲同意，乃於 8 月初接到接替何應欽出長
行政院的閻錫山院長命令，「為鞏固四川門戶，聯繫西
北作戰，設立川陝甘邊區綏靖公署」，派父親「兼任主
任，直隸國防部」，並把一一九軍（王治岐）、一二〇
軍（周嘉彬）、九十一軍（黃祖壎）等三個軍編為第七
兵團，歸父親指揮。[14]

　　緊接著，閻院長又要他到廣州參加李代總統 14 日
主持的作戰會報。在這次會報中，西北和華中的軍事領
導人馬步芳、馬鴻逵、白崇禧、徐永昌等也都參加了，
父親在會後即飛臺灣謁蔣總裁，18 日再回到廣州謁李
代總統、閻院長、顧祝同總長，然後於 20 日飛重慶見
張羣長官，錢大鈞副長官，與楊森市長共餐後，再返回

---

14 《胡宗南先生文存》，頁XV（官籍表），電報檔案在頁287、290；
此三個軍原先屬於河西警備總司令部的隴南兵團，其總司令先是李
鐵軍，後來由西北副長官劉任兼。見《國民革命軍戰役史第五部
—戡亂》，第六冊，頁 7；第七冊，頁 107；按，父親曾於 1933-
1935 率第一師駐軍於甘肅，以天水為師部，一個團駐蘭州，一個
團駐隴南碧水，是以對隴南頗為熟悉（當時他的長官甘肅省主席
是朱紹良，二人合作無間，自此結了深厚的友誼與互信），現在
責任區明定為陝甘川，便可送部隊下到四川，是以父親在 1949 年
8 月 8 日的日記中表達了肯定之意：「如此措置，尚有可為。」
但當時隴南那三個軍的軍長王治岐、周嘉彬（張治中女婿）、黃
祖壎（9 月 23 日記載：他竟電報陶峙岳勸新疆投共）卻由於不同
原因始終未能完全歸川陝甘邊區綏靖公署指揮，第七兵團要到 10
月間才編成，見本書第六章第二節，及《胡宗南上將年譜》，頁
248-249；而《張羣先生日記》，1949 年 8 月 11 日亦載：「甘肅
三個軍交胡指揮……」。

漢中。他沒有記載到底談了那些問題，但張羣則記載了是「詳談軍事問題」。[15]

　　蔣總裁則於 8 月 24 日由臺灣親自赴重慶、成都、昆明、廣州等地，於 10 月 3 日方返回臺北。赴訪期間接見了各方人士，安頓人心，除與西南軍政長官張羣多次談話外，還與劉文輝、鄧錫侯、王陵基等四川及當地政要分別懇談，然後在 8 月 29 日在重慶的西南長官公署召集了川、黔、康各省主席與各個邊區將領，包括西南軍政副長官鄧錫侯等人舉行了關鍵性的會議（雲南省主席盧漢未參加）。張羣長官當時以鄂西、湘西及川東地形險阻，較易禦敵，故建議把有戰力的部隊循川陝公路守於川北而非川東，會議遂決定「拒敵於川境之外」、「決戰於隴南與陝南」的戰略，為此還增調羅廣文和楊森部，分赴隴南和川北。西南軍政長官張羣在其當日之日記中載：「一致主張確保陝南、隴南，以固四川根據地。」[16]

---

15 《胡宗南先生日記》，1949 年 8 月 13-21 日；《張羣先生日記》，1949 年 8 月 20-21 日；按 8 月間馬鴻逵、馬步芳等西北將領之部隊正在其家鄉寧夏、甘肅、青海應對中共進攻，自不可能接受李代總統之前所期望將馬家部隊移到陝西替換父親部隊的想法；當時華中地區國共亦在作戰，李代總統在廣州坐鎮，但在調動軍隊以支援華中白崇禧部或保衛廣州首都為主要考慮的想法上與蔣中正總裁衝突。（見第五章第二節）

16 《張羣先生日記》，1949 年 8 月 24-26、29 日；《胡宗南先生日記》，1949 年 8 月 25-31 日；《蔣中正日記》，1949 年 8 月 29 日；《風雨中的寧靜》，頁 231-234；在此之前，蔣總裁曾令徐永昌政務委員、秦德純次長、西南軍政長官部劉宗寬副參謀長等人於 8 月 25 日飛漢中與父親商量關於西南公署直屬的羅廣文部隊調往陝西東南部保衛安康之指揮及糧食補給等問題，在現場研究後父親即奉命於 28 日飛重慶參加此 29 日的關鍵會議；另參考《徐永昌日記》第九冊，1949 年 8 月 14-15 日，20-27 日；《張羣傳》，頁 141-142；張玉法，〈兩頭馬車：總裁蔣介石與代總統李宗仁的權力運

　　對西安綏署／川陝甘邊區綏署部隊而言，這是一個極為不幸的決定。因為這戰略的前半段正是劉文輝、鄧錫侯等親共人士一再宣傳與要求的目標——封住了讓部隊南下靈活運用的可能性，而這戰略的後半段則本來就是父親當時的駐地，所以更要課他在當地的責任。也就是說，他力請早日入川，但長官們中不僅國防部和李代總統沒有支持，連蔣總裁自己也完全改變了前些時候打算派父親主力到西昌、雲南的「密諭」或計劃。蔣這時明顯相信了劉文輝、鄧錫侯等四川政要們在與他個別談話中所表現的忠誠合作態度，以及張羣長官對他們的評估甚至保證，也因此決定了防守西南的基本部署（另見下章及第五章第一節）——儘管風評甚佳且有見解的另一四川政要、川鄂邊區孫震主任於 26 日在重慶單獨晉見蔣總裁時，還曾力請「早日調胡宗南主任軍隊大部入川，為強大戰略總預備隊，以策應各方之攻防作戰

作（1949）〉，《蔣中正日記與民國史研究》，頁 44；當日（8月 29 日）與會各首長還公推父親與宋希濂、孫震、羅廣文、何紹周五人代表西北、西南各將領籲請蔣總裁留在四川指揮，並復總統職，但蔣表示已經催請李宗仁代總統到重慶主持而婉謝。孫震另亦記載該會議之後的 1949 年 9 月 2 日，重慶發生前所未有之大火，死難萬餘人，縱火者將救火水管暗中砍斷，查明係共黨人員張子吉、楊繼曾等，隨即將之正法，中共後來卻在重慶為他們立碑紀念，但因此原定次日 9 月 3 日舉行之十萬人反共大遊行乃不得不停止，見《八十年國事川事見聞錄》，頁 315-317；《蔣中正日記》，1949 年 9 月 3 日亦載，即發慰問金並派經國先生赴災區慰問；又，郝柏村（當時隨同顧祝同總長在重慶，見《郝柏村解讀蔣公日記 1945-1949》，頁 440）、以及楊森（楊森，《楊森回憶錄》，頁 36）、錢大鈞（《千鈞重負：錢大鈞將軍民國日記摘要》，1949 年 9 月 11、21 日）均提及此一悲劇，錢大鈞還記載蔣總裁特往巡視災區；惟大陸出版的《四川文史資料選輯》第 18 輯反而載有〈反動派九二放火大燒重慶城〉，（頁 125-146）等文，將造成此「慘絕人寰」悲劇的縱火之人說是政府方面所派，以免讓中共攻下重慶（約 3 個月後的 11 月 30 日）後「掌握資源」云。

……」，可惜蔣總裁顯因多層顧慮，並未同意。[17]

而且，當時大家都不知道，西南軍政長官公署中獲
得張羣長官信任、在長官部的軍事會議時意見佔關鍵地
位的專家——長官公署經常代理參謀長的副參謀長劉宗
寬卻是共諜。[18] 因此，據說父親回到漢中後，情緒便變
得非常的壞，說他的部隊以後會被敵人「甕中捉鱉」，

17　《八十年國事川事見聞錄》，頁315；蔣總裁雖在1949年8月
　　26日之日記中讚許孫震「為一公忠之將領」，但未提孫震之建
　　議。該會議之結論和當時蔣總裁對西北變局和部隊調動不符預期
　　以致後來首都廣州失守之痛心，另參《蔣中正先生年譜長編》，
　　第九冊，頁351。另，據參加會議的敘瀘警備司令郭汝瑰回憶，
　　在1949年8月29日會議前（但郭汝瑰把日期記錯了，他記成蔣
　　中正於10月來重慶主持會議）宋希濂曾策動一些將領聯名要求
　　西南戰役由父親而非張羣長官指揮，但未獲蔣總裁同意，見郭汝
　　瑰，《郭汝瑰回憶錄》（北京：中共黨史出版社，2009），頁260-
　　261。郭汝瑰亦為共諜，另參第五章註釋13；另8月29日關鍵會
　　議當晚，蔣還約劉文輝、鄧錫侯晚餐，以示對彼等友好信任，但二
　　人仍藉機攻擊王陵基，使蔣甚感為難，《蔣中正日記》，8月29日。

18　公署參謀長為蕭毅肅（川軍出身），見《國民革命軍戰役史第五
　　部－戡亂》，第七冊，頁154〈川黔作戰國軍指揮系統表〉，但
　　蕭毅肅另於1948年底即被蔣中正任命為參謀次長，接替劉斐，
　　其後於1949年9月又曾被李宗仁委任代理過參謀總長，見其子
　　蕭慧麟著，《蕭毅肅上將軼事》（臺北：書香文化，2005），頁
　　202，所以蕭毅肅常不在重慶的西南軍政長官公署上班。至於劉宗
　　寬在抗戰時曾任父親所率第七十八師之幹部，但因行為不檢，曾
　　向盛文等長官行賄，而未受重用，見《胡宗南先生日記》，1941
　　年10月5日、1942年2月24日、1945年4月19日；根據劉宗
　　寬之子劉同飛的敘述，劉宗寬係西安事變主角之一的楊虎城推薦
　　入黃埔三期畢業，抗戰期間即由共產黨員介紹秘密加入中共外圍
　　組織「中華民族解放行動委員會」，勝利後張羣主持重慶行營，
　　陸軍大學教育長徐培根因劉宗寬係陸軍大學的高材生，乃將其推
　　薦予張羣擔任「西南軍政長官公署」（按，劉同飛此處有誤，當
　　時係重慶行營，或重慶行轅，公署要到1949年4月才成立）少將
　　參謀處處長，劉繼於1949年1月升任「公署」中將副參謀長、代
　　理參謀長，於是「潛伏」在國軍陣營，不斷傳遞情報予中共，參
　　考劉同飛，〈父親劉宗寬："潛伏"背後的功勳〉，《黃埔雜誌》
　　（北京：黃埔軍校同學會，2010），頁18-22；另參劉宗寬本人著，
　　〈國民黨垂死掙扎的反動戰略部署及其最後覆滅〉，《四川文史
　　資料選輯》，第18輯，頁44-59。

因他探悉川東的防衛其實很不到位。[19]

多年後，父親在臺北與香港新聞界人士談話時，透露了當時的一部分過程說：「西安撤退時，隨即派第一軍入川，而為廣州會議李宗仁所阻，不得已撤回第一軍至雙十舖、兩當（在陝西西南與隴南）一帶，以後入川形勢已變，無法補救矣。」[20] 可以想見，西安綏署部隊未能及早入川的致命延誤，既是四川內部劉文輝、鄧錫侯、劉宗寬等親共人士以各種手段阻止其從漢中南下的成功，也是蔣總裁、張羣長官和李代總統三方面在那8月份的關鍵時刻，因為對各相關人士都沒有正確的認知而被欺騙，以及為了不同的政治考慮而凌駕了軍事專業來做決定，從而在大局安排上落入了中共的戰略圈套。[21]

---

19 父親返回漢中後的痛苦反應參考當時政工處長李猶龍回憶父親召集同仁所作的宣佈及各主要幹部之建議，見，〈胡宗南部逃竄西昌和覆滅實錄〉，中國人民政治協商會議全國委員會文史研究委員會編，《文史資料選輯》（北京：中國文史出版社，1986），合訂本第 17 冊第 50 輯，頁 103-107。據李氏記載：當時父親的袍澤們坦白會商後所建議部隊各種脫困之法均因長官們已有定見而無法實施。

20 《胡宗南先生日記》，1960 年 1 月 6 日。

21 郝柏村院長一再評稱：「胡宗南部為僅有之中央嫡系部隊，且戰力完整，仍留西北，為戰略錯誤」、「胡宗南部孤懸陝南……四川將領各懷鬼胎，西南軍政長官亦無法統合」、「胡宗南部不及早入西南，全為政治考慮，但留在陝南，乃絕境也」。《郝柏村解讀蔣公日記 1945-1949》，頁 438、445、452。

第四章　共軍的作戰安排

第一節　共軍針對國軍部署所訂的戰略

在 1949 年 5 月間，渡江戰役接近尾聲，中共中央軍委估計美國進行直接軍事干涉的可能性相對減少之時，即準備令其已在中國東南的第二野戰軍的主力或全軍五十萬人，**不是支援第三野戰軍乘勝攻臺，而是向西進軍，經營川、黔、康**。接著，一向注意父親部隊行蹤的中共中央軍事委員會認為父親全軍「正向四川撤退，並有向昆明撤退的消息」，而「蔣介石、何應欽及桂系正在做建都重慶，割據西南的夢。而欲消滅胡軍及川、康諸敵，非從南面進軍斷其退路不可。」因此，要第二野戰軍向西進軍之外，屆時賀龍率第一野戰軍一部約十萬人由陝西南下川北配合，共同解決川、黔、康三省；第一野戰軍的另一部則由彭德懷率領，於占領蘭州、甘肅、青海、寧夏之後，經營新疆。[1]

於是，當時擔任中共西安市軍管會主委的賀龍，在第一野戰軍的司令員彭德懷和政委習仲勛的支持下，從西北地區抽調了地方幹部和軍隊幹部六千餘人，集中於山西臨汾集訓，作南下準備，並抽調幹部化裝成商人和

1　《中國人民解放軍全國解放戰爭史》，第五卷，頁 458-459；《毛澤東軍事年譜 1927-1958》，1949 年 5 月 23 日，頁 754-755。

66 疾風勁草：胡宗南與國軍在大陸的最後戰役（1949－1950）
Against All Odds: Hu Tsung-nan and the Chinese Nationalist Army in the Last Battles
on the Mainland（1949-1950）

百姓，到四川偵察。[2] 到了 6 月，中共為防備國軍退到
雲南持久抵抗，毛澤東遂對第一野戰軍彭德懷等人乃特
別要求：「不使胡部逃入雲南」；他進一步警告彭及第
二野戰軍的劉伯承、鄧小平說，白崇禧正部署兵力退入
雲南，「若再加胡宗南部，則我解決雲南勢必使用大量
兵力，於我不利。」[3] 因此，在夏秋之後的華中、華南
和西南戰役，共軍的部署和進兵方向都以之為主要考
慮因素。

　　當年 10 月底國軍防衛西南的部署大致是：川陝甘
邊區綏署，由父親率第五兵團（李文）、第七兵團（裴
昌會）、第十八兵團（李振）三個兵團在秦嶺地區北拒
第一野戰軍賀龍部；川鄂邊區綏署孫震部第十六兵團
（孫元良）及暫編第八軍、暫編第九軍（均屬湖北綏靖
總部朱鼎卿指揮）戍守長江以北，大巴山亙巫山之線，
銜接西安綏署之安康作戰地境；川湘鄂邊區綏署宋希濂
部兩個兵團（第十四兵團鍾彬和第十二兵團陳克非）六
個軍衛戍川東長江以南；貴州綏署谷正倫部的第十九兵
團（何紹周，但由王伯勳代）第四十九軍（王景淵代）
於玉屏正面迄鎮遠間佔領縱深陣地；西南軍政長官公署

2　顧永忠（共軍總參謀部《賀龍傳》之編寫組組長），《賀龍與共
　　和國元帥》（北京：人民出版社，2007），頁 137；按國軍之山西
　　臨汾保衛戰係於 1948 年 3 至 5 月進行，父親派第三〇旅堅守到底，
　　最後突圍至靈石尚有 2,500 人，見《胡宗南先生日記》1948 年 4
　　月 11-12 日、5 月 23 日；其中共軍以地道一再攻堅，守軍爛額殘
　　軀、宰馬為食等慘烈戰情的各項臨汾戰報見《胡宗南先生文存》，
　　頁 262-265。

3　《毛澤東軍事年譜 1927-1958》，1949 年 6 月 2 日；《中國人民
　　解放軍全國解放戰爭史》，第五卷，頁 458-459。

直屬的羅廣文第十五兵團兩個軍在川北劍閣；郭汝瑰第
二十二兵團兩個軍在川南宜賓、瀘縣；另楊森、劉文
輝、鄧錫侯各一個軍，以上共約五十萬人；海軍江防艦
隊六艘軍艦協同陸軍（分別為武穴、常德、永安、永
平、英山、英德號），防備共軍溯江入川，空軍由第五
軍區支援西南地區，其司令部在重慶，兵力有 B-25 機
兩架，F-47 戰鬥機六架及 AT-6 攻擊機兩架。[4]

　　中共對此的估計是：「胡宗南部十六萬人佈防於秦
嶺、漢中、川北一帶，對北面作重點防備。另以國民黨
西南軍政長官張羣所轄二十三個軍約三十萬人佈防巴東
一帶，其中川湘鄂綏靖公署主任宋希濂部八個軍約十
萬人，控制於巴東、恩施、咸豐之線，作為西南防守的
前進陣地。川陝鄂邊綏靖公署主任孫震部三個軍約四萬
人，控制巫山、巫溪及萬縣、忠縣之線，屏障川東北。
其餘兵力則散佈於川滇黔各地」、「這其中除胡宗南部
有些戰鬥力外，其餘大多為被殲後重建或新近編成，戰
鬥力較弱」，由於國軍明顯把防禦重點放在川陝甘方

4　《國民革命軍戰役史第五部—戡亂》，第七冊，頁 152-155，
　　177；《八十年國事川事見聞錄》，頁 310-320；張玉法，《中華
　　民國史稿》，頁 486-487；按，這其中羅廣文第十五兵團在 1949
　　年 8 月下旬原計劃部署於陝西東南（見第三章註釋 16），但顯然
　　因為西北方面威脅更大（到 9 月間便全面陷共），在前述 8 月底
　　會議中便決定了改調隴南。9 月中旬蔣總裁與張羣長官在重慶研
　　究後復作了具體決定，總裁指示將之改隸屬於父親指揮系統下，
　　部署於陝甘川邊境，乃由羅廣文率其部屬趙秀崑、皮宗敏等到漢
　　中與父親研商後決定，指揮所設在隴南碧口，3 個師在甘肅武都
　　附近（靠近四川邊境，在禮縣以南約 183 公里），2 個師在川北
　　的川甘邊境的平武、青川。父親並與羅廣文長談，見《胡宗南先
　　生日記》，1949 年 9 月 27 日；張羣，《張羣先生日記》，1949
　　年 9 月 18、19 日。

68 疾風勁草：胡宗南與國軍在大陸的最後戰役（1949 - 1950）
Against All Odds: Hu Tsung-nan and the Chinese Nationalist Army in the Last Battles
on the Mainland（1949-1950）

向，而在鄂川黔邊方面兵力比較薄弱，於是中共中央軍
事委員會乃「要求賀龍部先將胡宗南主力抑留於川陝甘
地區，給國民黨軍造成人民解放軍將主要由陝入川的錯
覺，第二野戰軍則以遠距離迂迴動作，出其不意地由湘
黔直插川南，截斷其南撤雲南之路，然後賀龍部南下，
第二野戰軍西進，將國民黨軍主力各個殲滅。」[5]

第二節　中共第二野戰軍的準備與欺敵

　　中共為準備第二野戰軍進行西南戰役，作了許多工
作。毛澤東等中共中央首先在 7 月 17 日便指定第二野
戰軍的總任務在於經營西南的四個省，以及處理進軍的
糧食、道路等問題；第二，在 8 月 1 日成立中共中央西
南局，管理川、康、滇、黔四省及第二野戰軍全部、第
一野戰軍一部，並任命鄧小平為第一書記，劉伯承為第
二書記，賀龍為第三書記；第三，強化雲南、貴州當地
滇桂黔邊縱隊，也就是土共，成為第二野戰軍的有力助
手；第四，雲南、四川地下黨不斷進行各種抗捐、抗
稅、罷工、罷課等政治鬥爭，增加我政府的困難；第
五，鑒於路途遙遠，達數千公里，補給不能完全靠後
方，就地補給又有一定的困難，所以中央軍委籌劃由各
地大力支援人員、炮兵、工兵、衛生部門、運輸部門等

5　《中國人民解放軍全國解放戰爭史》，第五卷，頁 458-461；中國
　　人民解放軍國防大學劉伯承傳編寫組，《劉伯承傳》（北京：當
　　代中國出版社，2007），頁 319；《張羣傳》，頁 142-143。

後勤保障工作，提供經費、鞋子、棉衣及其他軍用物
資，還抽調縣、區、村幹部四千多人以及青年職工、學
生一萬人隨軍西進，以開闢西南地區的地方工作；第
六，大力進行思想教育，改善驕傲自滿情緒，集中意
志，加強研究西南地區少數民族問題；第七，還要求相
關部門大力做好爭取劉文輝、鄧錫侯、潘文華、盧漢各
部的起義工作。[6]

　　第二野戰軍主力由湘贛西向，以向川東、黔東發動
攻勢為目標，卻在 9 月間為了作假象欺敵，而由司令員
劉伯承率其第三兵團（司令員陳錫聯，政委謝富治）由
南京、蕪湖車運鄭州，在鄭州大張旗鼓，表示向西南進
軍將從川北進攻，然後秘密南下湘西沅陵；其第五兵團
（司令員楊勇，政委蘇振華）則趁著第四野戰軍對我華
中國軍進行攻擊之際，經上饒繞經南昌、湘潭，秘密到
湘西芷江附近集結。[7]可是，蔣總裁在軍事上到底是有
經驗的，他在 9 月底便看出在湖南的共軍會造成重大威
脅，於是特別電令兩位在附近負重責的黃埔一期子弟，
川湘鄂邊區綏靖司令宋希濂和華中第一兵團司令黃杰，
強調稱堵截湘西共軍「為唯一嚴重部分，其他方面皆可

6　逄先知主編，胡喬木等指導，《毛澤東年譜（1893-1949）》，
　　1949 年 8 月 1 日，毛澤東同時還指示陳賡部（第四兵團，原先屬
　　第二野戰軍，此時歸第四野戰軍指揮，西昌戰役時歸西南局指揮）
　　要第一步協助鄧華兵團（第十五兵團，歸陳賡指揮）解決廣東，第
　　二步入廣西，協助第四野戰軍五個軍解決廣西，第三步，入雲南，
　　見《毛澤東軍事年譜1927-1958》，1949 年 7 月 17 日、8 月 1 日；
　　《中國人民解放軍全國解放戰爭史》，第五卷，頁 461-463。
7　《劉伯承傳》，頁 319；《國民革命軍戰役史第五部—戡亂》，
　　第七冊，頁 154；顧永忠，《賀龍與共和國元帥》，頁 139。

70 | 疾風勁草：胡宗南與國軍在大陸的最後戰役（1949 - 1950）
Against All Odds: Hu Tsung-nan and the Chinese Nationalist Army in the Last Battles
on the Mainland（1949-1950）

視為次要問題」，「必須運用所有力量，主動堵截，予
以殲滅。」[8] 但是後來的發展卻是事與願違。

其實國軍內部對於共軍可能從東邊而非北邊主攻也
曾經有過類似的想定，只是沒有貫徹。西南長官公署副
長官錢大鈞早於 5 月 19 日主持過一次全日的軍事部署
研討，由其直屬部隊負責人第十五兵團司令官羅廣文、
重慶警備司令劉雨卿等人參加集會，「對敵情判斷詳加
研究，以漢渝路（即武漢到重慶）為主攻方面，川陝路
助攻為假定……對軍事之部署頗有補益」。[9] 換言之，
錢副長官等人曾經不認為共軍會從北面主攻，而設定其
為助攻。因此，如果後來真的照此構想完成部署安排，
國軍就不會有秋冬之際的匆忙混亂了。

平心而論，共軍在 1949 年調動第二野戰軍前往西
南戰場，並令第四野戰軍、第一野戰軍配合行動並以大
迂迴方式攻入川南，阻止國軍利用雲南的戰略地位，當
然是集中兵力，避強（父親部隊）擊弱，高明而穩當的
戰法；但是，如此佈署反而未能在最合適的時機集中
兵力在東南方向攻取臺灣，則造成了中共後來長期的
遺憾。

---

8 1949 年 9 月 28 日電，見《蔣中正先生年譜長編》，第九冊，頁
   366。

9 《千鈞重負：錢大鈞將軍民國日記摘要》，1949 年 5 月 19 日。

第五章　退守雲南的構想及夏秋戰局

第一節　宋希濂主任赴漢中研商

　　7、8 月間局勢陸續變化，共軍第四野戰軍第三十八軍（軍長梁興初，政委梁必業）、第三十九軍（軍長劉震，政委吳信泉）、第四十七軍（軍長曹里懷，政委周赤萍）、第四十九軍（軍長鍾偉，政委徐斌洲）向川湘鄂邊區綏靖公署宋希濂部發動攻擊，在以奔襲奪取鄂西的宜昌、沙市之間長江北岸大部橋頭堡後，於 7 月 16、17 日偷渡至長江南岸成功，並掩護後續部隊渡江，迫使宋希濂放棄宜昌、沙市，退至鄂西的三斗坪及巴東（在今湖北恩施土家族苗族自治州，重慶東北 322 公里）。[1] 宋希濂黃埔一期，曾經在抗戰時在第三十四集團軍任內擔任副總司令為父親副手，其後被調赴滇西作戰、抗戰後亦曾赴新疆擔任警備總司令；他於本年春季在守備防區及部隊調動上卻未與其共同防守川鄂邊境

1　《千鈞重負：錢大鈞將軍民國日記摘要》，1949 年 7 月 16、20 日，其 20 日載，「共軍由東北方壓迫，宋毫無準備，倉皇乘兵艦至三斗坪」；《國民革命軍戰役史第五部—戡亂》，第六冊，頁 238，254；《中國人民解放軍全國解放戰爭史》，第五卷，頁 328-335；宋希濂，《鷹犬將軍：宋希濂自述》（北京：中國文史出版社，1986），頁 327-330。按，中共早已評估宋希濂部「5 個軍 8 萬餘人」、「該敵戰鬥力較弱」、「宋部是敵國防部決定留在湘鄂西邊區的」，見《毛澤東軍事年譜 1927-1958》，1949 年 5 月 28 日毛澤東致林彪肖勁光電。（此電證明國防部內有人與毛互通聲息，或表示密電被中共破譯。）

的孫震部充分溝通、通力合作，甚至未遵其上級長官華
中總部白崇禧及行政院長兼國防部長何應欽的命令，擅
自退向恩施，以致使湘西門戶洞開，危及華中防禦。[2]

在前述關鍵的 8 月份中，宋希濂也曾特別來到了陝
南的漢中。他於 8 月 4 日到重慶與張羣、錢大鈞等西南
軍政長官公署的首長們見面談話後，便於 7 日飛漢中南
鄭（重慶與南鄭距離約 500 公里）與父親見面，二人就
局勢發展和戰略分析交換意見，懇談了六小時。[3]

雙方一致認為當時共軍實力有四百萬，加上地方民
兵達一千萬人，而國軍僅存一百萬，且分散在西北，西
南，臺灣的廣大地區，不論就數量或戰力而言，國軍均
無法進行決戰。西南軍政長官公署各部隊中只有父親
十三個軍和宋希濂所轄的六個軍是唯一的主力，但其中
相當部分也都是裝備不全，訓練不足的，只有父親的幾
個軍和宋希濂的第二軍比較有戰力。由於目前在四川境
內，除公路外沒有一條鐵路，很難機動集結兵力遂行決

2　《國民革命軍戰役史第五部─戡亂》，第六冊，頁 238；《八十
　　年國事川事見聞錄》，頁 308-311；《李宗仁回憶錄》，頁 642-
　　643；另參宋希濂，《鷹犬將軍：宋希濂自述》，頁 318-323：「我
　　同白崇禧的矛盾」。

3　宋希濂於 1939 年抗戰初期武漢會戰後即奉父親薦赴西安擔任集
　　團軍副總司令，赴新疆後仍奉當時新疆省主席張治中命隨時與父
　　親保持聯繫。見《胡宗南先生日記》1941 年 6 月 27 日、1944 年
　　12 月 6 日、1945 年 12 月 23 日、1946 年 3 月 24 日、29 日、8 月
　　22 日等；另《千鈞重負：錢大鈞將軍民國日記摘要》載，1949 年
　　8 月 4 日空軍派機將宋希濂從湖北恩施接來重慶，當日行政院政
　　務委員、陸軍大學校長徐永昌上將及空軍副總司令王叔銘亦從成
　　都來，張羣長官乃晚宴洗塵。餐後張羣還邀錢大鈞、徐永昌、王
　　叔銘和蕭毅肅參謀長等「商胡宗南部糧食補給問題，談論結果為
　　各部有錢，無法購糧，故擬詢胡宗南是否交錢給省府，由省府購
　　買」。此可見當時部隊最基本的糧食供應，即使高層會商亦無更
　　好的解決辦法。

戰，因此宋希濂建議必須集中主力先控制西康和川南，
而在共軍向西南進軍時，立即將主力轉移到雲南西部和
南部（緬甸邊境）的騰衝、龍陵、佛海（今西雙版納）
等地，必要時退至緬甸，甚至與緬軍作戰，所以擬由父
親派一個軍進入川南，入西康，宋希濂派軍往瀘洲（在
四川東南，位於雲南、貴州、四川結合部，長江經過該
市），先「解決」劉文輝以控制西康，並以西昌為第一
個根據地等等。對此談話父親十分同意，尤其因為宋希
濂是一個有在雲南服務經驗的黃埔高級將領，對該戰略
要地熟悉，十分難得，是以在日記中罕見地以「水乳交
融，情投意洽」敘述。[4] 從前述父親侍從參謀張政達的
印證，其實這個保全軍力的想法與父親自己早有的想法
不謀而合（見第三章第三節）。

惟不巧 8 月 4 日正逢湖南省主席程潛和第一兵團兼
長沙警備司令、黃埔一期畢業的陳明仁投共，[5] 第二天
美國又發表了白皮書，把大陸失利所有責任都推到國民
政府身上，兩者對蔣中正總裁打擊甚大，尤其是美國的
態度，使蔣痛心疾首，以之為「中國最大的國恥」![6]

4　《胡宗南先生日記》，1949 年 8 月 7 日，其中提到：「宋意連孫
　　黃（孫元良、黃杰，皆黃埔一期同學）西康及滇西，不得已亦
　　可走緬甸，而不致窮無所歸也」；另見《鷹犬將軍：宋希濂自述》，
　　頁 297-303。

5　陳明仁於 1947 年東北四平街戰役立功，惟其後因故被高層撤職，
　　詳情此處不論。渠於 1948 年 5-6 月賦閒期間曾赴訪西安，父親陪
　　他參訪常寧宮，還請他在週會中演講四平街戰役經過，見《胡宗
　　南先生日記》，1948 年 6 月 6-7 日。

6　《蔣中正日記》，1949 年 8 月 6 日、10 日、15 日；《千鈞重負：
　　錢大鈞將軍民國日記摘要》，1949 年 8 月 4 日；蔣中正與外交部
　　門研究後，乃由外交於 8 月 16 日發表聲明，除表達對白皮書許
　　多論點的強烈異議外，亦提出對白皮書中「承認中共乃馬克思主

而父親在與宋希濂見面後，於 8 月中如前所述參加李代
總統主持的作戰會報後，回臺北見蔣總裁長談，繼飛廣
州再見李代總統，再飛重慶見張羣、顧祝同總長、閻錫
山院長等人後，對西南地區防衛大計當然最後仍以蔣總
裁的意見為準，而蔣總裁對於西南地區的情勢基本上是
尊重並接受張羣長官的評估而決定進行防衛的戰略，例
如張羣即相信劉文輝的「反共」立場，向蔣強調，劉文
輝是一個「明利害、辨生死之人」。[7] 同時，父親於 8
月中在與蔣總裁談話時，必然體會到蔣遭受到國內外的
不利情勢其內心之痛苦，故而在談話中堅決表示他多年
來一向對領袖的全心、全意、全力的支持；是以蔣總裁
在日記中對父親有不少讚許之詞，如「彼甚有決心，且
毫無頹唐之色，此實乃幹部中之麟角也」、「其精神志
節始終如一，而勇氣與見解亦超乎常人」、「宗南實為
將領中之麟角，可愛」等。[8]

義者及蘇聯共黨之工具」、和「蘇聯破壞了中蘇 1945 年友好條約
的條文與精神」兩點引以為慰，見《蔣中正先生年譜長編》，第
九冊，頁 335、340、343-344；中共毛澤東則批判白皮書，在 8 月
間發表了「丟掉幻想，準備鬥爭」等四篇文章，同時，在這之前
的 6 月 30 日「論人民民主專政」文章中，毛澤東也已經強調了「向
蘇聯一邊倒」的中共外交政策，而絕無向超強美國靠攏的跡象。
見毛澤東，《毛澤東選集》，頁 1468-1508；毛澤東接著在 8 月下
旬發表〈湖南起義的意義〉一文，強調程潛和陳明仁的投共顯示
「唯一光明的前途就是脫離蔣介石、李宗仁、白崇禧集團，接受
中國共產黨領導」，見《毛澤東年譜（1893-1949）》，1949 年 8
月 25 日，此顯示蔣中正、李宗仁再怎麼互相不滿和彼此矛盾，在
毛澤東的心中，他們是一樣的反共敵人。

7　《蔣中正日記》，1949 年 12 月 17 日上星期反省錄，當時劉文輝已
經投共而公開其真正立場，是以蔣中正痛悔地記下：他和張羣「為
（盧漢和劉文輝）所欺弄而慘敗」。

8　《蔣中正日記》，1949 年 8 月 16 日，「上星期反省錄」，8 月
28 日。

　　前述蔣總裁 8 月起一個多月的西南之行也分別和父
親和宋希濂談話數次，父親日記及蔣總裁日記中均未提
及宋、胡二人共同或分別在蔣面前討論「退守雲南」
事；[9] 但宋希濂在覲見蔣總裁談到雲南時，蔣卻表示將
有戰力的部隊轉移到雲南，反而會在大局形勢和國內外
的觀感上造成更嚴重的後果，是以不同意宋希濂的意
見，理由有四：其一，我方必須在大陸保有西南地區，
尤其是四川，才能和臺灣等地配合反攻；其二，必須考
慮外交上的後果，不能讓外界有我方放棄大陸的想法，
以免我政府在國際上失去地位；[10] 其三，四川人力物資

9　《蔣中正日記》，1949 年 8 月 24 日 -9 月 12 日；《胡宗南先生日
　記》，1949 年 8 月 28-31 日；而根據蔣中正總裁當時之侍從記錄，
　也並未記載父親和宋希濂同時見蔣的安排，而都是單獨接見。見
　樓文淵編，《老蔣在幹啥？從蔣介石侍從日誌解密 1949 大撤退》，
　頁 172-202；亦見《風雨中的寧靜》，頁 231。另，《中國人民解
　放軍全國解放戰爭史》的第五卷第七章關於此節內容有誤：蔣總
　裁並非在 10 月才赴重慶召開會議並作指示。

10　蔣中正為強化我政府國際地位及反共聲勢，於 1949 年 8 月間在美
　國發表白皮書前後，還加強外交工作，於 7 月 10-11 日、8 月 6-8
　日分別訪問菲律賓、韓國，以在野之身卻仍受元首之禮遇，並均
　發表聯合公報，成功籌組「遠東反共聯盟」，推菲律賓總統季里
　諾（Elpidio Quirino）為聯盟召集人（當時韓國元首為李承晚）；
　期間還曾對菲元首強調我方剿共實力不劣於共軍，甚至私下認為
　國際情勢變化會帶給我方機會，如美國參議院在 8 月通過北大西
　洋公約組織便是第三次世界大戰之預報（美英法義等 12 國外長
　於當年 4 月在美國華盛頓組成反蘇聯共黨的北大西洋公約組織
　〔NATO〕，美國總統杜魯門且發表演說，表示要防備第三次世
　界大戰，見《中央日報》，1949 年 4 月 5 日）；中菲、中韓聯合
　聲明重點及訪問感想參考《蔣中正先生年譜長編》，第九冊，頁
　316-339；在 8 月間估計共軍以主力進占蘭州，顯示中共係以解決
　西北、打通新疆，與蘇聯建立統一防線之（舊日）戰略為主，因
　之認為「對西南反而會緩圖」，見《蔣中正日記》，1949 年 7 月
　10-12、19 日，7 月反省錄，8 月 3-9 日，8 月 20 日之「上星期反
　省錄」。另外，宋希濂記載後來到了 11 月，總裁還認為第三次大
　戰可能發生，而當月來訪的美國參議員諾蘭（William Knowland）
　曾表示，「如果國軍能支持六個月，而蘇聯出兵支持中共以致爆

76　疾風勁草：胡宗南與國軍在大陸的最後戰役（1949 - 1950）
Against All Odds: Hu Tsung-nan and the Chinese Nationalist Army in the Last Battles
on the Mainland（1949-1950）

充足，足供反攻之用；其四，劉文輝等人雖不可靠，但
仍然反共，要團結他們以安其心。宋希濂儘管提及我軍
有被包圍殲滅的危險，但總裁仍未同意，甚至「面露慍
色」，遂不得不放棄。[11]

客觀而言，宋希濂是從軍事層面考慮，要在對共軍
劣勢下保存實力避免被殲，當然是面對現實的正辦，但
蔣總裁所考慮的則是政治和外交，是政府在大陸的存在
和國際地位的問題，層次更高。從事後的發展及我方
數十年來面臨的外交困難看來，蔣的考慮當然是有遠見
的，只可惜那時高層作「在境外保衛四川」決策的蔣總
裁、張羣長官、以及不在場的李代總統等都沒有得到正
確的情報，並未偵知共軍並不是以隴南和陝西為決戰地
點，而是將以主力採取大迂迴攻擊川東、川東南和川南
的戰略，也不自知國軍防守四川東部和南部邊區、包
括宋希濂部的各部隊的鬥志和戰力相當薄弱，不易抗
敵，[12] 尤其昧於川境內部政治上多人表面忠誠而內心傾

發第三次世界大戰，美國是有決心出兵支援我方打這個仗的」，
見《鷹犬將軍：宋希濂自述》，頁 309-310；《蔣中正日記》在
11 月反省錄中提及該議員來訪，未述詳情；但《徐永昌日記》第
九冊，1949 年 11 月 25-26 日，則略述談話內容。

11　《鷹犬將軍：宋希濂自述》，頁 303；按，蔣宋美齡夫人於 6 月間
即曾自美國函告蔣總裁謂美國有承認中共之可能，甚至有進而代
我國管理臺灣之想法，而美國駐華司徒雷登大使（John L. Stuart）
亦在上海表示他回美後將建議美國承認中共，是以外交考慮係當
時最重要的顧慮之一，《蔣中正日記》，1949 年 6 月 15 日、18 日、
29 日。

12　錢大鈞副長官記載，湖南陳明仁受劉斐策反率部叛變後，國防部
令川湘鄂綏靖公署宋希濂「派兵沅陵以控置湘黔桂之孔道，宋力
不能及」，而宋希濂部與在其後防衛共軍從東北方攻入四川的孫
震部又有人事矛盾，以致錢大鈞感嘆謂：「我軍人事摩擦由此可
見一般，一切力量均在摩擦中損失殆盡矣，可惜！可惜！」，接

向中共、甚至西南軍事計劃負責人之一的副（代理）參謀長劉宗寬和公署直屬的第二十二兵團司令，擔任川南戰略地位敘瀘警備司令的郭汝瑰根本就是共諜的真實情況，而為彼等假象所欺。[13] 至於父親自軍校畢業後即一向全力支持蔣中正校長，所以領袖既然做了決定，他雖然一再反對，但作為軍人，仍然只能放棄自己的意見和想法，去徹底執行命令。

第二節　蔣李矛盾持續中的夏秋戰局

　　秋季時，西北和華中、華南的形勢繼續變化：7月間共軍第二野戰軍（司令員劉伯承，政委鄧小平）、第四野戰軍（司令員林彪，政委羅榮桓）佈陣湘、贛，並作休整，第三野戰軍（司令員兼政委陳毅）南下福建，威脅廣州，那時湘桂地區作戰由華中軍政長官公署

　　著他又記載「一切摩擦，一切糾紛均為中央所製造」，《千鈞重負：錢大鈞將軍民國日記摘要》，1949 年 8 月 8、12 日。按《蔣中正日記》1949 年 6 月 17 日亦載：「三年來，對中央軍各將領間挑撥離間，與毀謗中傷者，亦皆由其（國防部作戰次長共諜劉斐）一手造成。」

13 郭汝瑰，黃埔五期，四川人，自擔任連長起就秘密加入共黨，1945 陳誠擔任軍政部長時調他擔任軍政部軍務署副署長，從此他在高級司令部連續服務，1947、1948 年兩度擔任國防部第三廳廳長，主管作戰，陳誠及參謀總長顧祝同均對其賞識，甚至最高統帥蔣中正都曾直接打電話交代他事情，因此他能不斷提供機密情報透過聯絡人任廉儒給中共，使我方多次對共作戰失敗。三大戰役我方慘敗後，顧總長還未懷疑他，甚至同意他到地方上帶兵，擔任第七十二軍軍長，他乃設法成立敘瀘警備司令部，以便待在四川的關鍵位置。參考郭汝瑰，《郭汝瑰回憶錄》，頁 122、173、249 等；《國民革命軍戰役史第五部－戡亂》，第五冊，頁 152-153。

（長官白崇禧）指揮，贛粵地區作戰由華南軍政長官
公署（長官余漢謀）指揮，非常遺憾的是，兩地區各
自為戰（另，浙閩地區則由東南長官公署指揮，長官
陳誠）。[14] 8月上旬湖南程潛、陳明仁投共後，共軍尾
追程潛、陳明仁部屬中不願跟隨投共的國軍南下，我
華中軍政長官公署乃指揮其第七軍（軍長李本一）及
第四十六軍（軍長譚何易），在青樹坪附近兩面夾擊
獲捷，幾乎全殲輕率冒進的共軍第四十九軍（軍長鍾
偉，政委徐斌洲），是為青樹坪大捷；但自8月下旬
到9月，第二野戰軍及第四野戰軍一部同時進軍，第
四野戰軍主力對我華中長官公署各部發動衡陽、寶慶
戰役，毛澤東並特別指示第四野戰軍，必須迫使白崇
禧部隊退入廣西而不退入貴州（避免與其他國軍部隊
會合）。[15]

　　接著，中共中央軍委於9月9日指示第四野戰軍，
以「十個軍分三路向兩廣挺進……東路軍由第四兵團司
令員兼政治委員陳賡統一指揮……（以第四兵團及第
十五兵團五個軍及兩廣縱隊）殲滅余漢謀集團主力，佔
領廣州……第四兵團由廣州向桂南挺進，迂迴敵之右側
後，成為合圍白（崇禧）部的南路軍……以第十三兵團
（司令員程子華，政委蕭華）……為西路軍……直下柳
州，迂迴敵之左側後，切斷白崇禧部西退雲南、貴州道

---

14 《國民革命軍戰役史第五部—戡亂》，第六冊，頁347；第七冊，
　　頁67。

15 《毛澤東軍事年譜1927-1958》，1949年9月1日致林彪、鄧子
　　恢等人電。

路，和第四兵團形成對白部的大鉗形包圍。以第十二兵
團（司令員兼政委肖勁光）……為中路軍……經湘潭、
湘鄉首先殲滅寶慶之敵，迫使白崇禧部向桂林撤退，爾
後尾敵南下，會同西、南兩路軍各個殲滅白崇禧部於廣
西境內。」[16] 不久，在華中地區，基本上兵力及戰力均
居劣勢的國軍白崇禧部被優勢共軍分割包圍，雖曾局部
挫敵，仍受相當損失，為保存實力，到 10 月中旬乃果
然如共軍所期望，節節轉進至廣西。[17]

　　至於華南戰局，蔣總裁、李代總統的矛盾和衝突始
終未能化解，終造成政府最後的失敗。西南軍政長官張
羣曾致力調和，在其 9 月間的日記中記載：「在穗（9
月7 至 11 日）與關係各方談話，均覺蔣中正、李宗仁
之間距離太遠，有礙合作，應速設法拉攏，尤其對作戰
意見應速調停。」[18] 但在防守廣州一事上立即顯出不是
所謂「拉攏」可即做到的：9 月初蔣總裁從首都及國際
地位的重要性考慮，指示廣州國防部顧祝同總長要「集
中駐粵兵力保衛廣州革命根據地」，「此為目前剿共

16 《中國人民解放軍全國解放戰爭史》，第五卷，頁 362-364；《國
　　民革命軍戰役史第五部—戡亂》，第六冊，頁 9、349。

17 邵（陽）衡地區決戰（包括青樹坪戰役）或稱衡寶戰役參考《毛
　　澤東軍事年譜 1927-1958》，1949 年 9 月 13 日；《國民革命軍戰
　　役史第五部—戡亂》，第六冊，頁 299-311、337-341；《中國人
　　民解放軍全國解放戰爭史》，第五卷，頁 328-337，但中共在其
　　敘述中竟完全不提國軍在青樹坪所打的漂亮勝仗，自亦未記載其
　　第四十九軍被殲之經過；另，蔣總裁對青樹坪之役評為「半年來
　　連敗中之少勝，甚願以此為轉敗為勝之開始」；但他甚不贊成國
　　軍在衡陽決戰，因為如此則廣州之防衛反而撤空，見《蔣中正日
　　記》，1949 年 8 月 12 日、8 月反省錄。

18 《張羣先生日記》，1949 年 9 月 11 日之備忘錄（Memorandum）、
　　12、18-19、27-29 日。

軍事革命戰略之最高指導原則……切莫再分割使用，
以免陷於被動，為匪各個擊破」，另亦電示第二十一
兵團司令劉安祺在廣州的兩個師以保衛廣州為唯一要
務，不要離開。[19]

　　但是參謀總長顧祝同奉李代總統令，卻將劉安祺部
調至粵北防備，以強化湘境作戰，因而使蔣總裁極為
「悲憤」，也對顧祝同十分不滿。按廣州地略形勢不利
於守勢作戰，廣東北方屏障為五嶺山脈，此一地區如失
陷，廣州以北即無險可守，是以當時劉安祺部確有守
粵北之需要。[20] 蔣、李二人後來曾於 9 月26 日在重慶當
面談話，李宗仁卻一再要求由白崇禧接任國防部長，蔣
則強調必須請白崇禧在非常軍事委員會與蔣總裁共同工
作一段時間後再出任，才能讓各地的將領們接受。蔣總
裁並在其後數日召集會議討論白崇禧擔任國防部長的看
法，各人均主張等待華中會戰後，連同參謀總長位置一
同解決。蔣遂於 29 日再偕同張羣去和李宗仁商談，獲
李同意。[21] 但這段時候，二人在軍隊調動，尤其對於胡
璉第十二兵團、宋希濂部、和以上劉安祺第二十一兵團

---

19 《蔣中正先生年譜長編》，第九冊，頁 349-350；另參《中國人民
　　解放軍全國解放戰爭史》，第五卷，頁 359-391；《國民革命軍
　　戰役史第五部—戡亂》，第六冊，頁 356；《中華民國專題史第
　　十六卷：國共內戰》，頁 252-257。

20 《蔣中正日記》，1949 年 8 月 22、24 日；《郝柏村解讀蔣公日
　　記 1945-1949》，頁 438；《國民革命軍戰役史第五部—戡亂》，
　　第六冊，頁 372。

21 《蔣中正日記》，1949年 9 月 26-29 日；蔣另從顧總長處知道白崇
　　禧派兩軍入湘並在廣州成立指揮所事，認為李宗仁、白崇禧已經
　　決心「聯合兩廣，控制中央政府」，「**置湘西之敵主力於不顧，
　　放任共軍向川、黔進展**」，見 27 日日記（按，此地顯示，蔣正確
　　地認為共軍主力在湖南西部，必須全力阻擋其進攻四川、貴州）。

的運用看法都不同，以致雙方都不滿，李宗仁甚至亦曾對張羣坦白表示，「中外人士看政府不成體統，最好請介公（蔣）復職，不然則請改變作風」。[22]

　　先是，8月初時，華中軍政長官公署退守邵衡，粵東國軍第十二兵團（胡璉司令）退守潮汕，江西已全部淪陷，廣東危急，統帥部遂將廣州綏靖公署改編為華南軍政長官公署，仍由余漢謀主持，但所轄兵力有限，多係久戰兵疲的部隊，整個華南地區政治亦不穩定，物價飛漲，極為影響民心士氣；[23] 且公署與廣東省政府及國防部各有所轄部隊，彼此關係即不明確，以致不能統一指揮。不但如此，廣東全境土共猖獗（即各「游擊縱隊」，當時有閩粵贛邊縱隊、粵贛湘邊縱隊、粵桂邊縱隊、粵桂湘邊縱隊、粵中縱隊等），約十二萬人，使國軍必須分兵安謐地方；尤其嚴重的是余漢謀長官對於保衛廣州竟然認為是「萬不可能」，顯示其既無信心，更無決心，[24] 不久進入福建之共軍又已到達金、馬、平潭

---

22 《張羣先生日記》，1949 年 9 月 12 日，張羣還與白崇禧談到西康（即劉文輝）問題。另參《李宗仁回憶錄》，頁 640-644；《蔣中正日記》，1949 年 7 月 25 日、8 月 22 日、10 月 2 日、4 日、14日；蔣、李的矛盾簡述可參考劉維開，《蔣中正的一九四九》，頁 222-226；《郝柏村解讀蔣公日記 1945-1949》，頁 438-439。

23 廣州綏靖公署主任原即為余漢謀，係 1949 年 1 月 16 日發表，《蔣中正日記》，1949 年 1 月 16 日；華南地區當時後勤紊亂，例如劉安祺兵團即準備自己的後勤補給；劉對當時的評論是：部隊非常紊亂，指揮不統一，無人想堅強抵抗，參考張玉法、陳存恭，《劉安祺訪問紀錄》，頁 134、143-146；《國民革命軍戰役史第五部─戡亂》，第六冊，頁 347-349；《毛澤東年譜（1893-1949）》，1949 年 7 月 20 日載，毛澤東電告第四野戰軍林彪、鄧子恢等人稱，「余漢謀部僅 4 萬 1 千人，非正規部隊 2 萬，戰力甚弱，且與蔣、桂不和。」

24 見余漢謀與蔣總裁之談話，《蔣中正日記》，1949 年 7 月 20 日；

當面，而統帥部為強化臺、澎地區的防衛，又不得不於
10月間將整編完成之第十二兵團轉調金門，歸東南軍
政長官公署（長官陳誠，福州綏靖公署代主任湯恩伯）
指揮，以致粵東空虛，廣東整體防衛兵力更形不足，而
準備時間尤其倉促，部隊未及經營陣地就得作戰。[25]

　9月下旬時，共軍第四兵團（司令員兼政委陳賡）
即已佔領了粵北的南雄、始興，開始集結。到了10月
2日，第四野戰軍第十五兵團（司令員鄧華，政委賴傳
珠）連同兩廣縱隊共二十五萬兵力按照預定部署發起攻
擊，7日占領粵北的韶關、翁源，然後從東、北、西三
面對廣州圍攻。我華南軍政長官公署總兵力僅十二萬
人，其中國軍第二十一兵團（劉安祺）和第四兵團（沈
發藻）等部隊盡力阻擋共軍，卻未能如意，失敗後乃致
力掩護政府人員及物資撤離廣州，遷至重慶。張羣長官

　　一個多月之後，蔣在8月25日記中更表達了極為悲觀的看法，
　　謂「廣州軍政分歧，明爭暗鬥……除伯川（閻錫山院長）比較負
　　責外，其他無不自私自利，害國害黨，……其實為不可想像，莫
　　能名狀之亡國君臣的真像。」；另參《國民革命軍戰役史第五部
　　─戡亂》，第六冊，頁347-349；廣東土共情形見《中國人民解放
　　軍全國解放戰爭史》，第五卷，頁348-352、355-358詳述各縱隊
　　之歷史、所建立各人民武裝和地方政權情形，以及其兵力、攻擊
　　國軍之成果等。

25 據劉安祺司令回憶，蔣總裁原希望第二十一兵團劉安祺、第十二
　　兵團胡璉和第四兵團沈發藻3個兵團連同余漢謀長官其他部隊防
　　守廣州，但劉安祺部調往粵北，胡璉部東移，沈發藻後來亦奉白
　　崇禧命向西沿著十萬大山撤向廣西；至於胡璉部第十二兵團調往
　　臺灣和金門乃奉大本營林蔚轉來的命令，應是臺灣省主席陳誠的
　　意思；由於十月中旬福建戰役結束，國軍第十二兵團在海上恰逢
　　金門戰役開始，乃援救金門，反而造成我方古寧頭大捷，參考張
　　玉法、陳存恭，《劉安祺先生訪問紀錄》，頁139-141；《國民革
　　命軍戰役史第五部─戡亂》，第七冊，頁33-46、及第六冊，頁
　　360-375。

於 10 月上旬也在李宗仁官邸會商政府遷往重慶事。等
局勢再不利時，李宗仁代總統遂令中央政府於 10 月 15
日起在重慶辦公，廣州於 14 日淪陷。[26] 而此時蔣中正
總裁在前往廈門、定海鼓勵駐軍士氣後方返臺北，聞訊
「驚駭之至」，他雖然在月前當美國、英國聲明承認臺
灣為中國領土之一部分而感到欣慰，此時卻認為廣州這
個首都失陷後外交形勢會大變，會影響中國對英、美之
外交關係及我在聯合國代表權問題。[27]

　　在重慶的西南軍政長官張羣在 8 月間雖仍一再向蔣
總裁堅辭，[28] 但也召集特別會議，決定全力支援宋希濂

---

26 「總統府、行政院及各院部會本（15）日起正式在重慶辦公……
同日，成都中國國民黨及民社、青年三黨聯誼會亦致電李宗仁代
總統，擁護政府貫徹反共救國決策，並竭誠歡迎中樞遷重慶辦
公」，同時，政府亦已先通知在廣州外國使節團遷往重慶，政府
亦提供飛機飛香港及重慶，其餘外交人員多人乘英輪赴香港。見
《中華民國史事紀要（初稿）—中華民國 38 年 10 至 12 月份》（臺
北：國史館，1997），1949 年 10 月 11、15 日。

27 《蔣中正日記》，1949 年 9 月 24 日「上星期反省錄」、10 月 2-14 日；
《張羣先生日記》，1949 年 10 月 6-14 日；戰役經過見《國民革
命軍戰役史第五部—戡亂》，第六冊，第四章〈華南地區作戰〉；
《中國人民解放軍全國解放戰爭史》，第五卷，第六章第六節〈舉
行廣東戰役，殲滅余漢謀集團主力〉；又，洪蘭友祕書長在廣州
危急時曾報告總裁謂，李代總統「有知難而退之意」，見《風雨
中的寧靜》，頁 244；按，政府當時也曾擬以昆明為根據地，但「川
陝甘綏署主力尚在秦嶺，距昆明二千餘公里，徒步行軍得三個月
以上，故只能遷都重慶。」見《中華民國史事紀要（初稿）—中
華民國 38 年 10 至 12 月份》，頁 94。

28 《張羣先生日記》，1949 年 8 月 3、11、13 日，張羣於 13 日亦
向蔣中正推薦曾任重慶行轅主任、甘肅省主席、新疆省主席、福
建省主席的朱紹良上將繼任西南行政長官職位，但朱紹良係當時
的福州綏靖公署主任（參第一章註 19 及第三章註 14），兵力薄弱，
戰力殘破，自 5 月開始即為防衛福建，一面整理我江防潰決之後
入閩各零散部隊，一面與共軍三野部隊接戰；8 月中正是福州告
急，綏靖公署撤至廈門之時，朱接著赴臺灣，福州綏署改由湯恩
伯代理主持，見《國民革命軍戰役史第五部—戡亂》，第七冊，
頁 14-22；《蔣中正日記》，1949 年 8 月 13、16 日；另《千鈞重負：

84   疾風勁草：胡宗南與國軍在大陸的最後戰役（1949-1950）
Against All Odds: Hu Tsung-nan and the Chinese Nationalist Army in the Last Battles
on the Mainland（1949-1950）

部對東、陝西胡宗南部對北的防衛作戰。[29] 本節前述張
羣在 9 月18、19日與甫自成都來重慶的蔣總裁深談時，
除了關於蔣中正總裁、李宗仁代總統關係的問題外，也
涉及張羣自己與王陵基的矛盾，蔣此時又覺得王陵基主
席「實不適再令從政」，而對於川、康局勢「憂心如
焚」；可是二人並無積極解決問題的答案，對於四川仍
決定「維持現狀」。在談話中談及羅廣文部的部署，蔣
中正指示要調歸父親的綏署指揮，而後蔣也在張羣其後
電請蔣澄清羅廣文的指揮系統後，於 9 月 22 日正式指
示父親，他領導的川陝甘綏靖公署所部自此劃歸張羣西
南軍政長官公署指揮。[30] 到 10 月11日，廣州即將撤守
時，張羣約集錢大鈞、劉宗寬、羅廣文等檢討局勢時，
對西南地區的防禦大計還是「把握地方，發揮人力物
力，持久防禦，爭取時間」，亦即仍沒有讓父親部隊立
即下到四川來協助的積極想法。[31]

錢大鈞將軍民國日記摘要》，1949 年 8 月 17 日載，張羣告稱其
辭職的原因除了「自衛委員會」問題外，乃因「蔣之用人是多方
面制衡，不能做事」。

29 《張羣先生日記》，1949 年 7 月 25 日，其中亦提及那時蕭毅肅
參謀長電話父親時，父親表示不願受張羣指揮——應是不願僅守
泰嶺而不能南下也。但父親自 8 月面見總裁後，應係遵囑自該月
下旬起其各呈總裁戰報均已分呈張羣長官。見國發會檔案，錄於
《胡宗南先生文存》，頁 290-294；另參《八十年國事川事見聞錄》，
頁 313-319。

30 《蔣中正日記》，1949 年 9 月 17 日；《張羣先生日記》，1949 年
9 月18-19；以及 9 月 21 日蔣總裁致漢中胡宗南主任電，錄於《胡
宗南先生文存》，頁 294；羅廣文部之佈署另參本書第三章註釋
16、第四章註釋 4。

31 《張羣先生日記》，1949 年 10 月 11 日。

第三節　西北淪陷

西北方面，共軍第一野戰軍於8月間向西攻擊甘肅蘭州和青海西寧，廣州國防部鑒於共軍深入後的交通補給應會有困難，值得我方運用，乃電令西北軍政代理長官馬步芳的隴東兵團部隊（馬繼援）固守六盤山華家嶺（在今甘肅通渭縣華嶺鄉，在天水西北西約 104 公里），馬鴻逵的寧夏部隊由寧夏海原和甘肅打拉池指向南西南的甘肅會寧（相距約 180 公里），攻擊共軍右後側翼，令父親抽調五個軍由秦嶺攻向西北趨天水，預定在華家嶺與天水之間會殲共軍，俾解蘭州之圍。父親乃聽命將反攻西安之役中損失各軍迅速整補後前進，雖受共軍一再阻擊，到 24 日終攻佔天水南邊的西和、禮縣（均在今隴南市，位於天水西南約 91 公里處），當時已經有兩個團長受傷，官兵傷亡五千人，惟此時華家嶺竟無友軍，寧夏部隊也未南下夾攻共軍，而蘭州則於26 日不幸失守，乃必須停止前進，調整部署。[32]

---

32 駐守蘭州之西北軍政長官馬步芳於次日即到重慶送其眷屬赴臺，以表示反共堅決，並告張羣稱，蘭州戰事損失不大，現只撤離數十里，隨時可以反攻云，見《千鈞重負：錢大鈞將軍民國日記摘要》，1949 年 8 月 27 日；蘭州撤守後蔣要求提整軍方案見《張羣先生日記》，1949 年 8 月 26 日；另，國防部在此之前在 1949 年 8 月 13 日致蘭州、寧夏及漢中之共同命令甚為明確，父親亦於 15 日回電遵命以第三十六軍、第三十八軍兩軍攻寶雞，以第一軍、第六十五軍、第九十軍三個軍攻向天水，25 日報告已攻佔天水鎮西和禮縣，但寶雞仍在激戰中；26 日晚報說蘭州失守，乃電呈國防部必須停止前進、調整部署，以免形成孤立，同日攻寶雞的部隊因情報不確而傷亡一萬餘人後亦停止。見 7、8 月間相關各電如〈展利簽字第 645、712；展利字第 9234、9274、10039、10248、10321 號電〉，國防部，《西南戡亂作戰經過概要：1949 年 4 月－1950 年 5 月》，檔號 38／543.64／1060.2B/1；另參《蔣中正先生年譜長編》，第九冊，頁 349-350，其中記載蔣中正電令寧夏馬鴻逵出兵往南急進，三面夾擊，以救蘭州，因「宗南部隊已

疾風勁草：胡宗南與國軍在大陸的最後戰役（1949-1950）
Against All Odds: Hu Tsung-nan and the Chinese Nationalist Army in the Last Battles
on the Mainland（1949-1950）

　　但由於共軍第一野戰軍第十九兵團（楊得志）和第一兵團（王震）、第二兵團（許光達）持續進攻西北長官公署的國軍（共軍所謂「鉗胡打馬」），父親收到錢大鈞副長官轉達蔣總裁 25 日命後，乃令秦嶺附近第三十八軍（李振西）、第三十六軍（朱先墀）、第二十七軍（劉孟廉）及第一軍（陳鞠旅）多處冒大雨持續向共軍第十八兵團（周士第）第六十軍（張祖諒）和第六十一軍（韋杰）發動攻勢，以作聲援，根據當時的多項戰報，我方得到相當斬獲，頗有進展。[33] 可惜寧夏，綏遠兩省因為其主席馬鴻賓、董其武在共軍威脅和年初投共的傅作義遊說下決定不抵抗，乃在 9 月 20 日淪陷，到了 22 日，青海因為隴東兵團（馬繼援，兼長第八十二軍及馬步鑾的第一二九軍）失敗，在共軍第一軍（賀炳炎）佔據南部的玉樹（今玉樹藏族自治州，省會西寧之西南 810 公里）後，亦隨之淪陷。[34] 孤懸在邊

　　積極（向北）進擊，決不延誤。」另參考李振西，〈胡宗南部反撲寶雞以潰敗告終〉，中國人民政治協商會議陝西省委員會文史資料徵集研究委員會，《陝西文史資料選輯》，第六卷（西安：陝西人民出版社，2010），頁 714-717；此外，在國防部，《裁決書》，第三項：「增援蘭州」一節中，國防部指出了實況：「令馬（步芳）部確保六盤山各要點，阻匪西犯，乃輕易放棄有利地形……復自動放棄華家嶺要點，寧夏兵團亦遲遲不進，以致決戰未果……」。

33 《千鈞重負：錢大鈞將軍民國日記摘要》，1949年8月25日；另，綏署國軍出擊共軍的 8 月 28 日，9 月 7、10、11、14、25日各項戰報及捷報均錄於《胡宗南先生文存》，290-295頁。

34 隴東兵團於 8 月底不幸失敗，5 萬餘人覆沒，司令馬繼援中將飛重慶，蔣總裁召見未果，見蔣中正，《蔣中正日記》，1949 年 8 月 27 日，9 月 3 日；蔣總裁為阻止傅作義飛至綏遠勸其部屬董其武主席投共，特派政務委員徐永昌飛包頭，並要徐永昌以蔣自身西安事變後相信毛澤東、周恩來承諾可以合作而主張容共，致造成目前失敗的慘痛經驗苦勸傅作義。但傅作義未聽勸，見《蔣中

疆的西北軍政長官公署副長官兼新疆警備總司令陶峙
岳約有七萬原係西安綏署的部隊（如第三章第二節所
述），在此之前一直設詞拖延，不將其派回給父親協助
作戰，父親已覺得他「半年來行為可疑」，乃於 22 日
寫信讓經過漢中的陶部副參謀長左君帶交，冀圖阻止陶
改變立場，並函電力勸其他老部屬第七十八軍軍長葉
成、第一七九師師長羅恕人，和騎兵第一師師長馬呈
祥，要他們立即「對陰謀投降分子一律逮捕，無論何
人」，並許他們空投救濟，但未成功；陶繼於 9 月 27
日正式宣佈投共。[35] 為此，蔣總裁對「西北為三馬完全

正先生年譜長編》，第九冊，頁 362-363；徐、傅談話見《徐永昌
日記》，第九冊，1949 年 9 月 3-21 日；甘青寧新戰爭經過及檢討
見《國民革命軍戰役史第五部―戡亂》，第七冊，頁 103-109、
135-136；《中國人民解放軍全國解放戰爭史》，第五卷，頁 276-
320。

35 陶峙岳保定軍校出身，係父親多年戰友，父親亦有心交往培植，
參考《胡宗南先生日記》，1941 年 1 月 26 日，1945 年 7 月 28
日，1946 年 3 月 20 日，1947 年 1 月 14 日、11 月 1 日，1948 年 1
月 10、15 日，1949 年 4 月 30-5 月 2 日、9 月 22-25 日等；按，自
1949 年 1 月起父親即呈請中央同意把新疆部隊第四十二軍、新編
第二軍及河西軍第九十一軍東開，參加西北地區戡亂，而留騎兵第
五軍在當地，但陶峙岳卻設詞拖延，而中央因蔣中正下野而未見
行動，見《胡宗南先生文存》，頁 271；另參《國民革命軍戰役史
第五部―戡亂》，第六冊，頁 11；中共則在 8 月間派鄧力群經由
蘇聯入新疆勸服陶峙岳總司令投共，陶峙岳立即「動搖」；9 月間
葉成、馬呈祥、羅恕人三將領接到父親函電後亦打算斷然拘捕計
劃投共的政、軍人士（如西北軍政長官公署秘書長劉孟純等），
惜為陶峙岳數次力勸所阻，以致羅恕人師長甚至痛哭。陶峙岳乃
允許安排三將領個人經由南亞來臺，參考陶峙岳，〈導致新疆和
平解放的歷程〉，《文史資料選輯》，第 23 輯，頁 2-11；《毛澤
東年譜（1893-1949）》，1949 年 8 月 6 日、9 月 10-28 日；《毛
澤東軍事年譜 1927-1958》，1949 年 9 月 13 日；《國民革命軍戰
役史第五部―戡亂》，第七冊，頁 103-105；《蔣中正日記》，
1949 年 12 月 17 日載，接見自新疆來臺的葉成軍長；又，錢大鈞
副長官對此評稱：「現在將領無所謂氣節，臨陣可以脫逃而不加
之罪，遇艱難可以投降，無所謂恥辱……此誠古今未有之奇聞，

88 | 疾風勁草：胡宗南與國軍在大陸的最後戰役（1949 - 1950）
Against All Odds: Hu Tsung-nan and the Chinese Nationalist Army in the Last Battles
on the Mainland（1949-1950）

斷送」極為痛心，認為其總因是「李（宗仁）、白（崇
禧）擴張私人勢力，假馬家消滅西北國軍」，同時亦特
別電勉父親：「西北整個淪陷，局勢嚴重，吾弟環境格
外艱困，只有積極整頓所部，切實研究方略，詳定部
署，以期死中求生，旋轉大局也。如何盼復。」[36] 另一
方面，總裁並指示財務署吳嵩慶署長：「將西北款均交
胡宗南」。[37]

亦本黨莫大之奇恥……估計不出三個月此間亦為震動矣……」，
《千鈞重負：錢大鈞將軍民國日記摘要》，1949 年 9 月 23 日。

36 《胡宗南先生日記》，1949 年 9 月 26 日；《蔣中正日記》，
1949 年九月反省錄；按，三馬係指馬鴻逵、馬鴻賓及馬步芳，見
《蔣中正先生年譜長編》，第九冊，頁 364-365；馬步芳等人的情
況、作風參考蔡孟堅，〈馬步芳、馬鴻逵、馬步青三傑—戰後西
北回軍三馬由分崩而人亡的史實〉，《蔡孟堅傳真三集》（臺北：
傳記文學出版社，1997），頁 265-276。

37 吳興鏞編注，《吳嵩慶日記（一）1947-1950》，1949年 9 月 27 日。

第六章　遵令「死中求生」

　　當時川陝甘邊區綏署是屬於三面作戰的境地，[1]
是以綏署下亦設三位副主任，陝西區為董釗（省主席
兼），川北區為於達、曾擴情，隴南區為裴昌會、趙龍
文。[2]這其中幸而父親在 7 月間已經派了他的秘書長趙
龍文到隴南的武都（在今隴南市），在隴南的九個縣強
化我方控制，包括積極增進地方武力，構築工事，恢復
中國國民黨黨部活動，組織反共工作團，展開軍民合作
運動等，減少了邊區綏署從甘肅方面來的壓力。而 9 月
底羅廣文兵團調來後，更增加了當地的安全保障。隴南
區的組織直到 11 月底才撤退到四川。[3]

1　《胡宗南先生文存》，頁 290；按當時綏靖公署東面的豫西、鄂西，
　　北面的關中，西北面的甘肅天水以北均已淪陷。
2　《胡宗南先生日記》，1949 年 10 月 6 日；董釗，陝西長安人，黃
　　埔一期，曾擔任父親所率第三十四集團軍副總司令、第三十八集
　　團軍總司令、攻占延安時的整編第一軍軍長，後來擔任陝西省主
　　席等職；趙龍文，浙江人，大學畢業，早年與父親和戴笠訂交，
　　多年從事政治、警政工作，數次任父親長官部的秘書長，亦曾任
　　甘肅、貴州省民政廳長；於達係保定軍校畢業，自 1930 年代起即
　　任父親第一師、第一軍參謀長，1946 年任第一戰區副司令長官，
　　為父親多年副手，以上三人作者在臺均曾面見多次，董精於象棋，
　　且曾對作者指點；曾擴情四川人，黃埔一期，參與多年政治工作，
　　《張羣先生日記》多次提及，亦曾為其女兒證婚，顯示兩人關係
　　甚密切，但 1949 年留在四川未來臺灣。
3　《胡宗南上將年譜》，頁 248-249；羅廣文兵團調動見第四章註 4；
　　另參樊執敬，〈解放前夕趙龍文等人在武都的最後掙扎〉，《武
　　都縣文史資料選輯》，第一輯（甘肅省刊物，出版年份不詳），
　　頁 55-59；趙龍文因工作經歷而亦與前甘肅省主席谷正倫熟稔，在
　　其回憶谷正倫事跡時順便亦提及「佩服胡宗南先生意境之高，一
　　塵不染」，見童世璋，《忠藎垂型：谷正倫傳》，頁 155。

第一節　綏署當時的不利條件

那時國防部派赴漢中觀察第一線狀況的第一視察組組長戴展呈報給蔣總裁的一封電報，充分顯示出父親面臨的困難：「胡宗南部有責任卻缺資源，建議速予其川康軍政權力」；「（我方）無統一指揮機構⋯⋯炮兵方面，匪在我十倍以上，步兵武器也較我為優，兼之我官兵因待遇菲薄，生活過分艱苦，一經戰陣，即行潰散⋯⋯我軍之補充⋯⋯接來之壯丁，係繩索捆綁或老兵販子⋯⋯四川雖屬安定⋯⋯人民亦感朝難保夕，驚惶萬狀⋯⋯西安綏署胡主任夙具忠勇，既將西北戡亂大任與之，即應有相當根據地之支援⋯⋯現在陝西漢中，無兵無糧，自天水陷匪後，汽油來路斷絕，運輸復為困難⋯⋯我保衛西南前途深埑憂慮，懇請迅予挽救⋯⋯」。[4] 這份電報明白指出，我方的第一弱點為沒有統一的指揮機構；其次是父親在對中共作戰上有重大的責任，卻沒有相應的權力，一切須遵奉上級的指示，而他的上級有廣州李宗仁政府，包括國防部、參謀本部，以及臺灣的蔣總裁，8月起再加上西南軍政長官公署張

---

4 全文見 8 月 19 日國發會檔案管理局檔號 BS018230601-0038-543.64-
   10602A，錄於《胡宗南先生文存》，頁 288-289；戴展組長進一
   步於 11 月 9 日自南鄭呈總裁電稱，父親部隊高級幹部忠貞，但因
   轄區小，兵源糧源均感困難，三月之後軍民即陷絕境云；檔號
   BS018230601-0038-543.64-10602。按，國防部當時派有監察組到
   各部隊，孫震部的監察組長為賀稚圭，見《八十年國事川事見聞
   錄》，頁 310；至於共軍裝備優越，尤其炮兵受到蘇聯援助之情
   形，參考陳永發，《中國共產革命七十年》，頁 429-433；共軍陳
   錫聯甚至認為炮兵比坦克飛機還重要，見《陳錫聯回憶錄》，頁
   301。

羣長官和各副長官等人（非常諷刺的是，他還有一個綽號：西北「王」）。對於戴展的告急電報，總裁辦公室內部雖亦一度考慮劃分西南為兩個長官公署，一為川康陝南，由父親負責，另一為滇黔，由張羣負責，擬交國防部研究，但顯然因為受限於當時四川的人事、政治情勢和條件，蔣總裁未作進一步指示，是以並未見及任何持續行動，[5] 而運輸和汽油的困難後來就真的成為部隊下四川後的致命傷。

第二節　強化戰力的緊急措施

即便如此，父親為遵令「死中求生」，除了已經一再要求改變戰略、換被動為主動、早日把部隊下到四川，轉移到雲南，卻始終未獲同意之外，在政府10月中從廣州遷往重慶前後，他至少採取了以下各項措施：

第一，他在10月3日回電總裁要他「死中求生，旋轉大局」，乃建議：既然綏署國軍已轉移至秦嶺，將受命繼續在秦嶺和和大巴山等山地作戰，故盼能編組特種裝備一個軍，並強化軍力及裝備，包括將其野炮三十六門換取在臺灣的美式山炮三十六門，另希獲配發美式火箭炮五十四門（因為共軍炮兵為我方十倍，如前述），戰車三十輛，衝鋒槍二一六挺，另建議以成都軍校械彈編組十個軍三十萬人，再匯集補充兵力二十萬人

5　國發會檔案管理局檔案，檔號 BS018230601-0038-543.64-10602；《胡宗南先生文存》，頁 290-294。

為第二線兵團，以期挽回戰局。此電所期望的武器不
多，要點在強化戰力，尤其是建議擴軍。是以總裁辦
公室的王東原將軍在回電的「擬辦」中建議酌發美式
山炮，並請顧總長籌建二線兵團；但蔣總裁卻未同意
（可能係留僅有的裝備以保臺），批示：「此時只有
在已有之物力與兵力設法加強運用，此為自救自強唯
一之道。」[6]

第二、針對戰況需要，首要補充後勤，在 10 月 4
日「令（綏署參謀長）羅列準備秋季大戰，存貯軍糧
十五天不能動用，鞋子每兵一雙，豬羊每連各一頭，棉
被心在 15 日前發給」，到 14 日在雙十舖前線（在今
寶雞市鳳縣，距漢中南鄭約 170 公里，多係山路）召
開作戰會議時又特別強調要注意部隊的鞋襪、屯糧和
棉服。[7] 以上要「準備秋季大戰」明顯是根據上級的判
斷、執行總裁的指導。

第三、面對險惡情勢，決定陣前換將：父親將第一
線主力編成第五兵團，改由自華北平津戰役不願隨傅作
義投共，其後返回漢中的老戰友黃埔一期李文中將擔
任司令官（轄第一軍、第六十九軍、第三十六軍，共
約四萬餘人，先已於 9 月 25 日要他組織第五兵團司令

6　國發會檔案管理局檔案，載於《胡宗南先生文存》，頁 296；總
　　裁的顧慮可能是瞭解當時武器的缺乏、臺灣方面的需要優先、以
　　及張羣基於和王陵基等人的矛盾和四川內部的複雜與困難，因而
　　知道他們也根本達不到擴軍的期望；另，王東原將軍後來於 1980
　　年代曾在與作者餐敘時當面表示對父親的敬佩。

7　《胡宗南先生日記》，1949年 10月 1日、4日、14日。

部），[8]將原司令官，北洋軍出身、蔣委員長早即指示
「要予重用並給其實職」的裴昌會改任為在大巴山預
備陣地，第二線的第七兵團司令官（轄第三十軍、第
七十六軍、第十七軍、第三十八軍，而以第三十軍為骨
幹，開隴南碧口）。兩個兵團編組成後他便於 10 月 12
日親自到前線雙十舖召集兩兵團主要將領為兩人佈達，
並研究作戰及補給。[9]當時第一道防線為第五兵團、和
粵軍出身的李振所率領兵力四萬四千人的第十八兵團，
二者共八個軍，守備沿著秦嶺主線的成縣、徽縣（均在
甘肅隴南）、留壩、佛坪（漢中盆地前沿）；第二道防

8　李文，黃埔一期，湖南新化人，從北伐時起即為父親之戰友及摯
　　友，抗戰勝利後率軍在山西與共軍作戰，旋奉中央命率領父親精
　　練的第三十四集團軍調赴華北，任傅作義總司令之副手兼北平防
　　守司令，但仍與父親隨時聯繫，父親亦多予勉勵。傅作義投共時
　　偕同石覺、馮龍、魏炳文等不願附從之將領飛青島後至溪口見蔣
　　總裁，蔣安排於於 2 月返回西安，其後李於 7 月赴漢中，9 月 25
　　日組第五兵團司令部，見《胡宗南先生文存》，頁 190；《蔣中
　　正日記》，1949 年 1 月 25-26、29、31 日；《胡宗南先生日記》，
　　1948 年 12 月 3 日、1949 年 2 月 14 日、7 月 26 日、9 月 9 日、13
　　日、25 日，10 月 12 日。作者亦曾面見多次並蒙其鼓勵。

9　裴昌會，山東濰坊人，保定軍校第 8 期，曾為軍閥孫傳芳部屬，
　　孫傳芳失敗後裴加入國民革命軍，在 1930 年代以師長職在上官
　　雲相轄下參加剿共，抗戰時亦立有戰功，調升第一戰區副司令長
　　官為父親副手，蔣委員長特別指示要予裴昌會重用，給他實職；
　　而父親在 1947 開年計劃中期望培養鍛鍊成方面大將之部屬中除李
　　文、董釗、劉戡、鍾松、羅列、陳鞠旅、嚴明、周士瀛、何文鼎、
　　吳俊等黃埔將領外，亦包括非黃埔系統的陶崎岳和裴昌會；父親
　　還多次以行動表達對裴之敬重與信任，在時局困難時亦常與其商
　　議，此時渠還擔任隴南區綏靖公署副主任，見《蔣中正先生年譜
　　長編》，第四冊，頁 532、568、570-572、577；《胡宗南先生日
　　記》，1945 年 1 月 19 日、7 月 9 日，1947 年開年計劃、3 月 10 日、
　　7 月 19 日，1948 年 1 月 22 日、3 月 25-26、9 月 23 日，11 月
　　12-15 日，1949 年 7 月 11 日；另見政協山東省濰坊市濰城區委員
　　會學宣文史委員會，《愛國起義將領裴昌會》，濰城文史資料第
　　十四輯，頁 10。

94 | 疾風勁草：胡宗南與國軍在大陸的最後戰役（1949－1950）
Against All Odds: Hu Tsung-nan and the Chinese Nationalist Army in the Last Battles
on the Mainland（1949－1950）

線為第七兵團沿川陝邊之白龍江、米倉山、大巴山。[10]

第四、特別強固政治組織，以意志集中來集中力量：於 10 月 9 日在漢中附近的石羊寺成立綏署黨務改進委員會，由參謀長羅列和政工處長李猶龍分任正副書記長，其他成員為當時軍政領導人王宗山（陝西省參議會議長）、董釗（陝西省主席）、王元暉（川陝甘綏靖公署秘書長，四川人）、曾擴情（中國國民黨四川省黨部主任委員）、王超凡（綏靖公署政戰主任）、李文、裴昌會、於達等人，繼在陝東南的安康、川北的廣元成立小組；再進一步於 10 月 13 日在雙十舖成立「精忠報國會」的陸軍組織及其「雙石小組」，任命黃埔系統的袁樸（綏靖公署幹部訓練團團長，黃埔一期）、周士冕（政治特派員，黃埔一期）為正副書記長，以軍、師長陳鞠旅、袁書田、曾祥廷、朱先墀等為骨幹，化名「石鳳翔」，先以第一軍、第九十軍、第二十七軍、第三十六軍為範圍，以「戰功，忠實，堅強」為條件吸收同志。[11] 換言之，這是在漢中凝聚軍隊向心和作戰決心的做法，以及推動黨政軍一體的新式戰時體制，也是對共作戰的根本之圖。

第五、持續照料軍中弱勢，甚至在 9 月間還要求政戰部門選拔遺族優秀人才要培植留美；而為了安定前線

---

10 《中國人民解放軍全國解放戰爭史》，第五卷，頁456；李振，廣東人，行伍及粵軍出身，1947 年 7 月率第六十五軍調赴陝西歸父親指揮，1948 年 11 月，由於大荔戰役之勝利（參考第一章第三節及該章註 34）父親保薦他升任第十八兵團司令兼第六十五軍軍長，《胡宗南先生日記》，1948 年 11 月 10 日；李振回憶，劉學超整理，《三十七年的戎馬生涯》，頁3-7，96-97，106-107。

11 《胡宗南先生日記》，1949年 10 月 9 日，13-14 日。

將領奮戰到底的決心，特別籌集了黃金一千兩，在 10
月 18 日電報臺灣省陳誠主席，請代建五十間眷舍，將
五十個高級將領的家庭後送臺灣，讓各將領在作戰時沒
有後顧之憂，這眷社即位於今天的臺北市南京東路松江
路附近。也因為這個措施，許多眷舍的男主人不久之後
就真的在戰場上奮戰捐軀了。[12] 另，根據吳嵩慶署長記
載，自從 10 月 25 日起，西安綏署部隊的經費決折發黃
金一部，以抵過去之戰臨費銀元。[13]

　　只是，父親當時所未能明確知道的是，他的兵團司
令中，中共的策反工作早已進行，其中對於非黃埔系統
的裴昌會，早在一年前的 1948 年 4 月，中共便曾派裴
早年的共產黨員部屬前往策反，根據裴自己的敘述，他
迄今已有幾次都預備投共，而未能成功，到了 1949 年
秋，裴昌會家人也來到臺灣住在父親為他預備的眷舍
內，而他來到臺北的夫人卻絕不相信裴會投共；當然他
後來在 12 月做最後決定前也曾受到良心的責備，覺得
對不起一路信任他的我的父親。[14] 至於另一位非黃埔系

---

12 《胡宗南先生日記》，1949 年 9 月 18 日，10 月 18 日；《胡宗南
上將年譜》，頁 270-271；孟興華，〈黃埔之光，軍人楷模，民國
完人〉、李潤沂，〈我所認識的胡宗南先生〉，均錄於《令人懷
念的胡宗南將軍》，頁 129-131、頁 208-210；根據自幼在該眷舍
內成長的王應文先生（1955 年 1 月一江山戰役殉國之王生明將軍
的獨子）告，每當聽聞前線有將領陣亡時，眷社內眾人立即聽到
其家人淒慘的哭號。

13 吳興鏞編注，《吳嵩慶日記（一）1947-1950》，1949 年 10 月 25 日。

14 裴夫人的堅決態度見作者母親於 1949 年 12 月 30 日寫給父親的
信，錄於胡為真口述，汪士淳撰寫，《情到深處：胡宗南將軍與
夫人葉霞翟在戰火中的生命書寫》（臺北：臺灣商務印書館，
2020），頁 212。另參李振西，〈三十八軍在關中歷次戰役中被
擊潰及其逃川被迫投降經過〉，中國人民政治協商會議陝西省委

96 | 疾風勁草：胡宗南與國軍在大陸的最後戰役（1949-1950）
Against All Odds: Hu Tsung-nan and the Chinese Nationalist Army in the Last Battles
on the Mainland（1949-1950）

統的兵團司令李振跟隨父親不久，是一個「有復仇雪恥
熱情、肯幹、不怕死」的軍人，父親頗為欣賞鼓勵，卻
因他的廣東同鄉中共葉劍英在 1949 年 10 月廣州失陷
時秘密對他策反，11 月初再行催促，後來他看到局勢
的無望，經過內心矛盾掙扎，甚至徹夜未眠，儘管父
親還安排蔣總裁在成都特別接見他，當面鼓勵，但到
了 12 月 13 日，他還是做了找機會投共的決定。[15] 不但
如此，中共竟然也企圖策反父親，在 10 月間派了戰敗
被俘的部屬張新帶了父親當年在黃埔軍校有私交的前輩
——共產黨員胡公冕的信前去當說客。當然，張新反而
被關押起來，只差沒被槍斃，因為父親從不殺人立威。
後來到了年底在混亂中逃走。[16]

員會文史資料徵集研究委員會，《陝西文史資料選輯》，第六卷，
頁 184-187；《胡宗南先生日記》，1949 年 10 月 9-22 日，1950
年 1 月 12 日。

15 《胡宗南先生日記》，1948 年 11 月 10 日，1949 年 10 月 13 日；
《三十七年的戎馬生涯》，頁 115-116；另見第九章第七節及該章
註 46。

16 《胡宗南先生日記》，1949 年 10 月 9 日；張新，〈胡宗南其人〉，
中國人民政治協商會議浙江省委員會文史資料研究委員會編，《浙
江文史資料選輯》（杭州：浙江人民出版社，1983），第 23 輯，
頁 180-183。

第七章　入川指示來得太遲了

　　10月1日，中共在北平成立中華人民共和國，此時雖然我政府尚在廣州，蘇聯卻於次日即宣佈承認，並成為第一個願與中華人民共和國建交的國家，10月3日，中共覆照蘇聯，盼即行建交，而中華民國政府亦宣佈與蘇聯斷交。由於在當時的中華民國版圖內出現了兩個國家（或兩個政府），涉及了國家承認與建交的外交問題，國共戰爭因而進入一個新階段。[1]

　　在西北方面，9月20日起賀龍所率第一野戰軍有關部隊在秦嶺戰役後進行兩個月的整訓，以作南進準備，其中包括強化山地作戰訓練、準備嚴寒地帶作戰所

1　見「李宗仁代總統為中共成立『中華人民共和國』發表昭告全國同胞及世界友邦人士書」及「外交部長葉公超發表聲明我國與蘇聯絕交」全文，而蔣中正總裁另於9日發表〈告全國軍民同胞書〉，強調中共「擅改國旗、國號、國歌……全國同胞更要軫念中華民國締造之艱難而感到救亡圖存責任之重大」、「北平政權為俄帝之傀儡，此亦係俄帝對中國之直接侵略」等，參考《蔣中正先生年譜長編》，第九冊，頁369-373；《中華民國史事紀要：38年10月》，頁15-17，19-22，61-66；《蔣中正日記》，1949年10月3日及當月反省錄中則顧慮我外交形勢及聯合國代表權問題，甚至蘇聯與中共締結軍事同盟之憂患，且認為蘇聯迅速承認中共當係我政府「在聯大控蘇違約有效」；另，此等外交變局亦更強化我政府在軍事方面之檢討，由參謀總長顧祝同在當月於非常委員會軍事小組上報告〈軍事革新綱要〉，提出「確定政略戰略」、「貫徹精兵主義」、「健全各種制度」、「培養信實風氣」、「加強敵後作戰」等要點，見《顧祝同將軍紀念集》，頁81-94；至於中共成立政權前後美國對華情勢之估計及對華政策之施行，參考胡為真，《從尼克森到柯林頓：美國對華一個中國政策之演變》（臺北：臺灣商務印書館，2001），頁2-8；另一方面，中共成立中華人民共和國時之相關外交文件可參考《中華人民共和國對外關係文件集（1949-1950）》，（北京：世界知識出版社，1957），第一集，頁5-7。

98

疾風勁草：胡宗南與國軍在大陸的最後戰役（1949 - 1950）
Against All Odds: Hu Tsung-nan and the Chinese Nationalist Army in the Last Battles
on the Mainland（1949-1950）

需的配備（帳篷、手套、棉襪、乾糧）及防寒、防凍教育，以及進行政治動員，克服怕吃苦、怕困難的不良思想等；[2] 華中地區，中共第二野戰軍於整訓及政治動員後也開始集結，11 月 1 日，當毛澤東指示發起西南戰役後，便於 11 月初以川南為目標實施大迂迴，一面自湖南芷江（中部臨近貴州邊境，今芷江侗族自治縣）沿川黔公路西進，一面沿川鄂、川湘公路直出貴州；第四野戰軍於休整後，則於 10 月底發起鄂西戰役，兩者對宋希濂的川湘鄂邊區綏署部隊夾攻；第四野戰軍另亦發起廣西戰役。此時我西南軍政長官公署奉總裁命趕緊將羅廣文的第十五兵團再由隴南川北回頭南調，車運川東南、臨近貴州的綦江（行程約有 500~600 公里），以增援宋希濂部主力，且還要羅廣文部進一步增援貴陽（行程約 800 公里）。[3]

這時西南軍政長官公署除張羣長官外，副長官是錢大鈞、鄧錫侯、楊森、王纘緒、孫震、賀國光、孫渡等，而以錢負主要責任，參謀長為蕭毅肅，副參謀長劉宗寬。[4] 然而在這緊要關頭，西南軍政長官張羣竟然還

---

2 顧永忠，《賀龍與共和國元帥》，頁 140-141

3 《毛澤東軍事年譜 1927-1958》，1949 年 11 月 1 日，頁 781；《千鈞重負：錢大鈞將軍民國日記摘要》，1949 年 11 月 7 日；《中國人民解放軍全國解放戰爭史》，第五卷，頁 461-465；《蔣中正日記》，1949 年 11 月 4 日；《蔣中正先生年譜長編》，第九冊，頁 388；《劉伯承傳》，頁 319-320；《八十年國事川事見聞錄》，頁 319-321；按，在共軍整訓期間，父親對於其部隊仍未能在此良機中獲准下到四川穩定局勢，因而極為焦急、坐立不安的形容，參考李猶龍遺稿，〈胡宗南部逃竄西昌和覆滅實錄〉，中國人民政治協商會議全國委員會文史研究委員會編，《文史資料選輯》，合訂本第 17 冊第 50 輯，頁 106-107。

4 〈川黔作戰國軍指揮系統表：民國三十八年十月三十一日〉，《國

在為人事問題而困擾：首先是張羣自己辭職事，正積極
進行，由於原先建議請何應欽和朱紹良接替都不成功，
他乃建議由第一副長官錢大鈞代理；其次是與他有矛盾
的四川省主席王陵基如予免職，四川如何安排，他希望
由孫震接，但孫震不願意；再來是約同劉文輝、鄧錫
侯、楊森、王陵基等四川政要再三商討四川地區「自衛
委員會」組織的相關問題，[5] 以致副長官錢大鈞在與部
屬探討軍隊部署等困難時「感覺非常危險」，他在日記
中焦急的記下：「劉匪伯承分三路犯川，其大部已陸續
調至宜都（湖北西南，屬今宜昌市，在長江南岸，距離
重慶約 620 公里），不得（不）預為籌劃。現在中樞無
主宰，而將領又既不能令又不受令，部隊開動（還）每
因經費及棉服等關係遲遲不能行……。」此項記述充分
證明我方當時另外兩個基本困難：即財政經濟全面失敗
的重大影響，以及政府組織因為戰亂局勢變動太快而其
權責無法釐清。[6]

第一節　共軍攻勢下我方高層的作為

　　在共軍攻擊方向逐漸明朗化的情勢下，國防部於
10 月 21 日才令父親「抽調優良三個軍」到川北的綿

　　民革命軍戰役史第五部－戡亂》，第七冊，頁 157。

5　《張羣先生日記》，1949 年 10 月 18 日 -11 月 1 日；張羣長官的困
　　擾及其辭職事另見本書第二章第一節。

6　《千鈞重負：錢大鈞將軍民國日記摘要》，1949 年 10 月 23 日。

100　疾風勁草：胡宗南與國軍在大陸的最後戰役（1949 - 1950）
Against All Odds: Hu Tsung-nan and the Chinese Nationalist Army in the Last Battles
on the Mainland（1949-1950）

陽、廣元間佈防，再「抽調三個軍至（川東南的）瀘
州，集中入滇並與西昌連接，俾以西昌為根據來鞏固雲
南」；其實此電報係蔣總裁的意思。24 日，父親答復
國防部，安排第一軍、第三軍和第二十七軍這三個精銳
軍（軍長陳鞠旅、盛文、劉孟廉）先南調，主力待命轉
移。[7] 蔣總裁另外把他的想法以親筆函詳細表達，由刻
在臺灣的顧總長帶到已搬到重慶的國防部，並另電報指
示父親從漢中飛到重慶與顧祝同見面，「切商具體方
略，後若另有意見，則可來臺面商，否則應即回防，切
實進行為要」。[8]

　　此函主旨是要父親部隊在保持機密、於夜間行軍南
下，從陝南經由川西，由崇寧（今郫縣，在成都西北
26 公里）經雅安（成都西南 143 公里）再至西康西昌
（成都南南西 500 餘公里），但又不必全部經過雅安，
而以西昌為基地，在不與劉文輝衝突又不明告劉文輝及
四川政要的前提下，迅速運送五到六個軍到西康、雲
南，「以保國基」（全文見本文附錄三）。這是在共軍
威脅的迫促時間下，非常重要但內容有些矛盾、需要釐
清，以及執行十分困難的任務，其精神與第三章第三節
所引述蔣中正的「密諭」一致，而且就軍事戰略上而
言，其實是早在半年前就應當進行的佈署。父親接令後
立即行動，飛到重慶與顧總長兩人於 26 日見面後，自
當日起，每日密商多時，直到 30 日，卻未能做決定；

7　〈展利字第 10934 號電〉，國防部，《西南戡亂作戰經過概要：
　　1949 年 4 月－ 1950 年 5 月》，檔號 38 ／ 543.64 ／ 1060.2B/1。
8　《胡宗南先生日記》，1949 年 10 月 21 日。

期間父親還應李宗仁代總統、張羣長官及白崇禧長官之
邀宴並研究問題，也因為當時廣州戰役結束後蔣總裁和
李代總統對國軍主力應位於何處意見不同，而未能形
成結論。因為這不只是部隊移動的方向與目的地的問
題，還涉及以後遷都至成都還是昆明、以及桂系部隊
方向的問題，所以這不但不是父親所能決定，連顧總
長也難作斷言。[9]

　　按，此時湖南全境均已陷共，華中軍政長官白崇禧
所率第一兵團（黃杰）、第三兵團（張淦）、第十兵團
（徐啟明）、第十一兵團（魯道源）、第十七兵團（劉
嘉樹）各部均已撤至湖南西南的廣西境內，白崇禧長
官主張桂系部隊續向桂越邊界撤退。但是西南軍政長官
部的張羣和錢大鈞、蕭毅肅都認為這對四川不利──桂
系應當向貴州靠攏，而且他們和父親商量後認為（放棄
四川）遷都雲南，以及將父親部隊撤下來「也來不及
了」，是以「絕不能放棄四川」。[10]事實上，中共中央
軍事委員會早在 9 月上旬就已經考慮到桂系部隊在受到
優勢共軍攻擊後的可能撤退方向，決定要迫使該部隊退
入廣西，而「不使他（往西）退入貴州」，才能「在廣

9　《胡宗南先生日記》，1949 年 10 月 20-30 日；《蔣中正日記》，
　　1949 年 10 月 22 日載：「朝課後，寫陳、余、薛及宗南各緘後，
　　墨三（顧祝同）來辭行。指示其胡部向康滇公路前進，不必全走
　　雅安一路也。」蔣於 24 日又召見顧祝同總長，「指示胡部先調重
　　慶之理由」，見當日之日記。
10　《國民革命軍戰役史第五部─戡亂》，第六冊，頁 325；《張羣先
　　生日記》，1949 年 10 月 29 日；《千鈞重負：錢大鈞將軍民國日
　　記摘要》，1949 年 10 月 29 日。

102 疾風勁草：胡宗南與國軍在大陸的最後戰役（1949 - 1950）
Against All Odds: Hu Tsung-nan and the Chinese Nationalist Army in the Last Battles
on the Mainland（1949-1950）

西境內殲滅他。」[11]

　　儘管如此，在 11 月 3 日，李宗仁代總統和張羣長官會同洪蘭友（時任中國國民黨中央非常委員會秘書長）仍然飛赴西南方向的雲南昆明與盧漢主席商議，試探政府是否有可能遷昆明之意。但是，盧漢在與李宗仁單獨深談時竟然明確表達了他對中央軍的仇恨，並說如果讓政府遷來昆明，而且讓蔣中正總裁復總統職後，便將逕行扣押蔣並加以殺害之意；也就是坦白表達了他雖然在 9 月份還到重慶在蔣總裁面前信誓旦旦，甚至流淚保證，但現在在廣州失陷，共軍氣焰更高時，卻一百八十度的已經準備叛變的內心話。但李宗仁沒有將此話告訴同來的張羣，甚至不敢告訴白崇禧長官，怕他知道雲南不穩會影響作戰心理，更不要說讓蔣中正知道了。[12] 巧的是這時雖然在重慶的行政院長閻錫山仍然希望遷都昆明（他 9 月初還銜李宗仁命從廣州來重慶向蔣總裁轉達李宗仁意，希望立即扣押剛從昆明來到重慶的盧漢，見本書第二章第三節），但蔣中正在臺灣也對遷昆明表示反對，而對父親卻謂可以遷到西昌。[13]

　　不久中共第二野戰軍第五兵團楊勇部和第十軍（軍長杜義德，屬陳錫聯的第三兵團）西進貴州，突破了黔東防線，我貴州綏靖公署主任谷正倫所率國軍在正面受

---

11 《中國人民解放軍全國解放戰爭史》，第五卷，頁 364。

12 參考《李宗仁回憶錄》，頁 663-665；《張羣先生日記》，1949 年 11 月 3-6 日。

13 《胡宗南先生日記》，1949 年 11 月 3 日；《千鈞重負：錢大鈞將軍民國日記摘要》，1949 年 11 月 3、5 日。

到優勢共軍壓迫，側後復遭各地土共（即滇桂黔邊縱隊）襲擾，[14] 兼以雲南盧漢態度曖昧，後方感受威脅，乃決定實施離心退卻，在 11 月 10 日棄守貴陽，而共軍第五兵團的第十六軍、第十七軍、第十八軍（軍長尹先炳，趙健民，張國華）再於下旬攻佔臨近四川東南的遵義、大定（今之大方縣）、畢節後，勢力直逼川南。[15]

如前述，我國防部參謀本部早已主張「華中主力，於不得已時，轉移入黔，與四川國軍凝為一體」，惜李代總統延不批准，**錯過了黃金時期**；11 月 6 日國防部再指示桂系所餘兵力向西轉入滇黔，如果可行，「即飭胡（宗南）部開始行動，將主力移轉昆明，以滇黔川與匪周旋（必要時放棄四川）」（**這是父親在年初以來即建議的，也是毛澤東一直希望要避免的**），但華中司令白崇禧本人仍然反對，主張進入廣西地區再轉欽州、海南。而臺灣蔣總裁對李宗仁、白（崇禧）部隊方向的態度則先是「任其自處」，後來在 11 月 11 日再電白崇禧應當照國防部預定的部署速將主力向貴州推進，以攻黔東共軍的側背，但因共軍進展迅速，白崇禧部猶豫之時赴貴州之路也被切斷，致我方增強川南防禦的最後機會

14　滇桂黔邊縱隊之領導人、游擊區擴展之各縣、所造成之影響及成就參考《中國人民解放軍全國解放戰爭史》，第五卷，頁 352-355。

15　《國民革命軍戰役史第五部—戡亂》，第七冊，頁 153-163；《劉伯承傳》，頁 320；國防部，〈西南方面作戰經過概要稿〉國防部，《西南戡亂作戰經過概要：1949 年 4 月－1950 年 5 月》，1950年 1 月 5 日，檔號 38／543.64／1060.2B/1；另，貴州省主席谷正倫雖任職僅一年半，但貴州地方專員縣長大多堅守崗位到最後。參考《忠藎垂型：谷正倫傳》，頁 150。

104 | 疾風勁草：胡宗南與國軍在大陸的最後戰役（1949 - 1950）
Against All Odds: Hu Tsung-nan and the Chinese Nationalist Army in the Last Battles
on the Mainland（1949-1950）

又告喪失。[16]

　　父親與顧總長連連商議都無法解決的事，除了前述各項高層考慮外，還包括面對桂系李宗仁、白崇禧的態度（白崇禧甚至「挑撥」父親與蔣總裁之關係）；[17] 於是父親立即於 31 日飛臺北，當面向總裁請示，蔣遂分別於 11 月 1 日、2 日、3 日約見父親商議。但此時因廣州失陷不久，蔣總裁對李宗仁政府極為痛心不滿，甚至連與同仁研究整個西南軍事部署時都因李宗仁、白崇禧的態度而「感到無以為計」。[18] 在 11 月 3 日與父親的談話中，蔣總裁除了提及遷都的意見，表示「政府以不遷昆明為便，如欲遷，以西昌為宜」，並指示即運一個師到西昌外，並告以決定復職，而且「美援有辦法」；對於兩廣的局勢，則主張由（基礎在廣西的）白崇禧負責。換言之，既然總裁決定復總統職，父親部隊南下四

---

16 蔣中正先「任其自處」的原因是他認為「桂軍即使加入貴州作戰也無補於戰局」，「反徒增滇、黔當局之恐怖，使西南政治更趨複雜，軍事部署更為困難」，見《蔣中正先生年譜長編》，第九冊，頁 386、390；另參《國民革命軍戰役史第五部—戡亂》，第六冊，頁 5，389-390；《中國人民解放軍全國解放戰爭史》，第五卷，頁 408-409，411-418；《蔣中正日記》，1949 年 11 月 4 日，8-9 日；《胡宗南先生日記》，1949 年 11 月 3 日；國防部廳長侯騰 1949 年 11 月 13 日呈蔣總裁關於白崇禧部未聽從國防部指令之報告，見國發會檔案管理局檔案檔號 BS018230601-0038-543.64；至於白崇禧堅持不入貴州當係其認為西南撤守也只是時間問題，部隊應撤至中越邊境，而海南島則可保留為最後立足之地，對此一主張錢大鈞認為是「單獨做主，並在爭取外援」；見《張羣先生日記》，1949 年 11 月 2 日；《千鈞重負：錢大鈞將軍民國日記摘要》，1949 年 10 月 29 日；以及本書第九章五節關於成都作戰時白崇禧對蔣總裁之建議；另參考《李宗仁回憶錄》，頁 665。

17 《蔣中正日記》，1949 年 11 月 2 日。

18 《蔣中正日記》，1949 年 11 月 2 日。《蔣中正先生年譜長編》，第九冊，頁 385。

川可以不管李宗仁代總統的態度，但政府如遷西康西昌，不遷昆明，則環顧四周，似乎只有靠川陝甘綏靖公署的部隊為主力了。[19]

第二節 全線南撤的安排——必須先控制成都和西昌

於是父親立即於 4 日飛到重慶，向國防部顧祝同總長報告總裁的指示；5 日與提供軍需的吳嵩慶署長見面，並拜會了西南軍政副長官兼重慶市長楊森等人後，於 6 日立即返回漢中，召集參謀長羅列及參謀部門沈策、蔡棨、賈貴英、裴世焄等人研究入川的安排，尤其是鳳縣以北東西兩邊第一線部隊的行動，然後父親與各參謀人員於 7 日自漢中總部車行六小時往北到雙十舖前線指揮所，召集部隊指揮官第五兵團李文司令、參謀長吳永烈、第一軍陳鞠旅軍長、第十八兵團參謀長何滄浪、第九十軍周士瀛軍長、第五十七軍的王菱舟師長及第一軍的陳堅師長等多人開作戰會報，作出十六項決定及交待，包括於 16 日晚上第一線全部南撤，兵團司令部的任務、交防時間、糧食準備、道路及通訊的破壞、

19 《胡宗南先生日記》，1949 年 11 月 3 日；《胡宗南上將年譜》，頁 356；《蔣中正日記》，1949 年 10 月 16、21-23 日，11 月 4、7 日，所謂「美援有辦法」應係蔣中正日記中所載美國參議院通過了援華案，以及蔣宋美齡夫人告知馬歇爾（1949 年初已因健康因素辭國務卿職，由艾契遜 Dean Acheson 繼任）願意推薦顧問來華協助等；但蔣中正在日記中亦坦白表示對西南軍事實際上甚為憂慮。至於蔣總裁後來復總統職的經過則可參考劉維開，《蔣中正的一九四九》，第五章。

機密的保持等等。8日將籌集好的黃金一千兩匯臺灣陳
誠主席，在臺北建築軍官眷屬住宅，完成10月間計劃
進行的工作（見第六章第二節）；並派經理幹部袁杰三
到西昌做政府可能往遷的準備工作；9日再東赴六小時
之外，叢山重疊的西鄉縣最東邊的茶鎮山神廟內，與第
三軍盛文軍長、所屬第十七師師長鄧宏儀、第二五四師
師長陳岡陵、第九十八軍劉勁持軍長等開軍事首長會
議，解決各項問題，並安排鞏固陝西東南部安康外圍之
游擊事宜，成立川陝甘挺進軍，以王凌雲、徐經濟、李
學正、李靜模專員、柯愈珊縣長等人為主，準備敵後游
擊，勉勵大家說：「我們現在是破落戶，一切補充要取
自於敵人」。[20]

10日，決定最精銳的第一軍第一師（師長袁書田）
自前線轉移到漢中本部，準備南下入西昌，第三十六軍
的第一六五師（師長汪仁釗）赴川北廣元以南之梓潼，
並裝備七六二機槍及新七九步槍；12日派定以上川陝
甘挺進軍的職務，由王凌雲任總指揮兼新編第四軍軍
長，李學正為副軍長，徐經濟為新編第五軍軍長兼陝南
行署主任，李靜模、柯愈珊、白青雲、陳士傑、程參之
分任新編第十一師、新編第十二師、新編第十三師、新
編第十四師、新編第十五師師長；並成立陝西地方黨務
改進委員會（改委會）；此時第一師已經自前線迅速開
到沔縣（即今日的勉縣，屬漢中市），然後繼續南下；

---

20 《胡宗南先生日記》，1949年11月6-9日；其中所提及的各游擊
   領導人後來多為國犧牲，參考趙嘉凱，《奮戰江山：國共第二次
   戰爭實錄》（臺北：時英出社，2018），頁374-377。

13日決定在西昌造屋千棟，請丁德隆中將（黃埔一期，剿共及抗戰期間多立戰功）主持，將各軍上校以下，上尉以上的軍官眷屬，逐步逐次移動；14日與當地空軍司令徐煥昇商洽空運部隊到西昌具體事宜，15日自漢中用機群空運第一師一千餘人到成都的新津（另見第八章第一節），再請非黃埔系統之將領裴昌會、魯崇義等參加改委會，以堅其心。[21]

此時父親並積極令第一軍尚未空運離漢中的部隊車運成都，而第三軍先頭部隊則已轉移到（現漢中市的）城固縣；只是突然又在12日收到國防部令，要部隊於「秦嶺封凍後，以一部控制秦嶺，阻匪南犯，主力應轉移於大巴山（分隔漢中盆地與四川盆地之山系，位於陝西、湖北與四川之邊境）積極佈防，另以有力之三個軍轉移於成都（在漢中西南約464公里）、內江（漢中南南西500餘公里，在重慶以西200餘公里）、瀘縣（屬今瀘州市，距漢中約700餘公里、重慶約177公里）地

---

21 《胡宗南先生日記》，1948年3月6日，6月29日，1949年11月10-16日；魯崇義係西北軍馮玉祥舊部，抗戰期間擔任第三十軍中將軍長，勝利後中央將其部隊從孫連仲部撥至西安綏署，國共戰爭期間在晉西南臨汾及太原等地亦有戰功；於1947年春接替瓦子街戰役犧牲的劉戡中將擔任重建的主力軍之一的整編第二十九軍軍長，並託付其指導西安、潼關等戰略要地之工事，惜隨著局勢不利而逐漸改變立場，於1949年秋即與中共建立聯繫，「醞釀起義」。渠在職位上數次擔任裴昌會司令官之副手，與裴關係密切，亦同為山東同鄉。父親在14日邀請二人赴漢中飲酒喝茶到半夜，但裴、魯推辭不參加漢中的改委會，認為父親要「在政治上套牢我們」、「害怕我們起義」，故而「拒絕了胡的要求」，然後回到駐地。見魯崇義，〈難忘的回憶〉，錄於《愛國起義將領裴昌會》，頁192-196；至於在西昌造屋千棟的計劃因為後來情況變化太快，西昌變成孤島，不能久守（見本書第十章第三節），乃不果行。

108 疾風勁草：胡宗南與國軍在大陸的最後戰役（1949 - 1950）
Against All Odds: Hu Tsung-nan and the Chinese Nationalist Army in the Last Battles
on the Mainland（1949-1950）

區，機動控置」，所以仍必須積極防備共軍第一野戰軍
自陝南下，雖然其精神與孫震副長官在三個月前的 8 月
間在重慶向蔣總裁建議把父親部隊調來四川「作為強大
的後備隊」（見第三章第四節）相似。[22]

只是該年秦嶺封凍得晚，不能靠天候來協助阻止共
軍南下，而共軍已從東邊和東南邊以四川為目標發動
攻勢。蔣總裁於 11 月 8 日對共軍的威脅有如下評述：
「共軍對貴州，已攻陷鎮遠等黔東之重鎮，對鄂西已進
踞恩施，逼近川東。其先取貴陽，使川、滇、桂不能聯
繫；一面佔重慶中央所在地，使之根本解決；一面對廣
西，則陳兵桂邊，脅制桂系……」，因而希望李宗仁立
即回到重慶主持大局。[23]

第三節　蔣總裁趕赴重慶坐鎮

可是，戰局卻迅速轉壞：共軍第二野戰軍、第四野
戰軍互相配合，組成左右兩集團，向宋希濂主力發動包
圍進攻，致防守川東南重責的宋希濂部六個軍側背被共
軍突入，「由於態勢不利，戰志脆弱，節節潰避」，損

---

22 《胡宗南先生日記》，1949 年 11 月 17 日；〈展利簽 874 號電〉，
　　國防部，《西南戡亂作戰經過概要：1949 年 4 月－1950 年 5 月》，
　　檔號 38／543.64／1060.2B/1。

23 《蔣中正日記》，1949 年 1 月 8 日；其實這時各方都期望李或蔣
　　都應該趕快來重慶主持大局，而重慶市面金融情況等均已經開始
　　不安，見《張羣先生日記》，1949 年 11 月 10-13 日；國防部〈西
　　南大陸作戰經過概要稿：12 月 28 日于海口〉，國防部，《西南
　　戡亂作戰經過概要：1949 年 4 月－1950 年 5 月》，檔號 38／
　　543.64／1060.2B/1。

傷甚重，戰力迅即大減。[24] 國防部顧總長雖立即令川鄂邊區綏靖公署孫震主任調他所指揮在湖北、川東邊境連續作戰，以致戰力已經有限的河南省代理主席兼軍長趙子立率其第一二七軍（大部係河南保安團及民兵組成），和湖北省主席兼兵團司令的朱鼎卿部暫編第八軍、暫編第九軍（大部係湖北保安師、保安旅編成，但均僅剩三個團）前往堵截共軍，但是已經緩不濟急，四川東南部的戰略要地黔江、酉秀乃於 11 月上、中旬失陷。西南軍政長官公署對宋希濂極為不滿，認為「現在局勢日益嚴重，毛病均出在宋希濂方面，否則此間尚可安全……匪軍……縱以主力由黔入川，（國軍）亦預定在川黔路予以打擊，今宋希濂絲毫不打，節節潰退，將（四川東南，靠近湖南、湖北邊境的）酉（陽）、秀（山）、黔（江）、彭（水）門戶洞開，重慶已無險要可守」，乃命增援綦江的羅廣文第十五兵團再往東向南川前進，以掩護宋希濂部轉進。[25]

---

24 國防部，〈西南大陸作戰經過概要稿〉，共軍部署見《中國人民解放軍全國解放戰爭史》，第五卷，頁 464-467；據父親當時部屬的記載，父親在 10 月初即曾召集幹部告知他曾暗中前往宋部觀察，見官兵士氣低落，並無堅固設防和一定的部署，認為絕無法抵禦共軍進攻，是以心情甚為沉痛。參考李猶龍遺稿，〈胡宗南部逃竄西昌和覆滅實錄〉，中國人民政治協商會議全國委員會文史研究委員會編，《文史資料選輯》，合訂本第 17 冊第 50 輯，頁 105-106，李猶龍當時係綏署幹訓團訓導處副處長。

25 《千鈞重負：錢大鈞將軍民國日記摘要》，1949 年 11 月 13 日；《國民革命軍戰役史第五部—戡亂》，第七冊，頁 163-164；《八十年國事川事見聞錄》，頁 319-323；國防部〈西南大陸作戰經過概要稿〉，國防部，《西南戡亂作戰經過概要：1949 年 4 月—1950 年 5 月》，檔號 38 ／ 543.64 ／ 1060.2B/1；另見蔣中正總裁當年 12 月 12 日在臺北革命實踐研究院演講〈西南戰局演變之經過〉，他認為宋希濂因為沒有決心堅守酉秀黔彭的天險地帶，只想退到川西南，以致共軍輕易攻入四川，所以西南戰局的失敗，宋該負

110   疾風勁草：胡宗南與國軍在大陸的最後戰役（1949‐1950）
Against All Odds: Hu Tsung-nan and the Chinese Nationalist Army in the Last Battles
on the Mainland（1949-1950）

　　代總統李宗仁和華中軍政長官白崇禧此時卻又表示
希望蔣總裁復總統職。李代總統從前述赴昆明會晤盧漢
（第七章第一節）之後，又去視察了海南島，感到西南
地區和海南均無長期抗共的條件，在回到廣西後，心情
壞到極點，胃病夙疾復發，極為嚴重，乃在與白崇禧等
部屬商議後，決定赴美就醫，並爭取美援。[26]而身在臺
灣的蔣總裁一方面不願立即復職，以免李宗仁、白崇禧
「迴避其敗亡之責」，另一方面，「未料到宋部潰退如
此之速」，再看到貴陽失守必然影響川滇二省，而李宗
仁竟不回重慶指揮大局，從而使得社會人心混亂，「整
個政府形同瓦解」，「國難已至最後關頭，只可不管李
之心理、行動如何，余不能不先飛渝，主持殘局。明知
其挽救無望，必盡我革命職責，求其心之所安而已」，
乃在張羣長官、政治會議秘書長吳忠信及中國國民黨中
央黨部秘書長鄭彥棻赴臺力請之後，於14日自臺北直
飛重慶，「與當地忠貞不貳、反共到底的軍政幹部同生
死，共患難」，在到達後立即召集行政院閻錫山院長等
軍政首長研商戰局，並再電報李宗仁、白崇禧，勸李回
來，甚至還慰留盧漢續任雲南省主席，但蔣的內心實已
準備最壞的結果。[27]

<hr>

最大的責任。全文由（秘書）曹聖芬12月21日整理呈閱。參考
國防部，《西南戡亂作戰經過概要：1949年4月－1950年5月》，
檔號38／543.64／1060.2B/1；以及秦孝儀主編，《先總統蔣
公思想言論總集》（臺北：中國國民黨中央委員會黨史委員會，
1984），卷23演講，頁78。

26 《李宗仁回憶錄》，頁665。

27 參考《蔣中正日記》，1949年11月7-8、13、14、16日，其中在
14日之日記中載「此次飛渝，乃為中華民國之存亡，全國人民之

　　至於李宗仁則於 11 月 19 日電請行政院長閻錫山全權處理國政，20 日飛香港，由白崇禧飛重慶向蔣報告，再於 12 月 5 日仍以代總統名義自港飛美國。張羣估計稱，「李之出爾反爾（即仍以代總統名義赴美），因美國務院之利用甚為顯然。」[28]

　　由於貴州陷共，共軍北進，威脅川南，致使四川陷於三面受敵之困境。西南軍政長官公署除令瀘州（四川東南部）的（共諜）郭汝瑰第二十二兵團向南「迎敵」外，到這時也才令遠在陝南父親部的主力（不等秦嶺封凍）儘速入川；甚至也開始遣散公署在重慶的人員，但張羣長官在蔣總裁到重慶後，卻因為制度權責問題以他的「長官公署與國防部職權衝突」，建議將之整個撤銷；蔣中正不同意，反認為公署應當遷往西昌。[29]

禍福，唯一最後之關頭……若以人事與現局而論，實是危急存亡之秋已至，成敗利鈍，非所逆睹，鞠躬盡瘁，死而後已之時也。言念前途，不知所止……」；另見《蔣中正先生年譜長編》，第九冊，頁 390-392，以及蔣中正總裁〈西南戰局演變之經過〉演講詞，《總統蔣公思想言論總集》，卷 23 演講，頁 76；鄭彥棻，《往事憶述》，頁 105；《千鈞重負：錢大鈞將軍民國日記摘要》，1949 年 11 月 9 日；《張羣先生日記》，1949 年 11 月 14 日，張羣另在 20 日之日記中載李宗仁於當日曾致函蔣中正也分函張羣，告知渠將於該日晚經香港飛美國，蔣中正認為甚不妥，到了 22 日仍希望李宗仁（從香港）回來；蔣總裁「慨然以其對國家民族的使命感」，赴重慶之原因及在重慶和成都之經過參考劉維開，《蔣中正的一九四九》，第四章；慰留盧漢之經過可參考《風雨中的寧靜》，頁 248。

28 《李宗仁回憶錄》，頁 665-666；《蔣中正日記》，1949 年 11 月 20-21 日，11 月反省錄；《張羣先生日記》，1949 年 11 月 11、21-22、28 日，12 月 2 日；按，美國駐臺灣總領事師樞安（Robert Strong）以美駐華代辦名義甫拜訪張羣對西南政局表示關切；渠亦曾於 11 月 3 日奉國務卿艾其遜之命呈送備忘錄予蔣中正，聲明美國並無使用軍事力量防衛臺灣之意向，惟對大陸之混亂延及臺灣表示關懷云云，見《蔣中正先生年譜長編》，第九冊，頁 385。

29 《張羣先生日記》，1949 年 11 月 15-17 日；《千鈞重負：錢大鈞

112 | 疾風勁草：胡宗南與國軍在大陸的最後戰役（1949 - 1950）
Against All Odds: Hu Tsung-nan and the Chinese Nationalist Army in the Last Battles
on the Mainland（1949-1950）

　　至於共軍方面，其第二野戰軍總部則在其部隊不斷
的攻擊前進、佔領城市時，還特別要求在後勤支援上要
保障士兵的營養和健康，並加強政治思想工作，故始終
能維持士氣及戰力。父親則於 16 日記載：「彭水今日
下午放棄。」[30]

將軍民國日記摘要》，1949 年 11 月 13 日；《國民革命軍戰役史
第五部—戡亂》，第七冊，頁 164-165；《中國人民解放軍全國解
放戰爭史》，第五卷，頁 463-469。

30 《胡宗南先生日記》，1949 年 11 月 16 日；《劉伯承傳》，頁
319-321；按彭水乃戰略要地，在四川東部，距重慶約 260 公里，
宋希濂部精銳陳克非第二軍在離開彭水時竟然放火焚燒該城，但
宋希濂在甫經接通原已中斷了的電話線中向錢大鈞副長官解釋為
「孤注一擲，以保衛重慶」云，見《鷹犬將軍：宋希濂自述》，
頁 336-338；《千鈞重負：錢大鈞將軍民國日記摘要》，1949 年
11 月 13-14、21 日。

第八章　第一軍保衛渝蓉的矛盾與犧牲

第一節　總裁強令綏署改變原有安排

　　蔣總裁於 11 月 14 日抵達重慶後，即於 17 日電令父親：「望即調用有力的一個軍，用最快方法車運重慶，限本月 25 日前集中目的地」；次（18）日總裁心中焦急，還打算親自飛到漢中南鄭去當面指示，但父親盡力阻止之，因為他知道蔣要改變他的安排。果然，他隨即接到指示：「盼改以第三軍集結新津（成都），以第一軍開渝，並希迅速行動為要。」[1]

　　按當時父親所屬各軍在北面共軍第一野戰軍的壓力下，必須互相掩護，才能撤下四川，[2] 第一軍軍長兼第

1　《蔣中正先生年譜長編》，第九冊，頁 392-393；《胡宗南上將年譜》，頁 356；蔣總裁堅持要第一軍而非第三軍援救重慶或因他獲知不久前國防部對父親部隊戰力之評估統計，其中「第一軍（在雙十鋪）戰力完整，有炮 8 門，其第一、一六七及七十八師均戰力完整；第三軍（在五里鋪，屬今之安康市）有炮 14 門，但其十七師武器尚待裝備，三三五師正在整訓，二五四師在安康…」，參考〈陝署所轄各部隊現有戰力（師為單位）概數統計表〉及〈展利簽字第 890 號電〉，均見國防部，《西南戡亂作戰經過概要：1949 年 4 月－1950 年 5 月》，檔號 38 ／ 543.64 ／ 1060.2B/1；父親阻止蔣中正親自赴漢中見《胡宗南先生日記》，1949 年 11 月 18 日；及張政達，〈胡宗南先生行誼〉，《令人懷念的胡宗南將軍》，頁 158。

2　《國民革命軍戰役史第五部－戡亂》，第七冊，頁 164；共軍賀龍、李井泉領導的第十八兵團對父親部隊南撤的觀察、報告和建議、作法見《中國人民解放軍全國解放戰爭史》，第五卷，頁 470-473。

十八兵團副司令官的陳鞠旅此刻已從漢中到廣元（距成都只約 300 公里，但離重慶 458 公里），正進行早在七個月前就已開始準備、並奉總裁專函密諭要進行的規劃—儘速開成都（即新津）掌握局面，而計劃由另一個能分身南下的部隊第三軍（軍長盛文）車運重慶支援；其餘以第七兵團為主之部隊則必須阻擋共軍，讓第五兵團的第三十六軍、第六十九軍，及李振第十八兵團各軍隨著第一軍即刻南下，防衛成都。所以父親十分為難，回電呈報稱：「本部在川北，無兵，無糧，無衣，川局之內部可知（冬天卻無後勤支援，且劉文輝等人態度難測，地方上亦不安），故急需第一軍趕到新津鎮壓，才有立腳點可言，才能保障川北部隊轉進安全之可言，此著如錯，全局皆敗，絕無挽回之機會。除飭第三軍遵令在27 日前車運到渝外，謹復。」[3]

父親其實站在軍事立場，認為他的部隊拖到現在才正要下到四川，以川西和成都為主要目標，一面還要在川北的大巴山和陝西秦嶺抵擋追擊的共軍，所以時間是最重要的因素，不能把已經到達廣元，也就是趕到成都半途的精銳改變方向，轉到川東的重慶去作戰，因這樣的話將影響後面所有的調動，我方也沒有時間在政治、社會和人心上先穩定政府計劃搬去的成都和西昌；何況就軍事上言，各部隊所面對的是兵力和裝備均強大得多的中共第一野戰軍、第二野戰軍、和第四野戰軍，絕不能作沒有準備的硬拼；另外，第一軍在建軍以來因為屢

3　《胡宗南先生日記》，1949年 11 月 19 日。

戰屢勝，在國內一直享有崇高的地位，其軍、師長必定
是父親所選最優秀的將領擔任，員額裝備亦全，在內戰
中一直著有戰績，常以少勝多，故父親要它一方面以其
聲望和戰力鎮住不可靠的當地部隊，以安社會人心；二
方面在這個冬天爭取到後勤的支援，掩護其他部隊下
來；三方面還必須儘快佔領不可靠的劉文輝部隊據守的
戰略要地雅安及邛崍等地，以保衛自陝西南下各部隊
的右側翼，以防被包圍，本身並即作為各戰線的戰略
預備隊。[4]

　　而且他基本上是反對孤守城池的。至於第三軍，雖
然不如第一軍有名，而且有一個師還在補充新兵，且距
離稍遠（其先頭部隊當時已到城固，離重慶有 500 多公
里，預計到達日期只比總裁期望的晚兩天，只要友軍能
撐久一點便可趕到），但軍長盛文是戰功卓著的名將，
在反攻西安戰役中率領該軍都已經攻到了西安城外（見
第一章第四節），不久前該軍還在安康打了勝仗，[5]後
來在成都附近的作戰便再證明它確是一支有效率和戰力

4　參考父親和空軍王叔銘副總司令的談話，見王叔銘，《王叔銘日
　　記》，1949 年 12 月 27 日。

5　《胡宗南上將年譜》，頁 245-248，251，355-356；按，安康作戰
　　係在 7 月間進行，綏署指揮之第二十七軍、第六十九軍受重大損
　　失後，在第三軍等部支援下擊潰了從豫鄂邊界西進的共軍孔從周
　　第十七軍及鄂西軍區共軍，使共軍傷亡 1 萬 4 千餘人，被俘 2 千
　　3 百人及大批武器彈藥騾馬，我傷亡 3 千餘人，但收復了白河、
　　竹山（在鄂西北）等地，確保了秦嶺東南側的安全；但第二十七軍、
　　第六十九軍兩軍在戰役結束時都只剩 1 個師，見《國民革命軍戰
　　役史第五部―戡亂》，第七冊，頁 129-130；《胡宗南先生日記》，
　　1949 年 7 月 9 日，8 月 12 日，及 11 月 7-16 日；《胡宗南上將年譜》，
　　頁 245-248：〈我擊破進犯安康地區之敵，鞏固陝南川北防務〉。
　　但中共所編的《中國人民解放軍全國解放戰爭史》第五卷也完全
　　未提我方勝利的安康作戰，當然就未提共軍的失敗和大量損失。

116 | 疾風勁草：胡宗南與國軍在大陸的最後戰役（1949-1950）
Against All Odds: Hu Tsung-nan and the Chinese Nationalist Army in the Last Battles
on the Mainland（1949-1950）

的部隊。

　　然而總裁因為宋希濂、羅廣文各部潰散太快，眼看
重慶面臨重大威脅，而重慶是政府所在地，有政治、外
交、社會人心上的重要性，必須由戰力完整的部隊擋住
共軍，並且爭取到時間讓政府各部門趕緊遷到成都，而
他要自己留下來掩護大家，於是第二次下令：「聞弟對
於第一軍調渝甚為不願……中以為，此次渝東作戰，實
為黨國成敗之最後一戰，若惜此而不願聽命調用，恐無
再使用之時，實革命成敗，黨國存亡，歷史榮辱，皆在
此一舉，望仍遵令調動。」另外再以侍衛長俞濟時（總
裁辦公室總務主任，亦黃埔一期）名義電父親謂：「總
裁已有詳密策劃，宋、羅等部士氣亦盛，頗有勝利把握
……改調第三軍……恐時間上形成不及主力決戰……如
影響全局之成敗，不但兄無以對校長，即輿論之責難亦
不可免。」接著，俞主任便直接跳過父親，電話在川北
廣元的裴昌會兵團司令，命令第一軍車運重慶。父親
還聽說如果他不遵命改派第一軍到重慶，總裁就留在
重慶不走（此係作者早年聽聞父親參謀告知）。他很
感慨地在日記中記載：「此情形實為本軍全局失敗的
原因」。[6]

6　《胡宗南先生日記》，1949 年 11 月 19 日；《風雨中的寧靜》，
　　頁 258；按，當時宋希濂部主力已經被擊破，俞濟時本人回憶
　　錄中亦提及羅廣文部於 23 日「苦戰三日後放棄南川」，見俞濟
　　時，《八十虛度追憶》（臺北：國防部史政編譯局，1983），頁
　　126，而總裁在 12 月 12 日的演講中更坦白表示國軍將領貪生怕死，
　　士無鬥志，其中對羅廣文和宋希濂最為失望，可見俞濟時當時給
　　父親的電報所述「宋、羅等部士氣亦盛」，要「形成決戰」等均
　　不符實情，見〈西南戰局演變之經過〉，《總統蔣公思想言論總
　　集》，卷 23 演講，頁 78。

於是，他與羅列參謀長、沈策副參謀長等人詳加研究，把可能的不幸後果都攤開來痛切討論，直到次日凌晨二時半。最後在羅參謀長慷慨力勸下，揮淚從命，但發了一個很不禮貌的電報如次：「重慶總裁蔣……職以第一軍為黨國歷史命運之所繫，全軍數十萬官兵精神維繫之重心，若以此等精銳有用部隊，毫無計劃，分散割裂，投擲於無用毀滅之途，如此用兵實為戰略上之大忌，職以全軍安危所繫，故未敢緘默。鈞座既固執己見，除飭第一軍遵於明日自廣元趕運來渝外，務請再飭加派汽車八百輛，改運第三軍以便協力第一軍作戰，並請轉飭新津（成都西南）第一師（師長袁書田）緩運西昌，（先）鞏固成都。」（其中最重要的是要守住重慶和成都的機場）[7] 按，當時一個師用汽車運送需要二百輛車，汽油需要二萬加侖。[8]

父親接著令第一軍自廣元改變方向，從西南改向東南，車運重慶，而且空運西昌的第一師暫停空運，並電示陳鞠旅軍長，「勤王之師，義無反顧」。但因國防部、西南軍政長官公署及四川省政府在重慶和成都等地竟然連一百輛車都籌集不到，只到了大小雜車六十輛，而且有半數車輛開到半路就損壞了，以致第一軍許多官兵不得不以急行軍方式趕去。[9] 至於希望第三軍去協助

7　《胡宗南先生日記》，1949 年 11 月 19 日。當時會議情形及父親最後如何痛苦的作了決定，見張政達，〈胡宗南先生行誼〉，《令人懷念的胡宗南將軍》，頁 157-159。

8　根據錢大鈞副長官的統計，見《千鈞重負：錢大鈞將軍民國日記摘要》，1949 年 11 月 7 日。

9　曾在陝北作戰多年，黃埔第二期的鍾松中將後來告訴作者，當年

作戰的八百輛車，更是不可想像地連一輛都沒有來——
或因有限的車輛及汽油都已在應付其他當地部隊如羅廣
文、孫震、楊森部的不斷調動而自顧不暇——此時俞濟
時反而再於 24 日電報父親，要第三軍先徒步南下，到
梓潼（陝西城固到四川梓潼約 365 公里）或綿陽（約
400 餘公里）再上車，不可留在廣元等候宿營地或等候
汽車。[10]

第二節　兵團倉促下川西
　　　　友軍潰散於川東

　　父親在 18 日也同時接到總裁和國防部的指示稱：
「彭水昨日失陷，形勢較急，務望弟部主力於十日內轉
進於成都平原為要，如重慶危急，則掩護弟部之轉進為

第一軍以強行軍趕到重慶時，由於車輛不足，沒有一個連的建制
是完整的。而當時兼任重慶綏靖公署副主任的錢大鈞記載，運送
第一軍的車輛問題曾使蔣總裁大發雷霆，見《千鈞重負：錢大鈞
將軍民國日記摘要》，1949 年 11 月 23、24 日；不幸蔣總裁急調
第一軍增援重慶的機密又因為負責調車的處長在焦急的情緒下無
意間透露予共諜劉宗寬，劉宗寬立即轉告中共二野，共軍遂馬不
停蹄地向重慶急進，不給第一軍立足佈陣的機會。見劉同飛，〈父
親劉宗寬：“潛伏”背後的功勳〉，《黃埔雜誌》，頁 20-21；
至於蔣總裁在重慶所見到宋希濂部潰敗之速及四川地方人士對蔣
本人所表現出的冷淡態度可參閱總裁秘書曹聖芬之親歷：曹志連
彙編，《一片祥和日月長——報人曹聖芬》（臺北：開元書局，
2002），頁 96-97；另參《胡宗南上將年譜》，頁 252-257；《風
雨中的寧靜》，頁 55-57，257-258，262-263。

10 11 月 24 日電報，見國發會檔案管理局檔案，載於《胡宗南先生
文存》，頁 301；《胡宗南上將年譜》，頁 254-255；共軍第二野
戰軍領導劉伯承、鄧小平則認為第三軍乘車運送也難於及時趕到重
慶，即使趕到，沒有後續也難有大作為，因此建議早日渡過長江，
奪取重慶，獲得毛澤東同意，見《中國人民解放軍全國解放戰爭
史》，第五卷，頁 470-471。

慮。」對於這個突然而來，要把大部隊作緊急調動的不合理指示，父親立即答復國防部稱：「本署正面約千公里，由第一線至成都約二千二百公里，十日內恐難趕到」；但顧總長以情勢太緊急了，乃回電要他「勉力督率所屬，依限到達」。[11]

由於共軍已經到重慶附近，一部向瀘州（在重慶西南，靠近貴州邊界）前進，所以父親和參謀部門羅列、沈策、裴世禺研究後，認為「秦嶺已失了價值，大巴山也很少有價值了，應當爭取成都平原和西昌、雅安（即川西、川西南）為最重要的事」，因此由第五十七軍（軍長馮龍）留在陝南破壞交通電訊，堅壁清野，[12] 第三十八軍（軍長李振西）在陝甘邊境的鳳縣東西側擔任掩護，主力於 11 月 25 日夜全面後撤。[13]

---

11 〈展利字第 13384 號電〉，國防部，《西南戡亂作戰經過概要：1949 年 4 月－1950 年 5 月》，檔號 38 ／ 543.64 ／ 1060.2B/1。

12 《胡宗南先生日記》，1949 年 11 月 22 日；作者於 2019 年 3 月親訪漢中，當地臺灣事務辦公室查告，當年父親部隊離開時破壞極為徹底，現今甚難覓得當年之痕跡。

13 根據 11 月 7 日在漢中前線雙十舖的軍事會議，原規定於 11 月 16 日全線南撤（見本書第七章第二節），到 14 日再針對新的情況決定第一線延一天而於 17 日進行後撤，但怎麼此處所記是 25 日才全線南撤？在那爭分爭秒的時候，為何晚了 8 天？由於軍令如山，而參加 7 日會議的各軍事首長都是有豐富戰場經驗的將領，不應是準備不及，所以是否為了應付對面共軍的突然攻擊？經查，當時對面的共軍第一野戰軍賀龍、李井泉觀察到敵人將退走，立即呈奉中央軍委同意：僅僅尾隨父親部隊，「不即不離緩緩攻進」，而不是「緊迫敵人」，以免國軍急著退走，過早抵達四川要地，建立防禦系統，使得以後難以將之包圍（後來直到 12 月 3 日共軍第二野戰軍已經占領重慶後，劉伯承鄧小平才根據國軍情況，要賀龍的第十八兵團等部「加速前進」，以便「形成南北鉗形攻勢」）；至於我軍那幾天的情況是：第一軍的第一師已經於 13 日撤到漢中，14、15 日開始空運到新津，繼續往南，其他部隊正依序跟在第一軍後面後撤中，可以想像那時節往成都的路上正擠滿了車輛和部隊，但如上一節所述，17 日卻突然接到總裁令，要第

120　疾風勁草：胡宗南與國軍在大陸的最後戰役（1949 - 1950）
Against All Odds: Hu Tsung-nan and the Chinese Nationalist Army in the Last Battles
on the Mainland（1949-1950）

　　駐守陝西東南方安康之第九十八軍（軍長劉勁持）於前一夜撤向四川東北的通江、南江，作預備隊，原戍守大巴山之第七兵團（除第三十八軍外，尚有第七十六軍，軍長薛敏泉），第三十軍（當時只剩一個師，軍長魯崇義）仍在原地掩護，其餘第十七軍（軍長周文韜）、第二十七軍（軍長劉孟廉）、第三十六軍（軍長朱先墀）、第九十軍（軍長周士瀛）、第六十五軍（軍長李振兼任）、第六十九軍（軍長胡長青）均向成都平原前進，[14] 但因時間太過倉促，大軍轉移不是說走就走，不但早先打算派幹部南下所必須作的大量準備工作未能進行，就連十多天前派第一軍先去強力掌握後勤的安排都被改變。於是在道路壅塞情形下，車輛困難，補給不足，再加司機刁難，天候寒冷，各軍只能以一字長蛇陣南下，十分混亂，根本無法集結作戰。[15]

　　另一方面，川東的戰情則是，宋希濂兵團在 11 月中、下旬已經完全潰敗，前往支援的羅廣文第十五兵團（羅自兼軍長的第一〇八軍和向敏思所率的第一一〇軍）於 11 月初不顧多次調動的疲勞，再自成都東北的

　　一軍改變方向，不南下成都，而開往較遠的東南方的重慶；可見此次綏署國軍之所以遲延到 25 日夜間才能實施全線南撤，並非因應共軍攻擊，而是臨時奉命把已經在往成都路上的第一軍抽去防衛重慶，而且徵用當時所有可支配的車輛汽油優先供第一軍及時抵達，以護衛總裁及政府，從而影響了原先的一切安排、和其他漢中主力部隊的行止。參考《胡宗南先生日記》，1949 年 11 月 8-17 日、12 月 18 日；《中國人民解放軍全國解放戰爭史》，第五卷，頁 472-473；以及父親部屬第十八兵團李振最後投共的無奈，述於第九章註釋 46。

14 參考《胡宗南先生日記》，1949年 11 月 22、24、26 日。
15 《胡宗南先生文存》，頁 318。

江油、劍閣向東南方長途車運到重慶南方的綦江、南川
後，原擬強渡烏江，然後在我孫震／孫元良第十六兵團
支撐下採取攻勢，但共軍反先渡烏江而威脅到兵團的兩
側背，其第四野戰軍和第二野戰軍的第四十七軍（曹里
懷）和第十二軍（王近山）等八師之眾，乃以優勢兵力
和裝備於南川附近對羅廣文兵團各師猛攻，先突破我水
江石陣地，國軍遂退守和順場，共軍再增加兵力，反復
猛攻，致第十五兵團損失慘重，再退守木洞場，並失守
南川（重慶東南 56 公里），重慶乃遭嚴重威脅，致使
市內人心更亂，車輛擁塞，其市面秩序已經不易維持；
羅廣文率殘部再繞越重慶向嘉陵江之線轉進，已無戰
力。[16]而政府情況根據當時隨顧祝同總長擔任參謀留在
重慶的郝柏村回憶：「整個政府陷入資遣狀態」。[17]

　　至於孫震指揮之第一二七軍（軍長趙子立）及孫元
良第十六兵團（第四十一軍軍長由孫自兼，第四十七軍
由張子定代理軍長）係在參加徐蚌會戰覆滅後，由河南
保安團民兵所組的新軍，原奉令南下向墊江、大竹地區
（在重慶東北方約 100~200 公里）集結，俾參加重慶

---

16 《國民革命軍戰役史第五部－戡亂》，第七冊，頁 164-168；我西
　　南軍政長官部首長對羅廣文部原有甚高期待，此時對其犧牲均有
　　所評論，如《千鈞重負：錢大鈞將軍民國日記摘要》，1949 年 11
　　月 25-26 日，指出共軍兵力雄厚，羅廣文部兵力太單薄，是以抵
　　禦不住，「羅部如不利，則全局影響頗可慮也」；《張羣先生日
　　記》，1949 年 11 月 26、29 日亦有記載，其中在 29 日評稱，「川
　　中編練各軍，羅部第 108 軍、第 110 軍兩軍應為最優者，經大戰
　　已損失一半，餘可想見」。

17 郝柏村先生回憶稱：「顧總長僅留隨身的指揮小組，包括參謀次
　　長蕭毅肅，後勤次長陳良，第二廳副廳長許朗軒，第四廳副廳長
　　宋達，以及總長室秘書程大千，參謀郝柏村及譯電人員而已。」
　　見《郝柏村解讀蔣公日記 1945-1949》，頁 453。

122 | 疾風勁草：胡宗南與國軍在大陸的最後戰役（1949 - 1950）
Against All Odds: Hu Tsung-nan and the Chinese Nationalist Army in the Last Battles
on the Mainland（1949-1950）

保衛戰，但已經來不及，乃在大竹地區行敵前轉進，遇
共軍第四野戰軍的第四十二軍（軍長吳瑞林）、第五十
軍（軍長曾澤生，原屬滇軍，於上年東北長春之役投
共）追迫，也招致嚴重損失，後來在 12 月初與楊森之
第二十軍（軍長景家謨）會合，同向成都轉進（大竹向
西約 383 公里），孫震本人則在萬縣（在重慶東北 300
餘公里，靠近湖北、陝西）、大竹等地安排川東北各專
員區及當地縣長等，轉為反共救國軍縱隊，移大巴山從
事游擊事宜後，輾轉西進，於 12 月 10 日抵達成都。而
共軍則從南川陷綦江（在重慶以南約 72 公里）後，直
攻向重慶長江南岸的南溫泉。[18]

---

18 《國民革命軍戰役史第五部—戡亂》，第七冊，頁 167；《中國人
民解放軍全國解放戰爭史》，第五卷，頁 472；《八十年國事川事
見聞錄》，頁 320-326；另參考兵團指揮官孫元良，《億萬光年中
的一瞬：孫元良回憶錄》（臺北：時英出版，2008），頁 327；至
於楊森係於 11 月 10 日始奉命擔任重慶衛戍司令，乃緊急編組民
眾武力協助防衛重慶。其第二十軍主要由夏炯及余啟佑兩位師長
領導，先已調離重慶北上，此時乃赴南充（在重慶西北 250 公里
處）與第十六兵團會合，其後參與成都外圍作戰並留川游擊，二
師長均於 1950 年失敗壯烈犧牲。見《楊森回憶錄》，頁 39-41。

四川作戰經過概要圖

（1949 年11 月1 日至12 月29 日）

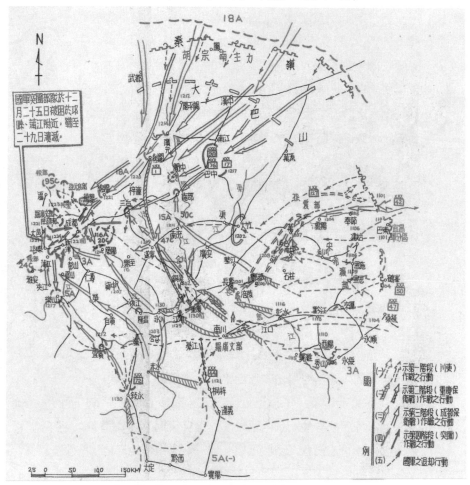

三軍大學編纂，國防部審定，《國民革命軍戰役史第五部—戡亂》，
第七冊，頁178。

第三節　孤軍勤王血戰重慶市郊

　　第一軍抵達重慶後，便歸重慶衛戍總司令楊森指揮；11 月 22 日其軍部向重慶輸送完畢，23 日，第一軍先頭部隊一到重慶（比蔣總裁指示的「25 日前到達」還早了兩日），總裁即令經國先生前往慰勞，並研究車輛到達後之調派獎賞，但後來車輛調管因「國防部毫無負責，以致貽誤時機」，蔣中正「甚為痛憤」；不但如此，為了爭取時間，便無法把第一軍的重兵器和馬匹及時運送到戰場，影響到其戰力之發揮。到 25 日，第一軍（僅第一六七及第七十八兩師，第一師留在新津）從廣元輸送往重慶完畢，羅廣文部卻如前述已放棄南川。[19]

　　26 日晨，蔣中正總裁召集第一軍的官長陳鞠旅軍長等訓示。當日第一軍之中，第一六七師（師長趙仁）之第五〇一團原計劃車運到綦江附近，但臨時聽說共軍已陷綦江，乃改佈防於長江東岸海棠溪北溫泉，而第五〇〇團則剛在南溫泉佔領陣地不久，共軍第二野戰軍第三兵團第十二軍（軍長王近山）之第三十五師、第三十六師先頭部隊便衝到南溫泉，「前仆後繼，如潮湧蜂集」，國軍前衛營乃浴血抵擋，以一個團擋住他三個

19　《胡宗南先生日記》，1949 年 11 月 22、25 日；《千鈞重負：錢大鈞將軍民國日記摘要》，1949 年 11 月 23-24 日；《蔣中正日記》，1949 年 11 月 23-24 日；根據父親 11 月 22 日呈總裁電報，如第三軍的第十七師（師長鄧宏儀）及第二五四師（師長陳岡陵）也能抵達助戰，則到達重慶的四個師仍由陳鞠旅兼軍長并同指揮，獲總裁同意。見國發會檔案，錄於《胡宗南先生文存》，頁 300-301。

團，愈戰愈厲，寸土必爭，27 日晚將之逐出南溫泉，
共軍死傷八百人，被我俘獲數百人及輕重機槍數十挺，
我軍亦傷亡營長蕭瀛洲以下官兵二百人。俘虜稱他們自
從入川以來，坐卡車一路前進順利，從未遭遇如此堅強
之戰鬥，不愧第一軍云；而第一六七師的第四九九團則
肅清附近叛兵土匪，使海棠溪至南溫泉之線無敵蹤。[20]
另第一軍之第七十八師（師長陳堅）於 26 日起也逐次
到達，守備海棠溪北，派一個團守白市驛機場，以掩護
政府人員和物資遷往成都，另派一個營守備江津以西江
岸。當共軍一個團渡過長江前來進犯江口時，這個營殲
滅了共軍兩個營，還俘獲一個師參謀長和三門炮。[21] 雖
然如此，第一軍的孤軍奮戰情況正如共軍第三兵團司令
員陳錫聯後來在其回憶錄中所說：「南川、綦江解放
後，重慶門戶洞開，外圍僅胡宗南一個軍。」[22]

　　西安綏署部隊的主力在 26 日晚才自陝西西南部秦
嶺南麓的山地，鳳縣的東西線開始撤退，父親自己則於

---

20 《胡宗南上將年譜》，頁 254-255；《蔣中正日記》，1949 年
　 11 月 23-29 日；蔣中正總裁在 12 月 12 日的演講時曾特別提到
　 第一六七師以寡敵眾事，見國防部，《西南戡亂作戰經過概要：
　 1949 年 4 月－1950 年 5 月》，檔號 38 ／ 543.64 ／ 1060.2B/1，
　 或《總統蔣公思想言論總集》，卷 23 演講，頁 80。

21 此項第一軍戰績參照蔣總裁 12 月 12 日講詞，其中亦提及第一軍
　 向總裁報告，共軍第四野戰軍（或係第二野戰軍）的戰鬥力遠不
　 如第一野戰軍（因為長途行軍的疲乏及水土不服）。見《總統蔣
　 公思想言論總集》，卷 23 演講，頁 80。

22 《陳錫聯回憶錄》，頁 273；《中國人民解放軍全國解放戰爭史》，
　 第五卷，472 頁載「蔣介石在重慶的可用之兵只有 26 日到達的胡
　 宗南部第一軍，國民政府遂於 27 日向成都撤退」；但在北京的毛
　 澤東在此之前反而希望「吸引更多敵軍聚守重慶而後聚殲之」，
　 因「蔣自己在重慶」，見《毛澤東軍事年譜 1927-1958》，1949
　 年 11 月 27 日（當時毛澤東正在準備赴蘇聯）。

次日在陝南漢中與當地士紳四十餘人悲愴地敘別，而隨同總裁在重慶的老長官錢大鈞則在電話中告知，宋希濂軍已經損失殆盡，宋希濂本人下落成謎，而重慶市此時已經混亂。[23] 當天他在日記中的記載可以看出那時軍事調動的匆忙：「第二十七軍劉孟廉到達（川北）廣元（在前線鳳縣以南約 300 公里處）；第三軍盛文在廣元，本日新兵可以補充完畢；第一師第三團擬車運新津（在廣元西南約 344 公里）歸建（即未能先運至西昌）；第三軍步行到綿陽（在成都東北方 135 公里），第二十七軍繼續步行，能早控制成都平原為重要。」接著根據重慶戰事的發展，和董釗主席研究安排敵後游擊部隊的行止方向，計劃游擊部隊先（從川東北）到江油（在川北，綿陽以北、劍閣以南）再設法到西昌附近。[24] 父親然後於 29 日離漢中飛廣漢，赴綿陽，30 日到成都；綏靖公署人員數百人則於 29 日自漢中車運四川綿陽，12 月 1 日到達成都。[25]

---

23 《胡宗南先生日記》，1949 年 11 月 26-27 日；另參《八十年國事川事見聞錄》，頁 322-328，其中指出，宋希濂打算經樂西公路退入西昌，但為其所信任的同鄉補給司令共諜羅某所出賣。

24 父親當日派張士智為暫編第三縱隊副司令，馬繼武及劉希孟為新編第七軍正副軍長，《胡宗南先生日記》，1949 年 11 月 28 日。

25 《胡宗南先生日記》，1949 年 11 月 27-30 日；《胡宗南上將年譜》，頁 258；按後來第二十七軍以強行軍趕到綿陽後，由綏靖公署長官部第四處處長戴濤所派國防部第四廳空運調度官高丕中上尉所率民間調到的車輛群從成都趕到，看到的景象是部隊因為將近 1 個月的長途跋涉，已經個個不成人形，如同乞丐，以致他禁不住落淚。高丕中後來在臺灣親口告知作者此事，此項觀察另亦載於張漱涵，〈英雄無淚〉，《王曲》（內部刊物，不對外發行）（臺北：王曲叢刊編輯委員會，1993），第 20 集（軍校七分校第十七期畢業五十週年紀念特刊），頁 28。

　　第三軍由於沒有交通工具，根本無法及時抵達重慶
增援第一軍作戰；而攻擊重慶的共軍卻獲得源源增援，
第一軍第一六七師的正面遂面臨全線激戰，第七十八師
則被迫沿江北岸佈防而無法機動；這時總裁主持的作
戰會報還決定爭取時間要這兩個師堅守，等羅廣文部到
達以後讓重慶江防歸羅廣文負責後，才讓第一軍集結機
動；但羅廣文兵團兩個軍殘部這時反而需要第一軍掩
護，才能進抵嘉陵江兩岸去收容整頓，而且重慶及附近
各地方政府已經解體，糧秣遂必須自籌，車輛又不能乘
用，此時我方海軍江防艦隊又叛變，炮轟國軍並助共
軍在江津西方渡江，以致第一軍雖屢次阻敵，但以孤
軍苦守力戰，無法撤離機動，從而遭受慘重犧牲。至
29 日，行政院遷抵成都辦公，蔣總裁於當晚等到羅廣
文來當面報告其軍情後，才赴白市驛機場，當夜宿於中
美號專機上（國防部顧總長及其指揮小組以及憲兵司令
張鎮亦在白市驛機場過夜），第一軍才奉楊森總司令，
命其速撤退到銅梁（在重慶西北 155 公里），以擋住共
軍；於是交互掩護，向璧山、銅梁、潼南（均係今重慶
市西部三個區）、遂寧（離重慶 180 公里，距成都 166
公里）前進，在潼南曾與迂迴至城內之共軍發生劇烈巷
戰，擊潰了共軍第三十五師一個團，等 12 月 11 日撤
到簡陽（成都東南約 65 公里）後，僅剩七百餘人，陣
亡師長、團長各一人，副師長負傷，營連長死傷十之
六七，估計共軍傷亡必數倍於我。[26] 而第三軍當時才徒

26　《國民革命軍戰役史第五部－戡亂》，第七冊，頁 167-171；《中

128 | 疾風勁草：胡宗南與國軍在大陸的最後戰役（1949 - 1950）
Against All Odds: Hu Tsung-nan and the Chinese Nationalist Army in the Last Battles
on the Mainland（1949-1950）

步過了綿陽（離成都 135 公里，重慶 273 公里），聽說
重慶不守，乃改走向成都。[27]

　　關於重慶保衛戰，西南長官公署錢大鈞副長官於重
慶淪陷前數日便有以下評論：「長官公署決定遷往西
昌，故今日改將各處人員先遷成都然後空運西昌……情
況劇變……白市驛（機場所在地）已受威脅也。上午研
討計劃（副總長兼西南軍政長官部參謀長）蕭毅肅等所
設計者，可謂挖肉補瘡而已。余意迅速放棄重慶，將有
力部隊集中在成渝道上某一點，重慶則交由楊總司令

　　國人民解放軍全國解放戰爭史》，第五卷，頁 471-472；《胡宗南
　　上將年譜》，頁 255-257；《蔣中正日記》，1949 年 11 月 26、
　　27、29 日；《郝柏村解讀蔣公日記 1945-1949》，頁 453；俞濟
　　時，《八十虛度追憶》，頁 127-128；《風雨中的寧靜》，頁 260-
　　263；中共資料則承認共軍與第一軍作戰至少有 3 千人員的傷亡，
　　見陳虎，《解放日記—1949 年的故事》（北京：當代中國出版社，
　　2004），頁 250；按，第一軍第一六七師師長趙仁於此役中陣亡，
　　代師長高宗珊嗣於成都戰役陣亡；參考綏署副參謀長沈策呈漢中
　　胡宗南主任成俍 B1868 號電、國防部第三廳、參謀總長辦公室 12
　　月 4 日、6 日接聽楊森總司令及送寧重慶衛成總部范參謀長 5 日
　　之電話記錄、國防部 12 月 7 日情報摘要，均見國防部，《西南
　　戡亂作戰經過概要：1949 年 12 月 — 1950 年 4 月》，檔號 38 ／
　　543.64 ／ 1060.2B ／ 2；另，國史館出版《中華民國褒揚令集初編》
　　書中所附〈胡宗南事略〉中關於此役之說明為：「（胡）諭陳軍
　　長（鞠旅）曰，『勤王之師，義無反顧，設領袖蒙難，吾輩何以
　　為人？』故第一軍千里徒步應援，在南溫泉、白市驛、江津等地
　　血戰三晝夜，死亡枕籍，其回至新津者僅一團之眾而已。」見國
　　史館編，《中華民國褒揚令集初編》，頁 7703。

27 《胡宗南上將年譜》，頁 257；父親當時的侍從參謀夏新華親見
　　我軍以強行軍趕到時，一個個的草鞋上都是血，於 1996 年為紀念
　　父親百歲誕辰，乃撰詩紀念此役：「固守泰嶺阻匪軍，突傳元首
　　困渝城；十萬火急電頻到，將軍勤王急如星；翻山涉水千里路，
　　將士足底血染塵；爭奪要地拼生死，安保元首脫險境；疲兵孤戰
　　撼天地，陸沉最後一將星。」又，父親另一參謀後來在臺北曾告
　　稱，當年他們所遇到的共軍部隊，「由於在徐蚌會戰時擄獲大量我
　　軍裝備，一個排就有一輛裝甲車」，但第一軍為趕時間，卻連輜
　　重馬匹都來不及運到戰場，可見趕到四川的國軍是如何的在劣勢
　　中拼死作戰。

（楊森，重慶衛戌總司令）統一指揮之；如敵向西侵犯，則以有力部隊機動擊破之，此非下大決心不可。而總裁與蕭毅肅等只以第一軍等填補缺點及用以收容，如此殊可惜也。」[28]

---

28 《千鈞重負：錢大鈞將軍民國日記摘要》，1949 年 11 月 27 日；
　　另空軍在重慶保衛戰中（1949 年 11 月 27 日至 12 月 1 日）計出
　　動 B-25 轟炸機 8 架，P-47 雷霆式戰鬥機 4 架，AT-6 攻擊機 12 架
　　支援地面部隊，擊毀共軍木船 60 隻、輪船 1 艘，傷亡共軍 1,610
　　人等，見《關鍵年代：空軍一九四九年鑑（一）》，頁 126。

第九章　不應孤注一擲的成都決戰

　　先是，在中共中央軍委的指示下，共軍第二野戰軍司令員劉伯承、政委鄧小平於 11 月 21 日向「西南國民黨軍政人員」提出「四項忠告」，號召國軍停止抵抗，聽候改編；如能協同共軍作戰者，將論功行賞；至於政、經、文、教人員，則應保留原機關財產，聽候接收，其職員將分別錄用或適當安置；特務人員如願「改過自新」，可從寬處理；而鄉保人員則應在解放軍指示下，維持地方秩序。在當時對我方極為不利的大環境和社會氛圍下，此一政治號召再加上降將們的策反，對於我方軍政人員作戰到底的決心造成了很大的影響。[1]

第一節　四面受敵時的強行軍

　　11 月 30 日重慶淪陷後，共軍第二野戰軍陳錫聯的第三兵團（杜義德第十軍、曾紹山第十一軍、王近山第十二軍）及第四野戰軍的第四十七軍（曾里懷，屬李先念湖北軍區）分沿成渝及綿（陽）壁（山）公路向西及向北進攻，第四野戰軍的第四十二軍（吳瑞林，亦屬湖北軍區）、第五十軍（曾澤生，屬湖北軍區）、第三十八軍（梁興初，屬程子華十三兵團）在後支援，而

1　《中國人民解放軍全國解放戰爭史》，第五卷，頁 474-479。

第二野戰軍楊勇第五兵團（尹先炳第十六軍、趙健民第
十七軍、張國華第十八軍）則由貴州畢節、赤水北上，
進迫宜賓，守軍第二十二兵團司令共諜郭汝瑰於 12 月
9 日宣布投共，[2] 立刻讓共軍第五兵團的第十六軍和第
十八軍沒有阻擋地直撲戰略要地樂山（樂山在宜賓西北
159 公里，在成都以南 106 公里）。北面賀龍第一野戰
軍周士第第十八兵團（張祖諒第六十軍、韋杰第六十一
軍、劉忠第六十二軍）及第七軍（彭紹輝）的第十九師
（朱紹田）由秦嶺分三路南下大巴山追擊我入川部隊，
也就是共軍以十四個軍（欠二個師）、五十萬人，從
北、東、南三面依七路進軍，壓迫國軍向成都作向心轉
進，兼以西康雅安劉文輝第二十四軍叛變，我四川國軍
乃處於四面受敵之極不利態勢。雖然如此，與父親部隊
作戰多年的第一野戰軍仍然不敢輕看他的敵人：賀龍在
進軍南下前就特別在政治動員大會上強調稱：「毛大帥
交給我們的任務是殲滅胡宗南部隊，配合二野解放大西
南，這個任務是非常艱巨的。」[3]

　　父親在 11 月底抵達成都後，幾乎每日都「晉謁總
裁」，並且在 12 月初，一面向四川政要王陵基主席及
鄧錫侯前主席、王纘緒（西南長官公署副長官）、向傳
義（四川省參議會議長，支持劉文輝、鄧錫侯而反對王
陵基主席）等人拜碼頭，一面拜訪顧祝同總長並會見川

2　《郭汝瑰回憶錄》，頁 263-271，內中詳細敘述郭汝瑰如何在正式
　　投共之前對部屬作說服的工作。

3　《賀龍傳》編寫組，《賀龍傳》，頁 251；大形勢參考《國民革
　　命軍戰役史第五部—戡亂》，第七冊，頁 171。

流不息的部屬同仁研究戰情，還拜會在前線作戰各高級將領盛文、李文、裴昌會等已經退到成都的家屬長輩，以安其心，並特別北到綿陽主持作戰會報及處理困難的運輸問題。此外，他還在一到成都時便嚴肅希望張羣長官讓四川不穩的政要劉文輝、鄧錫侯合作，以安定後方。而張羣長官則於11月底到成都後數次與劉文輝、鄧錫侯等政要「暢談」，盼望他們能維持反共、支持政府的立場，但也在日記中坦承「與各人談話，最難解者為劉文輝、鄧錫侯今後行動之指導。」[4]

12月上旬，父親在成都呈給參謀總長顧祝同的報告中，把他當時部隊的位置說得十分清楚：「本署各軍尚在行軍途中……經飭：一、第五兵團逕開樂山鞏固川南；二、第六十五、第六十九兩軍新兵趕行裝備……開新津及其以南岷江西岸佈防；三、第十八兵團（從北面）向成都急進；四、第七兵團確保大巴山摩天嶺之線、並於閬中南部附近集結兵力（成都東北方約340公里），策應主力之決戰；五、謹請核備。」[5]西南軍政長官公署遷至成都後，錢大鈞副長官曾主張父親「若干軍由綿陽、遂寧（均在重慶西北方）規復重慶，因斯時孫震部位於大竹、鄰水一代（重慶北北東方），態勢甚佳。」可惜此議或因各部均以保衛成都為主要

4　《胡宗南先生日記》，1949年11月28-12月8日；《張羣先生日記》，1949年11月28、30日，12月1日。

5　〈展利字第13679號報告〉（12月9日晨8時），國防部，《西南戡亂作戰經過概要：1949年4月－1950年5月》，檔號38／543.64／1060.2B/1；另12月3日國民黨常會曾討論蔣總裁復職的問題，大部出席者都贊成，但蔣經國先生堅決反對。見《張羣先生日記》，1949年12月3日。

134 疾風勁草：胡宗南與國軍在大陸的最後戰役（1949－1950）
Against All Odds: Hu Tsung-nan and the Chinese Nationalist Army in the Last Battles
on the Mainland（1949-1950）

目標，以致未聞付諸行動，而且錢副長官當亦不知孫
震部副手董宋珩從 4、5 月起，便因為劉文輝的遊說而
已在醞釀叛變。[6]

　　蔣總裁到成都後，於 12 月初令俞濟時主任前往觀
察趕來成都的父親部隊，俞濟時到了成都北邊的新都之
北，看到行軍前來的胡宗南部是「軍容壯盛、武器精
良，士氣高昂，井然有序」；[7]第二位目擊者是西南軍
政長官公署的錢大鈞副長官，他於送張羣長官從成都
鳳凰山機場起飛赴昆明公幹，「途中遇胡宗南部隊一
個師，士兵體格尚佳，精神亦不劣，頗有士飽馬肥之
象。」[8]不但如此，一直隨侍蔣總裁的蔣經國先生（中
央幹部學校教育長）從重慶來到成都見到父親後，也詢
問是那些人負責部隊的政治工作，因為他沿路觀察並有
心地用擾亂部隊行軍來測試父親部隊時，發現其士兵儘
管在急行軍，情緒仍然平穩而不焦躁，比別的面對緊急
情況時的部隊表現得有紀律得多，顯示平日政工工作的
成功，故而印象十分深刻；父親告訴他是蔣堅忍、王超
凡等人，於是後來當政府到臺灣重新整建國軍、經國先
生負責總政戰部後，這幾位將領均得以在臺灣那關鍵時
刻擔負重責協助重整國軍的組織與士氣。[9]

6　《千鈞重負：錢大鈞將軍民國日記摘要》，1949 年 12 月 2 日；按
　　劉文輝和董宋珩是保定同學，平日關係不錯，董宋珩自從答應劉文
　　輝要叛變之後，對其所屬將領都做了思想準備工作，劉文輝還給董
　　宋珩經濟上的支持。見《走到人民陣營的歷史道路》，頁 47-48。

7　《八十虛度追憶》，頁 128。

8　《千鈞重負：錢大鈞將軍民國日記摘要》，1949 年 12 月 9 日。

9　各相關人士為蔣堅忍、趙龍文、徐煥昇及王超凡等，於 1950 年代
　　分別在陸、海、空軍和警備總部擔任政治部主任要職，參考張政

　　但是，父親的部屬們如羅列、袁樸、周士冕等都在研究如何脫困，因為成都盆地毫無屏障，就地勢論，不利守軍內線作戰。明清之際的名地理學家顧祖禹在《讀史方輿紀要》中即曾明確表示，成都非坐守之地，而且從四川許多內戰中看出，要守成都便必須守住合川（今重慶市合川區）、瀘州、劍閣、江油等外線點，敵人如攻到綿陽、仁壽等內線點便不好，以現在情勢，必須趁早放棄成都，前往西昌，而且「必須先解決劉文輝、鄧錫侯」。他們向父親報告後，父親深表同意，並計劃了兵力分配。但在其後請示總裁後，未獲同意，因為總裁告稱，「張羣保證劉文輝、鄧錫侯、盧漢等人靠得住，大家都在研究如何守成都」，所以要父親率部死守成都。[10]

第二節　蔣總裁離蓉赴臺

　　遠道趕來的西安／川陝甘綏靖公署部隊雖然盡了力，但實在因為汽油及車輛困難，運兵遲緩，以致能到

達之回憶，〈胡宗南先生行誼〉，《令人懷念的胡宗南將軍》，頁159；另蔣經國也曾觀察宋希濂部隊情形，見《鷹犬將軍：宋希濂自述》，頁339-341。

10 清代顧祖禹《讀史方輿紀要》，卷67，四川二，指出：「成都之險，不在近郊，而在四境之外也」，另在卷66〈四川方輿紀要敘〉中強調：「四川非坐守之地也……恃其險而坐守之，則必至亡……武侯之言曰：王業不偏安也」，見續修四庫全書編纂委員會，上海復旦大學圖書館古籍部編，《續修四庫全書》，第606冊，頁387，488；另見李猶龍，〈胡宗南部逃竄西昌和覆滅實錄〉，頁108-109；《胡宗南先生日記》，1949年12月6-10日記載均與總裁見面或共餐，但未提談話內容；《蔣中正日記》，1949年12月1、5、6、9、10日亦均提及與父親面談，但未提內容。

達成都者仍是太少，太遲。例如第三軍到了12月5日才徒步趕到成都，便立刻受命擔任城防，而當地立場可疑的劉文輝、鄧錫侯指揮的數千武裝便衣已在成都各處出沒，使得蔣總裁及政府各要員的安全堪虞。[11]

另外，蔣總裁也在到達成都後約了張羣、劉文輝、鄧錫侯、王陵基等政要商議保衛四川之法，劉、鄧均設詞敷衍，只有王陵基主張在川西決戰。接著蔣也要張羣勸劉、鄧和父親合署辦公，一同指揮四川軍事，但劉、鄧均設詞拖延，且拒絕讓家人先飛臺灣的善意建議。12月5日，劉文輝還在成都家中宴請西南軍政長官張羣及各軍政領袖，張羣也邀父親同去，當有人質問劉文輝何以讓其部屬和鄧錫侯的部隊阻止父親部隊入川西，他的立場究竟如何時，他向大家交心說：「共產黨怎會要我這個大官僚、大地主？」張羣長官便對父親說：「這回你該放心了吧？」[12]

---

11 《胡宗南上將年譜》，頁259；《八十虛度追憶》，頁129；當時成都街上木柵林立，城內外有劉文輝、鄧錫侯各類武裝部隊共約6千人，已密謀劫持蔣總裁，若干附共分子亦明目張膽欲錢歡迎共軍，故第三軍抵蓉後立即拆除交通要道木柵、嚴禁謠言、管制散兵游勇，民心漸安，不久之後，商店都開門開始營業，見〈成都電信局王代局長24日、25日電話記錄〉，國防部，《西南戡亂作戰經過概要：1949年12月－1950年4月》，檔號38／543.64／1060.2B／2。至於父親部隊那時的汽油運輸困難分別見於《蔣中正日記》，1949年12月1日及《風雨中的寧靜》，頁264；亦見《國民革命軍戰役史第五部－戡亂》，第七冊，頁171-173。

12 次日，劉文輝還明白的對張羣說：「胡，王（陵基）對我和晉康（鄧錫侯）誤解很深，你是我們的護身符。」見《走到人民陣營的歷史道路》，頁37-42；《胡宗南先生日記》，1949年12月5日：「下午八時，應劉文輝晚宴。」詳情另參〈我在川西起義的經過〉，《文史資料選輯》，合訂本第5冊第17輯，頁28；張羣長官則記錄當晚是他約了顧祝同總長和父親到劉文輝家中的，談話中大家希望打一個勝仗，參考《張羣先生日記》，1949年12月5日。

　　前一日（4日），蔣總裁終於同意張羣辭西南軍政長官職，但要多年前有恩於盧漢的他即飛昆明，與盧漢商洽政府駐地遷移、及大本營設置的問題，張乃在 6 日成行，抵達後立即懇切地請盧漢同意政府遷至昆明，並且也讓父親部隊主力經川黔入雲南。但盧漢立即以「雲南民窮、財盡、糧缺」為藉口予以推辭；當蔣總裁在接獲張羣從昆明所打回關於盧漢反對意向的電報後，知道政府不能再遷到大陸別的城市了，乃於 7 日晚發表中央政府由成都遷到臺北，大本營設西昌，張羣辭西南軍政長官職，派顧祝同總長兼任西南軍政長官，撤銷西安綏靖公署及重慶衛戍司令部，派父親及楊森為西南軍政長官部副長官，父親兼參謀長，楊森為川陝甘邊區綏署主任，另設成都防衛司令部，由盛文軍長兼任總司令，余錦源（四川人，黃埔二期）、嚴嘯虎（川軍，原負責成都防衛）為副司令，第三軍副軍長沈開樾為參謀長，曾擴情為政治部主任。[13]

　　張羣於次（8）日返回成都，報告蔣總裁稱盧漢已經為了「戒烟而變態」，「只想退避要錢」，不顧「公義私情」。當日晚，已投共的前雲南財政廳長盧松仁偕同龍雲之妻及子龍繩武，攜帶毛澤東給盧漢的命令，要

---

13 《胡宗南先生日記》，1949 年 12 月 7-8 日；《胡宗南上將年譜》，頁 258-259；《蔣中正日記》，1949 年 12 月 6、8、9 日，在 6 日已經決定如此部署，因信任盧漢，當日還計劃派盧漢為「滇黔總司令」；《張羣先生日記》，1949 年 12 月 4、6-7 日；《千鈞重負：錢大鈞將軍民國日記摘要》，1949 年 12 月 7 日記載「重心移在宗南。」另見《蔣中正先生年譜長編》，第九冊，頁 406；國防部閻兼部長電報〈展利簽 1047 號〉，國防部，《西南戡亂作戰經過概要：1949 年 4 月－1950 年 5 月》，檔號 38／543.64／1060.2B/1。

求他提前宣佈投降，接受第二野戰軍劉伯承指揮，防止
中央政府官員潛逃，及雲南省保安部隊即向西康攻擊
等。因此當張羣受總裁命，於 9 日再度飛昆明（張甚至
還曾勸總裁也同行）轉達總裁所囑，要盧「堅定執行」
蔣的「軍事部署」，如此則「其軍費中央仍可負擔」
時，盧漢顯遂顯現出了他真正的立場，立即將張羣以及
與他同行的兩位國軍軍長李彌、余程萬軟禁（另一位與
李彌、余程萬同行的第九十三軍軍長龍澤匯則是盧漢的
內弟，龍雲之侄），然後通電投共，並要劉文輝、鄧錫
侯在成都「活捉蔣匪」。[14]

　　同日劉文輝、鄧錫侯也在他們的中共友人陪同下，
坐著張羣於 6 日赴昆明前特別去看他們時，為表示最深
誠意而好心留下、方便他們二人去機場以便飛臺灣的自
己的座車，從成都潛逃至西北方、位於成都側背、並能
截斷川陝公路的彭縣（今彭州市，在成都北西北約 42
公里），然後聯合在灌縣（今都江堰市，在成都西北
方約 55 公里）的潘文華一起宣布投共。[15] 由於當時成

14　《國民革命軍戰役史第五部—戡亂》，第七冊，頁 184-185，
　　193，其中載，盧漢倒戈後，共軍在雲南主力達 20 萬人，中央軍
　　僅 12 萬人，他於投共的第二天即令其部隊向中央軍之第六編練司
　　令部攻擊（另見本書第十章第三節）；《蔣中正日記》，1949 年
　　12 月 9 日；《風雨中的寧靜》，頁 267-269；曾恕懷（當時的昆
　　明市長），〈雲南和平解放前後的幾點回憶〉、盧漢，〈對〔雲
　　南解放前夕軍統在昆明的特務活動〕一文的補充〉，《文史資料
　　選輯》，第 23 輯，頁 86-89、頁 144-145；《蔣中正先生年譜長編》，
　　第九冊，頁 407-408；《張羣先生日記》，1949 年 12 月 8-9 日；
　　另毛澤東則自北京致電歡迎盧漢投共，要他與劉伯承、鄧小平聯
　　絡，見《毛澤東軍事年譜 1927-1958》，1949 年 12 月 11 日。

15　《蔣中正先生年譜長編》，第九冊，頁 406-409；《千鈞重負：錢大
　　鈞將軍民國日記摘要》，1949 年 12 月 7 日；另參蔣總裁 12 月 12 日
　　演講，國防部，《西南戡亂作戰經過概要：1949 年 4 月 — 1950 年 5

都城內的秩序已經很亂，10 日上午，父親兩次晉謁總裁，蔣總裁遂在父親及其他各文武幹部包括顧祝同、王陵基、楊森、蕭毅肅等人的強烈建議下，偕同經國先生等人於當日午後一時，從已經面臨危險的鳳凰山機場離開成都飛臺北，其他政府人員也在那幾天紛紛從該機場起飛赴臺。[16] 後來盧漢在昆明則特別釋放張羣，讓他離昆明經香港回臺灣。[17]

月》，檔號 38 ／ 543.64 ／ 1060.2B/1；《中國人民解放軍全國解放戰爭史》，第五卷，頁 476-477；按，潘文華係於 5 日先到灌縣躲避，6 日，張羣前去勸說劉文輝、鄧錫侯飛臺灣，劉文輝、鄧錫侯二人不但拒絕，7 日也不接受蔣總裁邀請見面，反而寫信給顧祝同總長要求父親部隊於兩天內退出成都，並免盛文防衛總司令職，「以免成都成為戰場」；再於 8 日坐著張羣的座車，甚至還帶著電臺，一路潛逃去彭縣，隨即電令其親信第九十五軍部隊立即前去保護，到 9 日便正式宣佈投共。其實政府為了方便劉文輝、鄧錫侯、潘文華平安離開四川赴臺，行政院閻錫山院長連飛機都為他們三人準備好了。詳情參考《走到人民陣營的歷史道路》，頁 36,46-47；〈我在川西起義的經過〉，《文史資料選輯》，合訂本第 5 冊第 17 輯，頁 28-31；〈劉、鄧、潘起義與蔣介石的"川西決戰"〉，《四川文史資料選輯》，頁 110-117；《張羣傳》，頁 143-148。

16 《胡宗南先生日記》，1949 年 12 月 10 日；《蔣中正日記》，1949 年 12 月 10 日；《蔣中正先生年譜長編》，第九冊，頁 408；蔣經國先生隨總裁到臺灣後，其 12 月 12 日之日記記載：「日昨尚在成都共匪和叛逆的虎口之中，西安事變（按，發生於 1936 年 12 月 12 日）之重演只數小時之差耳」，《風雨中的寧靜》，頁 270；按，當時父親所派防衛鳳凰山機場的部隊即包括前述高丕中上尉率車隊甫從綿陽接回的第二十七軍劉孟廉部下的一個團，幸虧這些部隊的保護，蔣總裁一行才能安然登機。見張漱涵，〈英雄無淚〉，《王曲》，第 20 集，頁 28-29。另，作者於 2019 年 3 月赴成都舊新津機場尋訪，當地耆老告稱，1949 年 12 月父親部隊防守機場，在各建築物內標示各機關單位集合地點，俾其人員分別上機撤回臺灣。此充分證明父親部隊為護衛政府遷臺，而撐到最後一刻不離，以致本身失去突圍良機，後來乃被優勢共軍包圍。

17 錢大鈞副長官認為盧漢放張羣來臺，乃因當時共黨尚未完全控制盧漢，故盧漢能違背共黨在昆明代表之意，見《千鈞重負：錢大鈞將軍民國日記摘要》，1949 年 12 月 30 日；另參《張羣傳》，頁 148；《蔣中正日記》在 1949 年 12 月 10 日「上星期反省錄」中則記：「余欲信任，使之患難道義之部屬（盧漢），焉得而不

第三節　總裁讚賞戰史罕有之奇蹟

　　當時蔣總裁對父親的部隊甚為讚賞，並寄以厚望
稱：「胡部有三十二師，此次由秦嶺附近轉進至成都平
原，以六百公里與敵對峙之正面，轉進至一千餘公里之
目的地，在一個半月時間而主力毫無損失，此乃中外
戰史所罕有之奇蹟也」！[18] 但父親當然瞭解當時險惡的

　　敗也……一生經歷，更覺凡是政治與外交，絕無信義，更無情感
　　可言；只有實力與強權，方是政治與外交之本質也。」。

18 《蔣中正先生年譜長編》，第九冊，頁 406-410；《風雨中的寧
　　靜》，頁 267-268；蔣總裁前述 12 月 12 日〈西南戰局演變之經過〉
　　演講中，對父親的部隊大規模的敵前撤退而能井然有序大表稱讚，
　　而且特別讚揚父親說：「胡主任自抗戰以來，負西北重任，督率
　　所部，埋頭苦幹，尤其在最近四年剿匪戰役中，經過若干次艱苦
　　的戰鬥，獲得輝煌的勝利。但是他無論對友軍、對社會、對國際
　　人士，從不作自我宣傳，以炫耀其功績，所以到今天不僅國際人
　　士……就是國內人民也不能完全瞭解他十餘年來對於黨國貢獻的
　　偉大……」，見國防部，《西南戡亂作戰經過概要：1949 年 4 月
　　－ 1950 年 5 月》，檔號 38 ／ 543.64 ／ 1060.2B/1；或《總統蔣
　　公思想言論總集》，卷 23 演講，頁 76-77。但蔣總裁在該一演講
　　中所提胡宗南部有「四十萬大軍」則應是在那臺灣防衛最為脆弱
　　的時候，為了保臺而有意混淆中共及鼓勵臺軍民士氣的說法，
　　因他當然瞭解該部隊連年作戰而補充不易，故而番號雖多而人數
　　實遠低於過去，國防部資料清楚表明其甚多的師部只剩幾個營，
　　故戰鬥總兵力僅有十五萬，即使加上當時的宋希濂、羅廣文、孫
　　震、楊森各殘部，恐亦不到二十萬人（數字參考宋希濂部陳克非
　　的回憶，見陳克非，〈我從鄂西潰退入川到起義的經過〉，《文
　　史資料選輯》，第 23 輯，頁 65、70），而真正能到達成都作戰
　　的僅是其中少數，可惜外界卻多不明瞭，以致後來反而對父親有
　　許多誤解的評論；但父親後來在西昌從趙龍文自臺返身的報告及
　　董釗、陳良來信中得知總裁此項演講及總裁回臺後形容憔悴、
　　答非所問的情形後反而痛責自己，見《胡宗南先生日記》，1950
　　年 2 月 6 日；另參《國民革命軍戰役史第五部—戡亂》，第七冊，
　　頁 111，148-149；《胡宗南上將年譜》，頁 262-264；〈陝署所轄
　　各部隊現有戰力（師為單位）概數統計表〉，國防部，《西南戡
　　亂作戰經過概要：1949 年 4 月－ 1950 年 5 月》，國發會檔案管
　　理局檔號 38 ／ 543.64 ／ 1060.2B/1。

形勢和他的所謂三十二個師之真正實力，[19] 尤其部隊行
進之苦與集結之難，他在 12 月 13 日曾電報其好友福
州綏靖公署代主任湯恩伯將軍謂：「一、彭（按，係
賀龍）匪（德懷）已過寧羌（在陝西境內，靠近四川
和甘肅），向廣元進迫（約 300 公里外）；二、林匪
（彪）已向遂寧、三臺前進（在成都之東，平均約 105
公里）；三、劉匪（伯承）由內江、資陽、榮縣、樂山
前進（在成都之南，平均約 100~200 公里）；四、劉
（文輝）鄧（錫侯）叛變，擁兵於成都灌縣附近（在成
都西北現都江堰市），伺我側背；五、友軍皆潰敗不能
收拾；六、我兵力在六百里外，成一字長蛇陣。兄意如
何？何以指教？」[20]

　　在此危急情勢下，國軍自然是先穩定內部，以防裡
應外合：於 14 日拂曉，盛文總司令奉令向成都武侯祠
建國中學之劉文輝叛部第一三七師周桂山部採取行動，
劉部抵抗不成，陣地被突破，八百人被我第三軍俘獲，
包括其旅長聶文清，劉文輝本人的住宅也被清除；鄧錫
侯系第九十五軍黃隱的軍部則被接收，守衛部隊被繳
械。[21] 父親另派人與鄧錫侯聯絡，鄧錫侯則表示願意合

---

19 根據 1949 年 12 月 18 日的統計，第五、第七、第十八兵團共
　　有 34 個師的番號，但第三十六、六十九軍僅有四個團的兵力，
　　五十七軍、六十五軍只剩三個團，七十六軍打得只剩二個團，見
　　《國民革命軍戰役史第五部─戡亂》，第七冊，頁 177。

20 《胡宗南先生文存》，頁 318。

21 《胡宗南先生日記》，1949 年 12 月 12-14 日；自 12 月初父親
　　部隊下到四川起，許多中共地下黨員、「民主人士」和劉文輝的
　　手下均遷移到武侯祠及其附近工作，見《走到人民陣營的歷史道
　　路》，頁 51。

作，但當然只是虛應故事。其後當父親令原屬宋希濂、
位置在郫縣（現成都市郫都區）的第二十兵團司令陳克
非攻擊位於不遠處灌縣（約 50 公里）附近的鄧錫侯系
第九十五軍時，陳克非卻為自己留後路，而沒有執行；
至於在西康西昌之第一軍一個團七百人，則在劉文輝女
婿伍培英所率五千人部隊向其招降時，先是假意聽從，
然後在當晚反而發起突擊，在賀國光西昌警備團一個營
的支援下，將之完全擊潰。[22]

　　蔣總裁則於離大陸第二天即親函父親，自責不已：
「愧對忠實之幹部與愛戴之軍民，更無以對總理與先
烈」、「此次昆明叛變……一般同志，太不警覺（指張
羣長官等人），皆為叛徒虛偽辭色所欺朦而不加預防，
此實中平生粗疏……以君子之心度小人之腹……」，接
著認為父親應「在簡陽（成都東南 64 公里）以東增加
兵力以待綿陽（成都北面 135 公里）附近後續主力部隊
之轉進為上策……要確保成都；第二轉進岷江西岸以期

---

22 西南軍政長官公署顧祝同、胡宗南 12 月 19 日呈臺北蔣總裁電，
　　及蔣的嘉勉回電見國發會檔案，錄於《胡宗南先生文存》，頁
　　320-321；另參《走到人民陣營的歷史道路》，頁 52；《蔣中正
　　日記》，1949 年 12 月 13 日；《胡宗南先生日記》，1949 年 12
　　月 12、15、17-18 日，其中在 15 日記載致函朱光祖團長勉勵稱：
　　「光祖同志弟，這次第二團以不滿七百人之兵力，居然擊滅十倍
　　於我之叛敵，重奠西昌，力挽狂局，其機警勇敢，驍忽強悍，深
　　堪為革命軍人之表率，除請將貴團擴編為兩個團之一師外，並
　　犒賞四千元……」；《國民革命軍戰役史第五部－戡亂》，第七
　　冊，頁 215-216；《胡宗南上將年譜》，頁 261-262；〈我在川西
　　起義的經過〉，《文史資料選輯》，合訂本第 5 冊第 17 輯，頁
　　31-33；〈劉、鄧、潘起義與蔣介石的“川西決戰”〉，《四川文
　　史資料選輯》，第 18 輯，頁 117-119；陳克非司令官不願聽命擊
　　滅鄧錫侯部隊的考慮見其回憶，〈我從鄂西潰退入川到起義的經
　　過〉，《文史資料選輯》，第 23 輯，頁 66-71。

雅安（成都西南 139 公里）、康定（成都西南 314 公里）為基地」，「尊重賀（國光）兄受其指揮……以攻占昆明（成都以南 900 公里）為唯一目標」，如果不幸均不能行，萬不得已，就只能設法渡過冬季，「佔領滇康青藏之中間地帶，以昌都為臨時基地（在成都以西 1,100 公里，原屬西康省，在現在的西藏境內）」，設法渡過冬季，只要到明年 4 月，「就能縱橫自如」，「此乃中蘊藏於心已久，往時不忍道亦不願道，如今不得不為弟詳道矣。」[23]（全文見本書附錄四）

此信深附情感，可是仍然希望現階段要防守成都，其中所期望的以攻佔昆明為目標，只能等待部隊集結整理後，才能行攻勢作戰（成都到昆明距離約 850 公里）；但指示把部隊移至雲南竟然還是早在八個月前的 4 月間，父親便已經向總裁建議的做法；至於占領康定、雅安，則因三週前未允那時已經開到當地不遠處、仍有完整實力的第一軍前往占領，如今要再分兵驅逐當地叛部，已非易事；因為雖然父親因第一軍在 11 月中下旬被改調至重慶而未能前往川西，仍曾委請四川省主席王陵基運用他的四川保安團隊前往洪雅、丹棱（在成都南西南約 100 公里），希望再往西，占領雅安以控制局勢，但因為王的團隊戰力不強，雖然一再進攻，卻被劉文輝的部隊所阻；至於邛崍（在成都西南約 83 公

---

23 全文載於《胡宗南先生日記》，1949 年 12 月 12 日；《胡宗南上將年譜》，頁 260-261；另蔣總裁在其日記中亦檢討稱：「余望盧為勁草、為節士，岳軍深信劉文輝明利害、辨生死之人，能不為其欺弄而慘敗乎！」，見《蔣中正日記》，1949 年 12 月 17 日上星期反省錄。

里），因早有中共地下黨建立游擊根據地和地方武裝力
量，且一直由劉文輝供應槍枝子彈，便控制了附近地
區；同時劉文輝也在這幾週緊急抽調他原在西康所訓練
的保安團隊，會同他原有部隊在成都到雅安入西昌的必
經道上建立了五個游擊部隊，進行破壞公路、橋樑，截
擊國軍輜重，得以阻止、遲滯國軍前往當地控制局面的
企圖。[24]

　　父親雖立即遵總裁親筆信之命令部署，但共軍在各
地叛軍協助下，進展太快，使得國軍趕到的部隊都必須
立刻在各地接戰。國軍到達成都附近者番號雖多，總數
卻僅有五萬多人，而各路共軍加上叛軍則有六十萬人，
所以不止十倍。[25] 特別具威脅的是共軍第二野戰軍兩個
兵團從川東南攻向成都南面、並繞向其西南以及西邊俾
建立大包圍圈，企圖在劉文輝等人的叛變部隊接應配合
下，切斷樂山到西康、雲南，以及成都經雅安到西昌的
兩條主要交通線。

第四節　爭奪要地拚生死

　　12 月初，我第二十七軍（軍長劉孟廉，大部分係
徒步）趕到內江、榮縣、樂山一線後，便盡力阻擋共軍
陳錫聯的第三兵團西進，並掩護重慶撤退之機關、部

24　《走到人民陣營的歷史道路》，頁 52-54。

25　國軍數字引自《胡宗南先生日記》，1960 年 1 月 6 日；共軍數字
　　引自《國民革命軍戰役史第五部－戡亂》，第七冊，頁 153，另
　　加各路叛軍、國軍各部隊番號及實際人數見同書頁 177。

隊，人員、物資撤向成都，但郭汝瑰率第七十二軍投共，從友軍變成敵軍，共軍第五兵團楊勇的第十六軍等直攻樂山後，國軍第二十七軍的第三十一師、第一三五師便腹背受敵；我第三軍第三三五師乃立即前往增援，雙方浴血作戰了十天到 16 日，第一三五師（師長唐明德）和第三三五師（多係新兵）傷亡慘重，第一三五師副師長王生明負傷，但第三三五師師長（原山西閻錫山部屬出身的）仝戡曾卻在此緊要關頭投共；第三十一師則是師長李我重傷，團長以下傷亡殆盡，致內江（成都東南約 193 公里）失守，樂山（成都南方約 150 公里）失陷，從而使國軍南向雲南路徑被截斷，岷江西岸全局改變。[26] 16 日顧祝同總長兼西南軍政長官，錢大鈞副長官、蕭毅肅次長離成都飛海口，並通告由父親代理西南軍政長官職務，指揮所有政府在川部隊。父親連夜會議後，決定守新津（成都西南約 47 公里）、彭山（成都南面約 57 公里）西南高地，仍在等待後續部隊。[27]

---

26 父親前曾於 8 月間特別召集二十七軍軍長劉孟廉、師長李我、唐明德勉勵要成為最堅強部隊，三人後來果然均盡了軍人天職，見《胡宗南先生日記》，1949 年 8 月 23 日，12 月 16 日，1950 年 2 月 26 日，3 月 5-6 日；《蔣中正日記》，1949 年 12 月 16-17 日；三三五師師長仝戡曾原為山西閻錫山晉軍第三十軍之參謀長，閻錫山於 1948 年 11 月派他赴西安向父親報告其第三十軍軍長黃樵松企圖叛變事，其後擔任第三十軍軍長的魯崇義則向父親推薦仝戡曾的能力，父親乃於 1949 年 8 月派其為第三三五師師長，配予盛文指揮的第三軍，見《胡宗南先生日記》，1948 年 11 月 4 日，1949 年 8 月 2 日；但仝戡曾投共後其部屬王伯驊團長拒絕追隨，率軍突圍成功，於 1950 年初在西昌戰役中為我方負責防守康北，見第十章第二節，後亦來臺；另，共軍第二野戰軍首腦亦認為「殲滅胡宗南主力的關鍵在於占領樂山，截斷敵人退往西昌、會理、雲南的公路線」，見《中國人民解放軍全國解放戰爭史》，第五卷，頁 480。

27 見〈A 字第 1042 號代電〉，國防部，《西南戡亂作戰經過概要：

146 疾風勁草：胡宗南與國軍在大陸的最後戰役（1949 - 1950）
Against All Odds: Hu Tsung-nan and the Chinese Nationalist Army in the Last Battles
on the Mainland（1949-1950）

　　共軍雖然此時已占極大優勢，卻仍謹慎應對父親部
隊。第二野戰軍的領導人劉伯承、鄧小平等人認為「對
胡宗南集團，絕非一兩個衝鋒所能消滅。渡江作戰以來
所採用的猛追、猛打、猛衝的戰術，不一定能奏效」，
因此特別電令其第三兵團、第五兵團：「敵尚有反擊的
力量和局部進攻的可能。我們必須十分慎重，爾後各軍
應就現地調整態勢、掌握部隊、恢復體力、調集火力、
鼓勵士氣、瓦解敵軍。」[28]

　　他們的顧慮自有根據，共軍陳錫聯第三兵團第十
軍、第十一軍、第十二軍的三個軍強渡錦江，進到岷江
東岸時，國軍第三十六軍（朱先墀軍長）的第一六五師
（師長汪承釗）雖已損失慘重，但在該軍第一二三師
（師長雷振）連夜接替成都城防後，把第三軍（軍長
盛文）換出，然後再加第九十軍（軍長周士瀛）、第
五十七軍的第二一四師（師長王菱舟）的共同奮擊，雖
然千里馳援，兵不宿飽，到 19 日仍然擊破了共軍第十
軍和第十一軍，岷江西岸第一軍也在空軍、戰車掩護

　　1949 年 4 月－1950 年 5 月》，檔號 38／543.64／1060.2B／1；
《胡宗南先生日記》，1949 年 12 月 16 日；《千鈞重負：錢大鈞
將軍民國日記摘要》，1949 年 12 月 15-16 日，其中載：「現在大巴
山如通南巴之三個軍（按：即第七兵團的第十七軍、第七十六軍、
第九十八軍）勢難撤回……匪以三路進攻，胡部兵力分散，未能
採取有利態勢……」；另 12 月 11 日國防部令西南軍政長官公署
統一指揮在川各部隊，楊森及孫震乃將部隊指揮權分別移交予景
嘉謨軍長及孫元良司令，景嘉謨軍長的部隊歸於孫元良序列，孫
元良則受父親之指揮；其後顧總長撥調飛機送楊森、孫震二人於
18 日飛臺灣，見顧總長 12 月 12 日呈臺北蔣總裁電，錄於《胡宗南
先生文存》，頁 317；國防部電令文另參《八十年國事川事見聞錄》，
頁 327-329。

28 《劉伯承傳》，頁 322。

下屢次出擊，以致兩者斃傷共軍共六千餘人，俘獲五百人，我方雖亦傷亡二千，卻將岷錦兩江間三角地帶之共軍完全肅清了，還奉總裁電令嘉獎。但佔絕對多數的共軍則折向西邊進攻，我第六十五軍（軍長李振）、第六十九軍（軍長胡長青）等在新津以西力阻，雙方傷亡慘重，但共軍向西北延申，在劉文輝叛軍的接應下，其第五兵團第十六軍（軍長尹先炳）進占丹棱、洪雅，指向蒲江之西北；第三兵團第十二軍（軍長王近山）過岷江後到 21 日便占領了邛崍、大邑，將我軍西向道路予以截斷，[29]由於四川省主席王陵基亦在附近率部對劉文輝部作戰，此時便無法對抗共軍正規部隊的夾攻而失敗，其本人並到了崇慶縣（今崇州市）懷遠鎮（在成都西面約 60 公里），隨從僅數十人。總裁及父親對其安危雖甚關切，卻無法對其保護，王乃於不久後不幸被俘。[30]

第五節　共軍合圍勢成

北面戰情是共軍第十八兵團及第七軍自 12 月 3 日

---

29 以上戰況參考《胡宗南上將年譜》，頁 258-259，262，357；《國民革命軍戰役史第五部－戡亂》，第七冊，頁 175-176；軍事科學院軍事歷史研究部編著，《中國人民解放軍全國解放戰爭史》，第五卷，頁 481-484；《走到人民陣營的歷史道路》，頁 55-56；共軍陳錫聯亦評稱，「攻占邛崍是成都戰役關鍵一步，如敵先我占領邛崍，可打開退往西昌、雲南的道路，達不到我圍殲胡宗南集團于成都地區的目的」，見《陳錫聯回憶錄》，頁 275；**但其回憶錄及大陸出版的《中國人民解放軍全國解放戰爭史》中對於其部隊在岷江、錦江間受挫事均略而不提。**

30 《胡宗南先生日記》，1949 年 12 月 17、21 日；《國民革命軍戰役史第五部－戡亂》，第七冊，頁 175；《走到人民陣營的歷史道路》，頁 55-56。

即奉命分三路迅速南下川陝邊境的大巴山，向我第七兵團猛攻，負責防守第七兵團右翼的第七十六軍（軍長薛敏泉）力戰，堅守了大巴山陣地，其後便奉命會同第九十八軍（軍長劉勁持）和第十七軍（軍長周文韜）南下，希支援成都作戰，惟到閬中、南部、三臺（均在成都東北方）途中便與自川東南西進的共軍第四野戰軍第四十七軍（軍長曹里懷）、第五十軍（軍長曾澤生）等遭遇惡戰；至於守大巴山左翼的第三十八軍（軍長李振西）為抵擋共軍，損失慘重，另負重任的第三十軍魯崇義軍長卻有意不堅守寧強（陝西西南、大巴山北麓）的五丁關要地，反讓共軍突入，以致川北廣元 15 日失陷，劍門關（成都東北約 265 公里）17 日失陷，綿陽 21 日失陷，國軍第五十七軍（軍長馮龍）在破壞漢中設施後南下，雖然正好趕到，立即組織反攻，惜未成功。[31]

---

31 《胡宗南先生日記》，1949 年 12 月 19-20 日；《胡宗南上將年譜》，頁 262-323；《國民革命軍戰役史第五部－戡亂》，第七冊，頁 171-172；五丁關「一夫當關，萬夫莫敵」的隘路口形勢可參考西安綏署轄下第二十八旅孔令晟旅長在 1946 年秋追擊共軍王震的回憶，錄於《中共教導旅陝北作戰日誌》，頁 252；該地及劍門、劍閣之天險亦見於顧祖禹《讀史方輿紀要》九，《續修四庫全書》，第 606 冊，卷 66，頁 423-433；父親對廣元失陷事曾電話痛責裴昌會，飭第三十八軍李振西部必須守住劍門天險，但斯時裴昌會已在考慮如何投共，部隊無鬥志，旋劍門亦失守。右翼第七十六軍、第十七軍、第九十八軍則一面抵擋自陝西南下尾隨的共軍，一面向南急進，希策應成都作戰。參考薛敏泉呈蔣中正總統報告，〈陸軍第七十六軍川北戰門經過報告（1950 年 7 月 18 日於臺南）〉，國防部，《西南戡亂作戰經過概要：1949 年 4 月－1950 年 5 月》，檔號 38 ／ 543.64 ／ 1060.2B/1；李振西，〈三十八軍在關中歷次戰役中被擊潰及其逃迫川被迫投降經過〉，中國人民政治協商會議陝西省委員會文史資料徵集研究委員會，《陝西文史資料選輯》，第六卷，頁 184-187；但中共官方的《中國人民解放軍全國解放戰爭史》第五卷，鍾仁、林峰、張高陵主編，《一野檔案：

　　先是，父親在 18 日作戰會報直開到午夜，只
「希望第三軍、九十軍和第一軍能靠攏」。當日並記
載：「預計明日匪將接近成都，吾人之一切計劃，皆以
第一軍之調重慶而貽誤，而全局失敗，可慨也！」[32]
19 日，父親一面電報總裁我軍抵擋共軍反擊奏捷（第
一軍以兩團之眾守新津，共軍以一個軍兵力攻擊一日而
屹然未動，第三軍亦在普興場——今之成都市蒲江縣，
在成都西南約 83 公里——附近獲捷），一面亦表示必
須脫離成都，謂「當面匪六個軍（即第二野戰軍兩個兵
團）已逼近成都、新津、廣元，碧口（甘肅南部四川邊
境）匪三個軍（即第一野戰軍第十八兵團）亦已越過劍
閣，合圍勢成。川軍自孫（震）楊（森）飛臺後，所部
軍心動搖，曾有叛離，難期協力……成都平原決戰企
圖無法實現。為確保大陸反攻之僅有戰力，決即以主
力經邛崍以西山地，繞道雅安，各留有一部於通南巴
（在川東北）及松理茂地區（在川中北部），分建根據
地，待機反攻……本署必要人員及警衛人員應剋日飛西
昌」，總裁回電同意，在日記中寫：「電宗南，決令放
棄成都，向康、滇分別撤退，其在新津（成都西南 47

　　第一野戰軍》，頁 310-312，及《賀龍傳》，頁 250-255 等各個有
　　關大巴山作戰情形之記載則根本不提裝昌會、魯崇義等放水讓共
　　軍入關之重大「功勞」。

32 《胡宗南先生日記》，1949 年 12 月 18 日；戰鬥經過另參考〈展
　　利字第 1093 號代電、13746 號報告、13958 號電、展利簽 1106 號
　　電〉，國防部，《西南戡亂作戰經過概要：1949 年 4 月－ 1950
　　年 5 月》，檔號 38／543.64／1060.2B／1；另參李潤沂（來臺後
　　曾任大法官），〈我所認識的胡宗南先生〉，載於《令人懷念的
　　胡宗南將軍》，頁 217-219。

150 疾風勁草：胡宗南與國軍在大陸的最後戰役（1949-1950）
Against All Odds: Hu Tsung-nan and the Chinese Nationalist Army in the Last Battles
on the Mainland（1949-1950）

公里）與簡陽（成都東南 56 公里）附近，戰況尚稱順
利，皆經過激戰以後擊退匪軍兩軍也」。[33]

　　另蔣總裁也在 19 日電示父親提醒，要將（成都北
郊）鳳凰山機場與（南郊）雙流機場並用，才能將部隊
空運至西昌或雲南的蒙自機場（在成都以南約 1,000 公
里），另外又指示說：「匪將先以一部經樂山犯雅安，
企圖包圍我軍於成都平原……應以有力之一部守備成
都，最好派孫元良部任之，另以一部固守新津…掩護後
方……速即集注主力向南攻擊，消滅岷江西岸之匪，打
通至西昌之進路……爾後應以昆明為後方。昆明機場與
金殿據點我軍已於今日拂曉佔領。盧漢已逃滇西。除電
顧總長外，希遵照佈署具報。」[34]

　　接到這「好消息」後，父親雖然已經感覺到孫元良
部已經「軍心動搖，曾有叛離，難期協力」，仍然立
即請身為黃埔一期同學的孫元良司令面研，根據最新
敵情，請其第十六兵團（三萬人，附近還有宋希濂第
七十九軍和楊森第二十軍的殘部）轉向東，盼能阻止共
軍從綿陽西進。可是蔣總裁並不知道第十六兵團一路追
隨孫元良叔父孫震將軍的川籍副司令董宋珩中將在劉文
輝的影響下，早已動搖，甚至在總裁來電的兩天之後的
21 日，董便發動所屬將領的七個師長，「逼走了孫元

---

33 國發會檔案管理局檔案，載於《胡宗南先生文存》，頁 322-323；
　　《蔣中正日記》，1949 年 12 月 20 日；《蔣中正先生年譜長編》，
　　第九冊，頁 415；孫震、楊森係於 18 日同機飛海口，19 日飛臺灣，
　　20 日總裁約見，見《八十年國事川事見聞錄》，頁 331。

34 以上二電均見《蔣中正先生年譜長編》，第九冊，頁 413，按，國
　　軍統帥部係於 12 月 10 日下令第八軍和二十六軍向昆明發起攻擊，
　　見《國民革命軍戰役史第五部—戡亂》，第七冊，頁 184-185。

良」將軍。[35] 另一方面，顧總長也再電話父親告知盧漢
逃走的不確訊息，還告知空軍王叔銘副總司令謂：「我
軍有兩個師已突入昆市，巷戰激烈，判斷絕無問題可以
攻占昆明」[36]——顧總長打這電話時的心情非常容易瞭
解：就是那時我方實在太需要一個勝仗了！

　　各方很快就知道總裁的電報和顧總長電話所述並非
事實，我駐雲南的第八軍（軍長李彌，被盧漢扣留後經
其夫人用計救出）及第二十六軍的第九十三師（葉植
南）和第一六一師（梁天榮）攻昆明其實是功敗垂成。
第二十六軍軍長余程萬原仍被盧漢拘留，盧漢放他出來
後他即令該軍的部隊停止攻擊昆明，致使李彌第八軍孤
掌難鳴，而且由於雲南補給分區由盧漢控制，致中央軍
糧彈兩缺，故國軍統帥部遂令兩軍退至滇南，第二十六
軍到蒙自、開遠附近，第八軍則到建水、石屏、曲溪地
區，各地區彼此距離甚近，均離越南邊境不遠。（由於
該兩軍幹部歷年來彼此誤會頗深，乃在攻擊前先即晉升
湯堯參謀長為陸軍副總司令，調任第八兵團司令以指揮

35 《走到人民陣營的歷史道路》，頁 48；《胡宗南先生日記》，
　　1949 年 12 月 19 日；《蔣中正日記》，1949 年 12 月 20 日；按，
　　孫震主任在飛臺灣之前曾於 12 月 16 日在綿陽縣公署遵曾向其部
　　屬孫元良兵團、朱鼎卿、趙子立等部團長以上軍官宣佈國防部〈展
　　利字 1062 號代電令〉，「由胡代長官統一指揮」，希望「同心協
　　力，為國盡力」。見《八十年國事川事見聞錄》，頁 330。
36 《胡宗南先生日記》，1949 年 12 月 19-20 日；《蔣中正日記》，
　　1949 年 12 月 18-19 日；《蔣中正先生年譜長編》，第九冊，頁
　　413；《王叔銘日記》，1949 年 12 月 19 日；國防部亦於西康警
　　備司令賀國光請求增兵對抗當地劉文輝叛軍時，電告其我軍已將
　　昆明「市郊高地及巫家壩機場占領，昆明要點指日可下」，見
　　〈12 月 19 日展利 56 號電〉，國防部，《西南戡亂作戰經過概要：
　　1949 年 4 月－ 1950 年 5 月》，檔號 38 ／ 543.64 ／ 1060.2B/1。

昆明之役）。[37]

但這些情況父親在成都並不知道，結果使他部隊的行止方向作了錯誤的決定。20 日總裁再電示父親，還要他守成都：「先將成都附近之匪加以擊滅，再回擊北來之匪，否則散循岷江東岸急進（即向南攻擊），繞攻樂山，宜賓（成都南東南 264 公里）或瀘州（成都東南 280 公里），惟成都必須留少數兵力固守，以牽制匪軍，非萬不可得，切勿撤空為要。」可惜總裁到第二天晚上才知道攻擊昆明的部隊已經撤退，自己的消息錯了。[38]

此時，華中軍政長官白崇禧以其部隊在華中地區南路作戰方面的慘痛經驗，建議蔣總裁不要孤注一擲，也就是為長遠計，不要在成都、昆明與共軍決戰，而是以保存實力為考量，讓父親部隊的精幹一部利用成都和雲南的機場轉移到海口，增援臺灣和海南，其餘部隊及貴州國軍殘部都轉移到滇南及桂西，進入越北，與華中入越南的部隊配合，一同擊破越共胡志明部後在當地生

37 《國民革命軍戰役史第五部─戡亂》，第七冊，頁 184-202；《中國人民解放軍全國解放戰爭史》，第五卷，頁 488。

38 《胡宗南先生日記》，1949 年 12 月 21 日；《蔣中正先生年譜長編》，第九冊，頁 414-415；昆明討伐盧漢之作戰何以功敗垂成參考〈12 月 23 日賀國光呈海口顧總長第 870 號電〉、〈12 月 24 日侯騰、魏大銘呈顧總長特種情報電〉，國防部，《西南戡亂作戰經過概要：1949 年 4 月─1950 年 5 月》，檔號 38／543.64／1060.2B/1；《國民革命軍戰役史第五部─戡亂》，第七冊，頁 193-209；《中國人民解放軍全國解放戰爭史》，第五卷，頁 486-490；曾恕懷（當時的昆明市長），〈雲南和平解放前後的幾點回憶〉，中國人民政治協商會議全國委員會文史資料研究委員會，《文史資料選輯》，頁 89-91，但該文回憶國軍係 12 月 15 日進攻昆明，到 18 日失敗結束之日期並不正確。

存，共軍如追入越南則將演變為國際問題；至於四川則
交由孫元良、羅廣文、王陵基等川籍將領作廣泛游擊。
蔣總裁批：「所見甚是」，並立即要在海口的顧祝同總
長核辦。按，此一計劃與父親早在年初國軍精銳喪失後
所建議挽救危亡的戰略、以及宋希濂在 8 月間與父親商
議的構想均相似，可惜時機已經太晚，成都附近戰事激
烈，儘管總裁同意此一建議，但共軍合圍形勢已成，部
隊不可能抽身，何況當地機場及雲南的昆明、霑益機場
均已無法使用，唯一能用的西昌機場則油料缺乏，故基
本上本案已經無法執行。[39]

第六節　新津會議及意外的海南停留

　　總裁既已同意主力脫離成都，父親乃於 22 日上午
偕同參謀部門羅列、沈策等，到兩小時車程外之新津與
各司令官、軍師長研究突圍。當時必須突圍的情況，蔣
總裁在其 21 日的日記中敘述得很清楚：「北來彭德懷
所部已占領綿陽，我胡軍後撤各部皆為彭共隔絕，不能
成都集中，故成都新津外衛雖得勝利，而整個戰局實更

---

[39] 〈12 月 22 日蔣中正亥養 1200 電〉，考〈12 月 23 日賀國光呈海
　　口顧總長第 870 號電〉、〈12 月 24 日侯騰、魏大銘呈顧總長特
　　種情報電〉，國防部，《西南戡亂作戰經過概要：1949 年 4 月―
　　1950 年 5 月》，檔號 38 ／ 543.64 ／ 1060.2B/1。按，國防部此
　　時認為滇黔情勢惡化，雲南第二十六軍及第八軍態度均不明，另
　　業已發表王纘緒、唐式遵為第一路、第二路游擊總司令，分任長
　　江以南川南、川東地區游擊事宜。

154 疾風勁草：胡宗南與國軍在大陸的最後戰役（1949 - 1950）

Against All Odds. Hu Tsung-nan and the Chinese Nationalist Army in the Last Battles on the Mainland（1949-1950）

嚴重耳。」[40] 在新津會議中將領們原先曾打算出敵意外的向東南攻向重慶，但顧慮到要渡過岷江、沱江、涪江和長江，而在敵後不容易徵集船隻，乃決定仍遵總裁指示，沿著岷江兩岸南下，先進入大涼山區（在四川西南部，彝族居住區），再向西昌突進。最後議定以局部攻擊，主力避戰，脫離戰略包圍，由第一二三師（師長雷振）及第二十四師（師長吳方正）配備戰車重炮殿後，固守成都新津，乘虛繞攻樂山、宜賓、瀘州，南渡長江，第五兵團李文（第一軍、第三軍、第三十六軍、第六十九軍、第二十四師）轉進西昌（南西南約 410 公里），第十八兵團李振（第六十五軍、第九十軍、第三十軍）轉進昭通（在滇北，新津南約 500 公里）；第七兵團副司令官薛敏泉（第七十六軍、第九十八軍，第十七軍，均尚未趕到成都）轉進威寧（在貴州境內靠近雲南邊界，如自四川東北的閬中縣算起向南約 750 公里），友軍殘部第十五兵團的羅廣文併同指揮原宋希濂部之陳克非第二十兵團和第七十九軍（軍長龔傳文）、及原孫元良第十六兵團、趙子立的第一二七軍（那時趙本人已經投共）楊森的第二十軍，各軍之殘部則出敵意外的先向東攻擊，再均南進到西昌。會後父親回到成都，還特別對第三十六軍朱先墀軍長作任務指示，並令原已經在成都防守的第一二三師雷振師長附戰車重炮守成都。[41]

---

40 《蔣中正日記》，1949 年 12 月 21 日。

41 《胡宗南先生日記》，1949 年 12 月 22 日；成都突圍計劃包括佈署、各兵團作戰地境、行動注意事項等，頗周密，可惜目標均係

　　會議中與會將領一再堅請父親率署部搭機先飛西
昌，因為署部數百人無戰鬥力，突圍時必須分兵保護，
而且部隊到西昌後諸般後勤糧彈必須先行張羅，更何況
共軍一再叫囂要「活捉胡宗南」，絕不能讓其如願；但
父親請人在海口的顧祝同總長向臺北蔣總裁聯繫請示個
人行止，卻未能成功，再電俞濟時侍衛長請渠請示，俞
濟時亦未復，故當 23 日空軍司令徐煥昇以氣候及機場
治安關係催促甚急時，父親由於 19 日電臺北蔣總裁報
告署部必要人員將「剋日飛西昌」，並獲同意，乃偕同
羅列、沈策等參謀部門同仁自鳳凰山機場起飛赴西昌。
想不到氣候惡劣，竟然未能在西昌、甚至未能轉到海南
島北海岸的海口下降（當地機場關閉），反降於海南南
方海岸的三亞；等他從三亞再到海口晤見顧總長等人
後，方知道昆明根本並未光復，立即跳腳，因為早知如
此，絕不會作前一日的決定，他乃立即建議改向川東北
的巴山突圍，而以大陸的海岸線為目標。[42]

南向西昌及雲南，全文見《胡宗南先生文存》，頁 349-352；或〈呈
顧總長電（電號不詳）〉，國防部，《西南戡亂作戰經過概要：
1949 年 12 月－1950 年 4 月》，檔號 38 ／ 543.64 ／ 1060.2 B ／ 2；
及〈展利字第 14032 電〉，國防部，《西南戡亂作戰經過概要》，
檔號 38 ／ 543.64 ／ 1060.2B ／ 1；父親對羅廣文、陳克非的談話
及懇切勉勵內容見陳克非〈我從鄂西潰退到川到起義的經過〉，
《文史資料選輯》，第 23 輯，頁 71-77。

42 《胡宗南先生日記》，1949 年 12 月 24 日；父親一知道昆明未光
復後，立即電報臺北蔣總裁，強調昆明變化後，大軍南向的向西
昌轉進，便屬絕地，而應向東北回到巴山（因原有一些部隊仍在
附近），集結於川、鄂邊區，休整後赴長江，向浙、贛、粵、閩
邊區，襲擊陳毅海防軍側背，與臺灣海陸互相呼應，見《胡宗南
先生文存》，頁 331-332；至於父親飛西昌卻因天候因素在三亞降
落之經過另見前述〈展利字第 14032 電〉，國防部，《西南戡亂
作戰經過概要：1949 年 4 月－ 1950 年 5 月》，檔號 38 ／ 543.64
／ 1060.2B ／ 1；並參同行之李猶龍遺稿，〈胡宗南部逃竄西昌

156 疾風勁草：胡宗南與國軍在大陸的最後戰役（1949‧1950）
Against All Odds: Hu Tsung-nan and the Chinese Nationalist Army in the Last Battles
on the Mainland（1949-1950）

　　而在臺北的蔣總裁在 21、22 日還親撰長函、附地
圖，派空軍專送成都予父親，詳細指示突圍途徑，陸空
聯繫方法，認為目前或宜暫駐川康滇黔邊境，以後以雲
南為基地，另希望分散突入敵人後方，離海岸線越近越
好，以便空中補給；而部隊渡長江前要與空軍聯絡，俾
獲得空中短期掩護等（全文見附錄五）。此函所期望部
隊前進目標要接近海岸線的指示與父親 25 日電期望部
隊衝向閩浙粵沿海的想法類似，而一再強調要以雲南為
基地則是父親八個月前的建議，只是遺憾一直未獲准實
行。不幸此時卻因計劃趕不上變化，成都總部已經遵命
撤出，偏偏臺北對成都和三亞間的電訊都不通，使總裁
未接到父親的請示電話，以致十分不諒解，在日記中甚
至表示了對父親的徹底失望。直到後來父親派羅列參謀
長會同空軍王叔銘副總司令飛臺北面報解釋，方才釋
懷，謂：「日來憂患，為之盡息」。[43]

和覆滅實錄〉，《文史資料選輯》，合訂本第 17 冊第 50 輯，頁
110-116；12 月下旬空軍報告天候惡劣、以及成都國軍被包圍及昆
明反攻敗垂成情形亦見《王叔銘日記》，1949 年 12 月 20-24 日；
另，蔣總裁則在其日記中痛責昆明失敗的禍首第二十六軍長黃
埔一期余程萬「忘恩負義（因在 1943 年對日抗戰的常德會戰時，
余程萬為守城之第五十七師師長，曾私逃卻未被追究責任），反
顏事仇」，見《蔣中正日記》，1949 年 12 月 21、23-24 日。

43 蔣總裁釋懷函見附錄六〈蔣中正總裁於臺北致海口胡宗南副長官
親筆函（1949 年 12 月 28 日）〉，原件存作者處；另參《蔣中正
日記》，1949 年 12 月 24-25，27-28 日，及上星期反省錄；《蔣中
正先生年譜長編》，第九冊，頁 416-417；《胡宗南上將年譜》，
頁 267-268；《胡宗南先生文存》，頁 329-331；但郝柏村先生記
載父親離成都乃顧祝同總長之令：「顧祝同以胡宗南在大陸犧牲，
於心不忍，乃令其先到海南，未事先向蔣公報告，胡宗南並非擅
離部隊。」《郝柏村解讀蔣公日記 1945-1949》，頁 457；鑑於總
裁對父親離成都十分不滿，王叔銘副總司令便私函蔣經國（中央
幹部學校）教育長解釋，強調父親為「唯一之忠心耿耿聽命於總

第七節　變生肘腋致第五兵團倉促突圍

更意外的是，24 日各部隊依照突圍計劃，正要開始行動之際，原安排出其不意向東攻擊到敵軍後方的第十五兵團司令羅廣文偕同第二十兵團陳克非及前川鄂邊區綏署孫震的副手董宋珩挾其第十六兵團，同時通電叛變；[44] 屬於第七兵團的第三十軍軍長魯崇義亦率該軍殘部在成都東南方、不到簡陽的龍泉驛投共，[45] 另自陝南來

裁之人也」，該函全文載《胡宗南先生文存》，頁 339；又，國防部檔案亦附有一簡略國軍叛變紀錄，謂「12 月 22 日，匪接近成都，除胡宗南外，餘均叛變：21 日：第四十一軍、第四十七軍、第二三五師叛變；18 日：第七十二軍叛變……」見國防部，《西南戡亂作戰經過概要：1949 年 4 月－1950 年 5 月》，檔號 38／543.64／1060.2B／1；另參《王叔銘日記》，1949 年 12 月 27-31 日，其中在 28 日記載蔣總裁當面鼓勵他（王叔銘）說：「疾風知勁草，板蕩識忠臣，以後要全靠你和宗南矣，希各努力！」王叔銘另亦記載當時俞濟時私下之不妥言論等。

44 黃埔嫡系羅廣文的投共亦係受到劉文輝多時的影響，最後是劉文輝找人動員了羅廣文的父親說動他，才下決心；陳克非及董宋珩的「起義通電」則是請在彭縣的鄧錫侯用他的電臺代發的，因陳未遵父親令擊滅鄧的九十五軍，而有恩於鄧。羅廣文和陳克非二位黃埔將領投共之心路歷程和最後決定（他們不知父親離開成都不是「逃跑」而是要飛去西昌繼續作戰）參考《走到人民陣營的歷史道路》，頁 48；〈我在川西起義的經過〉，《文史資料選輯》，合訂本第 5 冊第 17 輯，頁 33，鄧錫侯並提及，楊森部也由喻孟群率領投共；另參陳克非，〈我從鄂西潰退入川到起義的經過〉，《文史資料選輯》，第 23 輯，頁 77-83；至於陳克非之部屬第七十六師張桐森師長則拒絕聽命投共，率部突圍後至西昌協助父親繼續作戰。

45 裴昌會、魯崇義於 12 月上旬縱容魯崇義部第二十七師（師長歐耐農）在扼守天險寧羌、五丁關時擅棄守地，致使共軍第一野戰軍順利南下進佔廣元，劍門，造成包圍成都、並阻擋父親其餘部隊南下川西之嚴重後果，第二十七師則在原地隨裴昌會投共。見國發會檔案管理局檔案，載於《胡宗南先生文存》，頁 354-355，惟魯崇義之家眷當時亦已來臺居於父親為其前線將領們所購建的眷舍中（魯崇義，〈難忘的回憶〉及《愛國起義將領裴昌會》，濰城文史資料第十四輯，卻都將此善意反而說是「作為人質強迫運送去臺灣」）。父親為加強與此非黃埔系統將領之聯繫、數年來

158 | 疾風勁草：胡宗南與國軍在大陸的最後戰役（1949-1950）
Against All Odds: Hu Tsung-nan and the Chinese Nationalist Army in the Last Battles
on the Mainland（1949-1950）

南下的第十八兵團李振司令官則率其親信第一八七師
（師長鍾定天）返成都預備投共，在行動前還參加第五
兵團李文司令官於成都南門外空軍司令部約集的會議，
李振這時便公開主張和共軍第二野戰軍「和談」！由於
變生肘腋，李文立即和第三十六軍軍長朱先墀以及配屬
李振所指揮的第九十軍軍長周士瀛商量，三人研究後堅
決回答說，「戰到一兵一卒也要打」！[46] 李振一看情勢
不對，立即離去，其後率第九十軍的第六十一師師長陳
華、第三十軍的第三十師師長謝錫昌等發「起義」電
文，而周士瀛則率第九十軍其餘部隊（第五十三師，師
長樊玉書、第三三八師，師長王憲斌）脫離李振第十八
兵團，加入第五兵團突圍。

　　只是李文這時反而因為李振部隊成為威脅，乃不得

對其母親及家人之照顧可參考《胡宗南先生日記》，1946 年 8 月
1 日，11 月 7 日，1947 年 3 月 9 日，9 月 20 日，1948 年 3 月 6 日，
6 月 16 日、29 日，1949 年 1 月 25 日，6 月 7 日、22 日，9 月 4 日、
12 日，12 月 7 日等。

46 李振所率第十八兵團早已預定繼第一軍之後入川，但「由於集中
車輛運送第一軍至重慶的耽誤，綏署後勤物資搶運不及，使得兵
團推遲了二十多天，直到十二月初才開始經由（陝西）略陽，陽
平關轉川陝公路於六日到綿陽」。李振看到當時極為不利的態勢，
在綿陽經過內心掙扎、決定投共後，試探其兵團參謀長黃埔六
期、陸大畢業的何滄浪問局勢，何表示：「關成現在的局勢，完
全是戰略上的失敗，已經遲了二十多天，過去的英雄現在變成狗
熊……還有什麼辦法？」此語可反映這些職業軍人內心都非常清
楚當時形勢已經無法放手作戰。於是李振、何滄浪便聯袂投共。
參考《三十七年的戎馬生涯》，頁 116-117，120，124-127；李振
另亦於 12 月 13 日在綿陽向首次見面的川鄂綏靖公署孫震主任、
韓文源副主任不顧禮貌地表達內心之痛苦，「捶桌頓足，大發牢
騷」，且於 12 月 23 日赴新津最後一次見父親，明顯心中矛盾，
仍希搭飛機離開，但父親要他以「救部隊為主」，他乃回雙流。
見《八十年國事川事見聞錄》，頁 329；《胡宗南先生日記》，
1949 年 12 月 23 日。

不改變父親原來主持的計劃，重新部署，率黃埔系統部隊強行向西攻擊，企圖突破共軍主力及叛軍之層層包圍以攻佔雅安，聯繫西昌。但是，共軍第五兵團的第十六軍、第十八軍、第三兵團的第十軍、第十一軍、第十二軍各軍已經趕到，劉文輝在附近各地的叛部亦紛予接應，乃得以分別在吳山鎮、復興場、壽安場、新津、大邑、雙流、邛崍東南、新邛公路南北地區等地全力阻截。國軍自 24 日晨開始攻擊前進，而共軍及叛軍亦於圍堵完成後於 26 日發起全線攻擊，至 27 日國軍雖攻抵邛崍以南，但損失慘重，彈盡援絕，成都防衛總司令盛文、第九十軍軍長周士瀛、第二十七軍副軍長吳俊、第一軍參謀長張銘梓等重要將領九員負傷，另重要將領第六十九軍副軍長龐仲乾、軍參謀長陳壽人、第三十六軍第一六五師師長汪承釗、第五十七軍第二一四師師長王菱舟等七員陣亡或自戕（見附錄九），李文司令官、陳鞠旅副司令官兼第一軍軍長等領導人力盡，被共軍第十六軍所俘，部隊終遭覆滅，而同日李振等叛部則將成都交予共軍。[47] 李文後來與數位同仁機警逃出，輾轉來臺，後任國防部高參，但陳鞠旅副司令官則未能逃出，不久即在獄中病逝。[48]

---

47 《胡宗南先生日記》，1950 年 1 月 12 日；《胡宗南上將年譜》，頁 263-279；《中國人民解放軍全國解放戰爭史》，第五卷，頁 484-486；另參考《楊勇故事》（北京：解放軍出版社，2015），頁 38-39；至於我空軍三軍區在成都戰役中支援地面作戰於 1949 年 12 月 18-26 日計出動 AT-6 攻擊機 9 架，計毀共軍木船 4 艘，工事 5 處，傷亡 1,070 人，《關鍵年代：空軍一九四九年鑑（一）》，頁 127。

48 作者 1971 年初赴美留學時李文將軍及夫人特來臺北松山機場相送

　　兵團中負責守新津的第六十九軍胡長青軍長於擊退
共軍進攻後，留第二十四師殿後掩護全軍，率另兩師
（第四十四師、一四四師）突圍，沿途惡戰，於西來場
（蒲江與邛崍之間，距新津約 50 公里）與優勢共軍第
五兵團遭遇，蒙重大犧牲，其後再向西南進軍，輾轉至
1950 年 1 月下旬抵達富林（在今雅安市南的漢源縣，
突圍了 200 餘公里），部隊已犧牲十之八九，殿後阻擋
追兵的軍參謀長陳壽人、第二十四師師長吳方正等均陣
亡，胡軍長然後設法與在西昌的父親聯絡上（兩地相距
約 230 公里）。[49]

　　鼓勵。至於其女亦已留美有成；陳鞠旅夫人則率子女居於父親所
　　建眷舍，自己刻苦打工，她亦曾來見作者母親多次，子女成長赴
　　美國加州創業甚為成功。

[49] 胡長青部作戰情形見其呈父親電報，載於《胡宗南先生文存》，
　　頁 365-366，陣亡之軍參謀長陳壽人將軍的公子陳長文在臺係名律
　　師、海基會第一任秘書長；吳方正師長的公子吳社邦則在臺服務
　　於中山科學院多年退休。李文司令官所率國軍各部被共軍及各路
　　叛軍四面包圍，衝殺肉搏 4 日，最後始傷亡殆盡，其經過見〈展
　　利字第 14072 號電〉，國防部，《西南戡亂作戰經過概要：1949
　　年 4 月－1950 年 5 月》，國發會檔案管理局檔號 38／543.64
　　／1060.2B/1；李文呈父親電報全文見《胡宗南先生文存》，
　　頁 334；另參《國民革命軍戰役史第五部－戡亂》，第七冊，頁
　　179-181；《中國人民解放軍全國解放戰爭史》，第五卷，頁 483-
　　486；《陳錫聯回憶錄》，頁 276；至於國軍將領後來生還來臺者
　　尚有盛文總司令（湖南長沙人，北京大學二年級時投筆從戎入黃
　　埔六期，陸軍大學十期，此次右手為手榴彈炸傷，1950 年 2 月 1
　　日始脫險抵香港，11 日抵臺。其呈顧祝同總長報告見國防部，《西
　　南戡亂作戰經過概要：1949 年 4 月－1950 年 5 月》，國發會檔
　　案管理局檔號 38／543.64／1060.2B/1。盛將軍公子盛竹如在傳
　　播界有成）、第七兵團薛敏泉副司令官（臺南縣政府工作）、第
　　九十軍周士瀛軍長（後來任陸軍供應司令，著有華北對共作戰之
　　回憶錄《前車》，曾對作者多次指教）、第五十七軍馮龍軍長、
　　第一師袁書田師長、第五十五軍曹維漢師長、第一二三師雷振師
　　長後來均隨父親赴大陳參與反共救國軍並作戰立功；馮龍之女留
　　美有成，袁書田、曹維漢二將軍之子袁鐵雄、曹文生亦在臺從軍
　　立功，曹文生且升至上將，曾擔任憲兵司令、第三十六軍朱先墀

第八節　第七兵團的覆滅

　　至於負責防守北邊與中共早有默契的第七兵團裴昌會司令官或因其家眷多人已經抵達臺灣，居住於父親為他們建立的眷舍中，而有所顧忌，乃遲至 25 日始正式通電投共，還號召其他父親殘部投共。[50] 結果仍在川東北方的三個軍之中第九十八軍聽從，而第七十六軍、第十七軍一面響應他、一面脫離他，該兩軍由薛敏泉副兵團司令兼第七十六軍軍長率領，自 12 月中下旬不斷與追擊之共軍作戰，先在南部縣於嘉陵江兩岸與共軍五十軍激戰，繼驅逐劉文輝部第一三七師（師長劉元琮）後，前往三臺縣（成都東北東約130 公里），因聞知成都不守，乃自 27 日起，以西昌附近的雷馬坪為目標，由三臺向南突圍，此時其二十師師長胡文思不幸被俘（惟其家屬已來臺北眷舍，與一三五師副師長王生明少

　　軍長（任職榮譽國民之家）；前第三十六軍劉超寰軍長（來臺後生活困難，父親聞悉曾暗中設法協助）、第二十七軍吳俊副軍長（對日抗戰時在 1937 年淞滬戰役中即因戰功嶄露頭角，曾撰文提供抗日戰史並曾對陳立夫先生在回憶文字中對父親的評論以其親歷提出辯正）等人，至於第一三五師少將副師長王生明經香港轉來臺灣養傷，以其驍勇善戰，乃於 1951 年赴浙江外海大陳島參與反共救國軍作戰，並榮膺戰鬥英雄，父親在大陳的繼任人劉廉一中將在 1954 年當地局勢緊張時將王生明調為一江山司令，1955 年 1 月 20 日一江山失陷，王生明司令令自戕殉國。另參考《胡宗南先生日記》，1953 年 5 月 13 日，1957 年 7 月 26 日，10 月 4 日，1958 年 2 月 1 日，4 月 16 日，1961 年 2 月 2 日。

50 裴昌會於投共後受胡耀邦（擔任中共第一野戰軍軍兵團政治部主任，是裴昌會投共的主要聯絡對象）支持，擔任其川北行署的副手，還建立川北地區民革組織，1955 年並與劉文輝、鄧錫侯同時接受中共所頒發的「一級解放勳章」，其後並在對臺廣播中向其軍政界老同學、老朋友喊話；但於文革中仍不免被批鬥且被打斷腿。見政協山東省濰坊市濰城區委員會學宣文史委員會，《愛國起義將領裴昌會》，頁 1-15，63-71，73-76，112-118，139-142。

162 疾風勁草：胡宗南與國軍在大陸的最後戰役（1949 - 1950）
Against All Odds: Hu Tsung-nan and the Chinese Nationalist Army in the Last Battles
on the Mainland（1949-1950）

將的家人分住一棟宿舍內），一路戰鬥激烈，復遭地方
土共襲擊，糧彈俱絕，雖敗不降，但由於與其合作的四
川團隊皆叛變，犧牲慘重，至 1950 年 1 月 3 日，有組
織之戰鬥終止，殘餘部隊分散潛入山區，其後多人陸續
抵達香港入難民營。部隊領導人之一的第十七軍軍長周
文韜不幸被俘，薛副司令官則輾轉回到臺灣。[51]

　　另第三十八軍則在軍長李振西率領下遵父親電令推
進到理縣、茂縣地區游擊，當裴昌會以長官身份電報號
召他投共時，他置之不理，裴再派人當面相勸，「李感
於胡宗南的委任，態度堅決，復信向裴表示『人各有
志，請勿勉強』」，但後來部隊在冰雪的山中因缺乏糧
食而不能支撐，不得不在 1 月下旬被迫放下武器，李
振西被解到成都後抱頭痛哭。[52] 至於投共的部隊後來在

---

51 薛敏泉，〈陸軍第七十六軍川北戰鬥經過報告（1950 年 7 月 18 日
　　於臺南）〉，他亦在報告中重申要追隨蔣中正總統反攻復國的決
　　心，見國防部，《西南戡亂作戰經過概要：1949 年 4 月－1950 年
　　5 月》，國發會檔案管理局檔號 38 ／ 543.64 ／ 1060.2B/1；《國
　　民革命軍戰役史第五部一戡亂》，第七冊，頁 172；薛敏泉係抗戰
　　時第十六軍參謀長，1947 年國軍攻略延安時西安綏靖公署之副參
　　謀長，其人有魄力、有決心，父親對渠才華甚為欣賞，原計劃培
　　養為優秀幕僚，後來決定培養為將帥，成都作戰前復多次見面鼓
　　勵，後者脫險來臺後立即電告當時身在西昌的父親，見《胡宗南
　　先生日記》，1943 年 9 月 1 日，1944 年 9 月 2 日，1947 年 1 月 1 日、
　　3 月 9 － 12 日，7 月 19 日，1948 年 11 月 8 日，1949 年 12 月 6、9、
　　11 日，1950 年 2 月 3 日另見本書第一章第三節；至於聽從裴昌會
　　放下武器投共的第九十八軍軍長劉勁持，據盛文將軍告知，其平
　　日的作風即頗有爭議，見《胡宗南先生日記》，1949 年 10 月 7 日。

52 張永齡，〈起義前後的裴昌會〉，《愛國起義將領裴昌會》，頁
　　73-77；李振西，〈三十八軍在關中歷次戰役中被擊潰及其逃川被
　　迫投降經過〉，中國人民政治協商會議陝西省委員會文史資料徵
　　集研究委員會，《陝西文史資料選輯》，頁 172-173，184-185，
　　188-189；〈胡宗南 1950 年 3 月 15 日呈顧總長第 1620 號電〉，
　　國防部，《西南戡亂作戰經過概要：1949 年 4 月－1950 年 5 月》，
　　檔案管理局檔號 38 ／ 543.64 ／ 1060.2B/1；按李振西雖是黃埔畢

成都等不同地方接受「整訓」，不少人在結束後即被中
共調到朝鮮投入韓戰。[53] 此外，值得注意的是，後來中
共官方編纂的戰史，如本文所參引的《全國解放戰爭
史》、《劉伯承傳》、《一野檔案：第一野戰軍》及各
共軍將領回憶錄等，對於潛伏於國軍高層關鍵地位、不
斷成功誤導元首蔣中正以及其他政府首長，導致共軍
由弱變強、使國軍在大陸最後反而失敗的共諜劉斐、
郭汝瑰、劉宗寬等，卻根本沒有一字提及彼等的重大
「貢獻」。

業生，卻跟隨楊虎城多年並在西安事變中擔任角色，但抗戰時曾
立功，其後 1946 年第三十八軍整編時，其孔從周師長叛變投共，
李振西為該軍旅長，參加剿叛有功，父親乃以茶會接待鼓勵，其
後多次接見並提拔；李振西續在該年 8 月於豫北輝縣之役以少勝
多，擊破圍攻他的共軍 16 個團並擄獲甚多，故續得於 1948 至
1949 年間晉升至軍長，1949 年 11 月 7 日父親在雙十舖再度接見，
特別「勉其努力」，參考《胡宗南上將年譜》，頁 171；《胡宗
南先生日記》，1946 年 6 月 11 日，8 月 27 日；1948 年 3 月 28 日，
7 月 11-12 日，12 月 15 日，1949 年 5 月 7 日，7 月 23 日，11 月 7 日。
53 〈裴昌會生平〉，《愛國起義將領裴昌會》，頁 14-18。

成都突圍部署及突圍作戰經過要圖

（1949 年 12 月 24 日至 29 日）

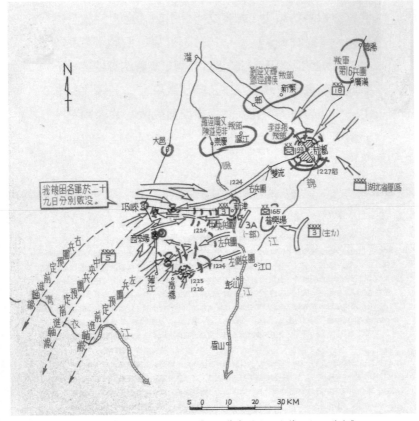

三軍大學編纂，國防部審定，《國民革命軍戰役史第五部—戡亂》，第七冊，頁 182。

第九節　責任一肩挑

　　父親在西昌得到部隊失敗覆滅的噩耗後，「非常悲憤，幾乎吐血」，[54] 於 1 月 6、7 日分別答復好友湯恩伯將軍、保密局長毛人鳳的慰問電並致電蔣經國先生，內容類似，他坦白表示：「……自川東告急，弟部奉命，**萬里日夜馳援，兵力分散**，成渝之戰，雖逐次加入戰場，迭挫兇鋒，歷樹戰績，而彭匪南下合圍勢成……終以川軍附匪，魯逆崇義、李逆振、裴逆昌會乘危背叛，變生肘腋，致……**孤軍苦鬥**……終遭覆滅……**政略戰略大錯，一再演進**，殊無法逃茲厄運……國運如此，夫復何言，現已電懇總裁撤職法辦……待罪期間，唯有重整殘部，惕厲奮發於大陸最後據點，拼最後一顆彈、最後一滴血，寫大陸歷史最後之一頁，上報領袖，藉答知遇……」。[55] 以上「無法逃茲厄運」一句說明了他早就看到這個結果，而一直努力要避免，卻沒能成功。

　　同時他更致電總裁，不但不把責任往上推，反而表示完全負起失敗責任：「此次成都戰役，孤軍苦鬥逾旬，原期各個擊破匪軍，用定川局，挽回頹勢，雖迭挫兇鋒，迄未竟全功。而北面扼守寧羌、五丁關之魯崇義軍第二十七師，擅棄守地，引狼入室，廣元、劍門相繼

---

54 《胡宗南先生日記》，1950 年 1 月 2、9、10-12 日。

55 見〈1950 年 1 月 6 日復毛人鳳、湯恩伯電〉、〈1950 年 1 月 7 日致蔣經國電〉，均見《胡宗南先生文存》，頁 354-358；其中蔣經國先生於 1 月 10 日電復稱：「務望兄能以忍耐之苦心，而克服目前之困難。小弟擬於最近遠訪老兄於西昌，並面商一切。家父日前曾親至府上賀年，見令郎活潑可愛，無任快樂」（函中所提之「令郎」即係作者）。

166 | 疾風勁草：胡宗南與國軍在大陸的最後戰役（1949 - 1950）
Against All Odds: Hu Tsung-nan and the Chinese Nationalist Army in the Last Battles
on the Mainland（1949-1950）

陷落；孫元良部又無法指揮（如前文所述，因正在醞釀
叛變），（以致）東北洞開，迨劉、彭兩匪（即第二野
戰軍及第一野戰軍）合圍勢成，適昆明事件（即昆明反
攻功敗垂成──但未提總裁、總長傳達錯誤資訊）。職
為避免不利決戰，保全大陸最後戰力，待機反攻計，乃
於 22 日赴新津前線，召集軍長以上將領決議，遵鈞座
電示中策，遂分令所部乘虛即循岷江東岸，分由瀘州、
宜賓越長江，轉康、滇邊區集結，以鞏固西昌、昆明基
地，職蒙電准……飛西昌，便利聯絡指揮；詎遭時不暢
……限於氣候，改道瓊島，遲誤時日，我李文主力兵
團，又因孫元良及羅廣文、李振、魯崇義等叛變，阻擾
原計劃實施，被迫獨斷對西南匪主力反攻，為無準備之
決戰，出諸孤注一擲之下策；血戰四日，彈盡援絕，陷
入重圍，終遭覆沒。卅年先烈創業，毀於一戰，雖遄返
西昌，收容殘部，不滿二千，報命無由，既無以對部
屬，更無以對鈞座及總理在天之靈，言念及此，五中俱
裂……成都之戰，職統御失道，指揮無方……罪無可
恕，懇即明令撤職交軍法審判……」。[56]

　　沒想到蔣中正總裁不久竟然回電安慰：「胡副司令
官，革命精神全在此失敗之時，仍能百折不回死生一致
者得之，只要吾人決心堅定，奮鬥到底，則人定勝天，
轉敗為勝之機，即在此山窮水盡之中，所謂疾風知勁
草，歲寒知松柏者亦即在此也……何如此之窘迫自餒

---

56 《胡宗南先生文存》，頁 355-358；惟孫元良將軍本人並未投共，
　　後自港輾轉來臺。

耶？望專心一志，堅忍奮鬥，毋作他念，勿愧為革命
信徒，是望也。中正手啟。」[57]（本電原件影本附於本
章後）

　　其實父親內心一直是反對在成都決戰的，他在給老
友國防部後勤次長陳良的信上說：「……內線作戰，乘
敵分進合擊之時，而先擊滅其中一股，事實上已不可
能，集中所有力量固守成都，做背城借一之舉，而結果
必至全軍消滅，如項羽，如拿破侖，如洪秀全……**所謂
既不知己，又不知彼**，此種舊戰術、舊思想在剿匪以
來，不知陷滅了多少部隊，犧牲了多少將士，而白流了
多少英雄之血……弟有鑒於此，反對在成都附近決戰
……（他希望）在我軍力量還沒十分損失之前，脫離內
線，轉移外翼，有計劃，有目標，分數縱隊，放棄了成
都，脫離了包圍，變不利態勢為有利態勢，變被動而為
主動……寧可冒被千萬人痛罵之險，也要到某一地點
……造成奇局……成敗、利鈍、是非、罪惡，只好付諸
未來的戰局……」。此信充分顯示他到了最後關頭仍然
抱著希望，並有挽回局面的計劃，只可惜其想法沒有機
會實現。[58]

---

57 1950 年 1 月 9 日蔣中正電胡宗南。（臺北：國史館，數位典藏號：
　002-020400-00032-179）。

58 全文見《胡宗南先生日記》，1949 年 12 月 25 日；《胡宗南先生
　文存》，頁 340-341；其目標或「奇局」或為本章註 42 所引之呈總
　裁電中所述之長江敵後浙贛，趁著共軍全力向西進攻時，反而向東
　出擊，回到部隊較熟悉的大巴山附近，休整後攻到共軍的後方，進
　擊陳毅海防軍側背，《胡宗南先生文存》，頁 331-332。另，父親
　平日即指示其將領不要以守城池為重點，如以下親筆文稿：「可失
　之地，不重要之地，失之不妨。為攻擊，為集結兵力而放棄一村落，
　一碉堡，甚至一城鎮，並非失算，戰而勝，所失之地，仍為我有，

168 疾風勁草：胡宗南與國軍在大陸的最後戰役（1949-1950）
Against All Odds: Hu Tsung-nan and the Chinese Nationalist Army in the Last Battles
on the Mainland（1949-1950）

　　至於蔣總裁的內心其實也並不是堅持要孤注一擲守成都的。他後來在日記中檢討稱，他是因為「**當時閻伯川一語之誤，即集中兵力孤守成都，正予共軍包圍殲滅之良機，以後無法與共軍周旋矣。因之余與宗南皆放棄集中守蓉之主張……兵力集中以後再行出擊，覓匪主力以求決戰，而不必為孤守成都而集中也**，無如環境複雜，空氣暗淡，以致精神不專，卒致決心動搖，竟因之而大陸不保，痛懺莫及矣！」[59]（本書加深強調部分均係作者所加）

　　十年後，香港新聞界人士鍾樹楠君編著《川康風雲》，對父親有甚多譴責之語，其論點與本書前言中所引李宗仁代總統對父親的評論相似。後來鍾樹楠君來臺訪問時，父親若干瞭解內情的部屬們如盛文中將等，均強烈建議予以接見，父親同意，並請來宅共餐，本書作者也在場。在談到成都戰役時父親只簡單地表示：「成都之戰，無補給，無後方，無運輸，不能作戰。」這幾個字是成都之役我方情況最簡單的詮釋，透露出他心中

戰而不勝，雖欲保而不可得，故攻擊絕不用小兵力，無論如何調集必勝兵力，一進一定成功。」《胡宗南將軍手札》，未刊本。

59 《蔣中正日記》，1949 年 12 月反省錄；當時全程參與指揮支援作戰的空軍王叔銘副總司令在 12 月 27 日對成都之戰有以下評述：「當時胡不願第一軍調赴重慶而總裁非調不可，以致其不能先佔川西雅安，戰無後路，以致今日之失敗。余以為胡之談話實有理由，整個軍事之失敗實由於只顧目前，不望將來，而且猶豫不決，時動決心所致也。」另關於我方在西南之軍事部署，臺灣省主席陳誠也很不贊成，王叔銘於 1950 年 1 月記載稱：「晨八時訪晤陳長官，彼對於華西之軍事部署極不贊成，其意見與宗南兄相同，但總裁不肯採納彼等的意見，致有今日的結局。」見《王叔銘日記》，1949 年 12 月 27 日，1950 年 1 月 12 日。

最深層的無奈，也代表著國民革命軍永遠的創痛。[60] 至於八年對日抗戰都勝利了的國軍，為何在短短四年之內竟然失敗，父親後來的強烈感慨或可解釋為原因之一，他說：「辦大事者非精心果力之為難，而仁恕存心相忍為國之不易也。」[61]

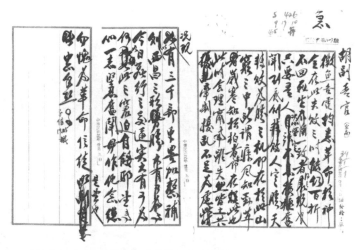

1950 年 1 月 9 日蔣中正總裁電胡宗南副長官原稿。

60 《胡宗南先生日記》，1960 年 1 月 6 日；鍾樹楠本人後來著文謂過去對父親的批評有失公平，其對父親的觀感見鍾樹楠，〈一介布衣所認識的胡宗南先生〉，《令人懷念的胡宗南將軍》，頁 11-14，主要感想是：「國家的政治大環境起了變化，非一二好軍人所能全部扭轉」；該文以「我（雖然已經見不到他了，但）還看得見胡先生的高尚的靈魂」為結語。

61 親筆墨寶印於《胡宗南上將年譜增修版》封面。

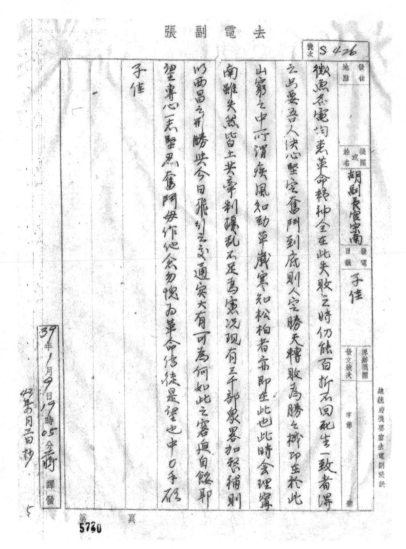

1950 年 1 月 9 日蔣中正總裁電胡宗南副長官去電抄件副張。

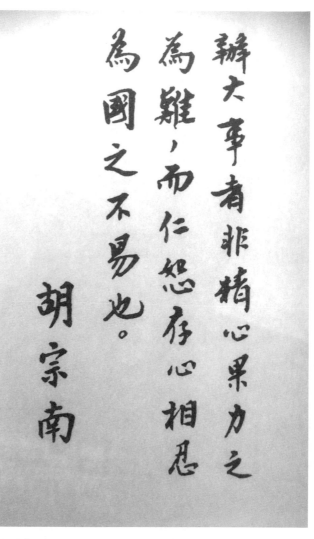

辦大事者非精心果力之為難，而仁恕存心相忍為國之不易也。

胡宗南

父親墨寶。

第十章　西昌盡職

第一節　赴西昌的原因和當地情況

父親對自己在成都突圍前聽從了將領們力勸，為了避免成為部隊負擔，且必須先到西昌準備部隊後勤，在空軍催促下率領署部數百人先飛離了戰場，而未隨部隊行動，但我各軍最後在重重包圍下都犧牲了，自己竟然還健在，為此極感痛苦，認為這是「大錯」，「悠悠蒼天，何能已哉」！[1]因此當蔣總裁指示他以「西南行政長官公署代理長官」的身分照原定計劃赴西昌，「不顧一切，單刀前往，挽回頹勢」（全文見附錄六）後，[2]他乃不顧隨他來海南的所有幕僚（沈策副參謀長、趙龍文秘書長、李廉教授、王超凡主任（羅列參謀長赴臺北向總裁報告成都突圍情形，當時不在海南）的反對，以革命軍人視死如歸的精神，明知不可為而為，堅持要其

1　《胡宗南先生日記》，1950 年 1 月 2 日、23 日；父親或也以為如當時不離蓉飛西昌，他三個兵團司令中兩個非黃埔出身的司令裴昌會、李振等人應不會叛變，惟裴昌會的回憶文中自承 1949 年 11 月間便一直與中共人員研究投共的時機，拖到 12 月下旬應是顧應到他自己已經撤到臺灣並住在父親為他們營建的眷舍中的家人（他回憶文中卻反而說他的家人變成人質）；至於李振回憶中也明白指出，渠於 12 月 13 日即已決心投共，並讓同仁與共軍聯繫並已經作各項具體安排，是以即使父親於 12 月 24 日隨部隊突圍，彼等仍將會按計劃行動。參考《愛國起義將領裴昌會》，頁 66-76；《三十七年的戎馬生涯》，頁 120。

2　《胡宗南先生日記》，1949 年 12 月 29 日：總裁信上說：「……大陸局勢，全繫於西昌一點，而此僅存之點，其得失安危，全在於吾弟一人之身……」。

174　疾風勁草：胡宗南與國軍在大陸的最後戰役（1949 - 1950）
Against All Odds: Hu Tsung-nan and the Chinese Nationalist Army in the Last Battles
on the Mainland（1949-1950）

好友空軍副總司令王叔銘立即安排飛機，於 12 月 30 日
下午便從海口飛抵如同孤島的西昌。[3] 從蔣總裁日記及
後來發展中看來，蔣之所以堅持要父親去西昌，其原因
主要應不是軍事上的需要，而是更高層次的考慮：是因
為當時蘇聯共產陣營及美國民主陣營彼此對立，劍拔弩
張，隨時會有變化，我方自應盡量在大陸維持一個據
點，能撐持多久算多久，以維持我政府國際地位，並以
待國際局勢的發展，並作國內外政治上的號召。

　　因為，蔣總裁早在 12 月 6 日便已看到西昌以南
120 公里處的寧南縣已經受到共方勢力的威脅，便已私
下在日記中記下：「西昌『決不能』（如 11 月 3 日對
父親所表示的可）作為政府的駐地」（見第七章第一
節）；到了 12 月 24 日，他因為關懷西康省主席賀國光
的安全問題，還進一步在指示參謀總長顧祝同的電報中
明白地寫出；「川滇皆已淪亡，惟西昌尚得保全，不久
亦必被陷，對該地方針及將來元靖（賀國光字）接運
安全問題，望切實研究決定，予以指示為要。」[4] 換言

3　《胡宗南先生日記》，1949 年 12 月 29 日；父親侍從參謀張政達
　　記得當時聽到父親對王叔銘副總司令說：「叔銘呀，總裁是要我
　　到西昌去成仁的，我不得不走！」見張政達，〈胡宗南先生行
　　誼〉，《令人懷念的胡宗南將軍》，頁 161-162；自海南飛西昌經
　　過另見《王叔銘日記》，1949 年 12 月 28-30 日。

4　《蔣中正先生年譜長編》，第九冊，頁 417；顧祝同參謀總長隨即
　　在次日（12 月 25 日）自海口以 671 號電回報總裁，主張西昌應予
　　撤離，並將賀國光主席接出來，電文並提具體做法，因為「西昌已
　　非大陸根據地，我繼續保持，不但無補於大陸戰局，且終必被敵消
　　滅……目前正是西昌撤退之良好時機，似宜立下決心……將寧屬軍
　　政一并交由靖邊司令孫仿、鄧德亮負責，而將我官兵空運來瓊……
　　似可於西昌設「西康省府行署」……人事……仍由賀元靖定之。空
　　運辦法分三案……」；惟總裁不同意撤離，回電稱：「決令宗南先
　　回西昌，指揮川康滇各軍……」，見國防部，《西南戡亂作戰經過

之，蔣總裁為了政治和外交上的考慮，絕不願把這個大
陸上最後一個據點即予放棄，所以一定要父親仍然前
往，也就是寧可讓部隊全部冒險甚至犧牲，也要做最後
的奮鬥。[5]

　　按，西康省（現已被併入四川省）是由雅屬、寧屬
和瀘屬三十多個縣組成的，其中只有寧屬九個縣和雅屬
的漢源縣（今雅安市漢源縣）等地當時仍在國軍手中
（分別位於今日之涼山彝族自治區、攀枝花市、雅安
市、甘孜藏族自治州、峨邊彝族自治縣、馬邊彝族自治
縣、宜賓市之內），而均以西昌為中心。如以今日涼山
彝族自治州為計算，則國軍控制地區約有六、七萬平方
公里。西昌位於西康東南的小盆地，其四圍不少高山深
谷，均為彝胞所住，是西康的精華區；但當地交通梗
塞，法幣拒用，部隊補給全賴黃金支出，軍糈民食均告
缺乏。當時敵方勢力，北面大渡河附近有劉文輝叛部一
團，已進至海棠（在今涼山自治州北面），南邊金沙江
方面雲南土共（即滇桂黔邊縱隊）朱家璧有一萬多人，

概要：1949 年 4 月－ 1950 年 5 月》，檔案管理局檔號 38 ／ 543.64
／ 1060.2B／1；及《胡宗南先生文存》，頁 332-333。

5　參考蔣中正對外交情勢之觀察，見《蔣中正日記》，1949 年 9 月
反省錄，10 月反省錄，10 月 22 日「上星期反省錄」，11 月 19 日「上
星期反省錄」，12 月 6 日，12 月反省錄等；蔣中正堅持維持西昌
據點自反映外交角度的評估，例如外交部長葉公超曾於 11 月 3 日
在陪都重慶李代總統宗仁所主持之國民黨中央黨部常會中（蔣總
裁當時在臺灣）即報告稱，「英國目前尚不致承認中共偽政權，
但至明春則不敢斷言，美國則絕不致承認，總之，**國際間以為大
陸上有根據地則尚可恢復，如放棄大陸只守島嶼則希望已絕**。至
美援四千五百萬其國務院與國防部雖有計劃，並無效力，其權完
全操於總統之手，故我方如何要求毫無效力云。」見《千鈞重負：
錢大鈞將軍民國日記摘要》，1949 年 11 月 3 日（以上重點係作
者所加）。

龍雲之子龍純曾率萬餘人抵巧家（西昌東南約 164 公里，今雲南四川邊境），會理（在西昌南方 172 公里）感受威脅。至於當地我方所有的可靠武力則十分單薄，除了賀國光主席的若干保安團外，主力正規部隊因為受到數月來上級戰略的一再變更，未能及早從陝南多運一些來，以致只有數月前空運來的第一師第二團朱光祖團長所率六個連七百人。[6] 所以父親電告蔣經國先生，形容西昌那時的大環境是：「四夷環伺，畏威不懷德，內部仍為劉逆文輝舊部所把持，情形複雜，強敵跟蹤，南北夾道——大渡河，金沙江，天險盡失，東西各部臨不毛雪山……」，「收容殘部……戰力不及一團……守既無力，機動游擊又為人地所不許，環境如斯，遑論創造……弟唯有力整殘部，集結西昌，於大陸最後據點……」。[7]

西康省主席賀國光則坦告顧祝同總長稱「西昌固為大陸反攻基地，但種種條件未備，如敵前來，難能達成，又中央駐昌各軍政機關經費斷絕，紛請救濟……部隊彈藥亦無從補給……」。[8] 至於顧祝同總長本人則報告總裁稱，由於甫於二十多天前正式投共的前西康省

---

6 參考當時在西昌作戰人員之記述，戴濤（曾任西安綏靖公署第四處處長），〈胡上將宗南先生的孤軍奮鬥紀要〉，《令人懷念的胡宗南將軍》，頁 143-144。

7 〈胡代長官致臺北蔣經國主任函〉，1950 年 1 月 7 日，《胡宗南先生文存》，頁 357。

8 《胡宗南先生日記》，1949 年 12 月 30 日，1950 年 1 月 1 日；以及〈1949 年 12 月 25 日賀國光亥有辰電〉，國防部，《西南戡亂作戰經過概要：1949 年 4 月－ 1950 年 5 月》，檔案管理局檔號 38 ／ 543.64 ／ 1060.2B/1。

主席劉文輝在西康經營了二十多年，當地各地行政人員多為劉文輝之部屬，亦與中共多有聯繫，「潛伏勢力密佈，漢人多吸鴉片，一般人民均厭戰，充滿投降心理。」[9]

第二節　創造條件　充實實力

　　1950 年開年時，父親除了勉勵第一軍朱光祖所率領的那僅有的七百人主力部隊，要效法岳飛，努力收拾舊山河外，便和幕僚們討論大局安排。他反對幕僚們建議的把全體空運海口或其他島嶼，也反對留幾架飛機在西昌以運送指揮機構，因會使軍心渙散，而決定先控制四至五個連保衛指揮機構行動，分散現有兵力控制寧屬南北八縣，安定西昌，配合土司，逐漸利用漢人展開游擊；至於西南軍政長官公署人員則大部派領部隊到各縣獨立發展。[10] 那時他的心情極為沉重，因為無法與突圍各軍聯絡，到了 1 月 3 日，他從宋希濂的副主任潘佑強處聽說宋希濂被俘，更記下：「至為愴然，中國革命真絕望矣」！[11]

9　見顧祝同總長呈蔣總裁報告，列入檔案管理局檔案，載於《胡宗南先生文存》，頁 360-362。

10　《胡宗南先生日記》，1950 年 1 月 1-2 日。

11　《胡宗南先生日記》，1949 年 12 月 31 日，1950 年 1 月 2-3 日；宋希濂被俘情形參考其回憶錄，《鷹犬將軍：宋希濂自述》，頁 351-354；鍾雲，《楊勇故事》，頁 37-38；宋希濂於八月間曾赴漢中密商部隊行止，主張早日移往雲南，見本書第五章第一節。至於「中國革命」，西方研究中國近現代史的學者們基本上均認定，蔣中正總裁及其領導的中國國民黨政府推動「國民革命」的唯一目的就是「統一中國」，如果沒有日本侵華戰爭，蔣當能成

　　儘管情勢如此惡劣，父親仍從頭幹起，並與賀國光
主席密切合作，首先就是統一思想，集中意志，發展黨
務，成立組織，作為核心力量：於 1950 年 1 月 11 日便
成立「國民革命同志會」，父親自兼會長，談榮章（軍
統西昌站站長）為組訓組組長，每人入會時必須在國父
孫中山遺像前宣誓，初入會者有張漢璧（德昌靖邊分區
司令，中國國民黨西康省黨部委員）、且司典（西昌警
備總司令部政工處長）、蔣璧澤（西昌師範學校校長，
中國國民黨西康省黨部委員）（以上四人及嶺光電為常
務幹事）、范岳生（軍統西康站秘書）、談和晴（西康
省政府委員）、王隆映（中國國民黨西昌縣黨部書記
長、三青團西昌縣分團幹事長）、冷益堅（軍統西康鹽
邊縣通訊員）等十餘人，逐漸增加到七十餘人；至 3 月
4 日，彝族嶺光電（立法委員，第二十七軍副軍長，西
南幹部訓練團邊務班主任，軍長為劉孟廉）參加組織之
後即擔任該會之書記長。[12]

功地建立一個真正統一的現代中國，見美國歷史學者艾愷（Guy
Allito）之綜論，載於艾愷著，彭思衍譯，〈西方史學論著中的蔣
中正先生〉，《蔣中正先生與現代中國學術討論集》（臺北：蔣中
正先生與現代中國學術討論集編輯委員會編輯出版，1986 年），第
一冊——蔣中正先生之思想學說行誼，頁 607，其原文 " Chiang
Kai-shek in Western Historiography " 載於 *Sino-American Relations*（Winter,
2001 ），Vol. XXVII, No. 4, pp. 49, 53, 57；惟蔣總裁亦在 1 月 3 日
致電父親稱：「去年失敗之年已經過去……望統率西南軍民努力
奮鬥……成功必屬於最後堅忍者。上帝必不辜負我忠勇之將士及
其信徒也。」蔣中正同日亦電勉王叔銘稱：「吾徒皆能如吾弟與
宗南者，革命決不挫失至此；然尚有百折不回，為革命效忠，始
終不貳，如弟等者，則革命不患不成也，每引為自慰。」見《蔣
中正先生年譜長編》，第九冊，頁 427-428；及《王叔銘日記》，
1950 年 1 月 3 日。

12　《胡宗南先生日記》，1950 年 1 月 11、13 日，2 月 1、8、12、
　　21、23 日，3 月 4 日；《胡宗南上將年譜》，頁 275-278；其中嶺

　　那時，我方自成都突圍之第三軍、第二十七軍、第三十八軍等殘部及原屬宋希濂部的第一二四軍軍長顧葆裕二千人，及西南軍政長官公署的直屬第一二七軍所屬第三一〇師田中田師長，因不願附從其軍長趙子立投共而率部輾轉來歸，再加第六十九軍軍長胡長青率殘部抵達富林（今漢源縣）後，遂有一萬餘人；第三一〇師師長田中田、第三十八軍的團長張天翔和突擊總隊支隊長陶慶林等並共同向西收復了康定（西康省會，在今甘孜藏族自治州，西昌北 327 公里），第三軍第三三五師王伯驊團長配合當地自衛大隊蔡連雲部並擊潰漢源東北地區的共軍，擄獲數十俘虜及機步槍；賀國光兼警備司令指揮之團隊蘇國憲部、鄧配亨部則分別擊潰巧家、寧南地區（寧南在西昌之南距離 110 公里，隔金沙江與雲南巧家相望）土共，故軍勢略振。[13]

光電之彝名為斯補慕理，係當地土司，軍校第 10 期畢業，曾任西康省主席行轅彝文秘書，寧屬邊民訓練所教育長，省幹部訓練團上校教官，寧屬剿匪特遣支隊長，國民政府立法委員等，父親於 1950 年 2 月 21、23 日與其見面，並於 3 月 4 日親自擔任嶺光電入「國民革命同志會」的監誓人，並委託其成立彝族新四師，發給黃金 110 兩，銀元 500 枚，當日嶺光電並在小組會中發表「如何領導彝人」演講，參考嶺光電著著，爾布什哈整理，《民國川康往事》，未刊本，2016 年 10 月 10 日，頁 256-261（以上嶺著有關日期如與《胡宗南先生日記》有出入，則以《胡宗南先生日記》為準）；李猶龍，〈胡宗南的反動組織及有關訓練機構〉，《我所知道的胡宗南》，頁 406-407。

13 《胡宗南先生日記》，1950 年 1 月 25 日記載：「決重賞蘇國憲，令為金沙江第二守備區司令，並增加一個團，其對鄧德亮等亦擬擴充其實力。」國軍田中田、陶慶林等則係由四川松潘經過草地進據康定，見 3 月 7 日總裁辦公室于參謀豪章致顧總長辦公室電話記錄，田中田等人擊敗當地劉文輝部參考《走到人民陣營的歷史道路》，頁 57-58；另參〈賀國光 2 月 7 日呈顧總長祝同 0883 號電〉，國防部，《西南戡亂作戰經過概要：1949 年 4 月－1950 年 5 月》，國發會檔案管理局檔號 38／543.64／1060.2B/1；父

　　在收編各方前來的殘部之同時，西南長官公署立即
進行組織各類地方武裝，以民眾組訓方式掌握壯丁，協
助賀國光主席強化地方政權，竭力與彝胞交往，成立
「西南人民反共自衛軍」，旗下設七個縱隊等，給予當
地人士名義為不同單位之領導人，發給款項，整理地方
團隊，先發展成特務隊，每隊四百人，再發展為縱隊，
每隊二千到四千人不等；例如派鄧德亮為西南人民反共
自衛軍第一縱隊司令，其母與其共同領導，鄧如凱為第
一縱隊團長；劉孟廉為反共自衛軍第二縱隊司令，李幼
軒為第二縱隊第七團長，嶺光電為第二縱隊第十團長
（嗣於 3 月 4 日參加組織後即升任第二縱隊新編第四師
長），蘇國憲則如上述先為金沙江第二守備區司令，並
增加其一個團，至 3 月 4 日即擔任第三縱隊司令；賀國
光主席介紹駐鹽邊縣（在西昌南南西 186 公里）的兵馬
土司諸葛世槐後，父親即任命其為反共自衛軍第四縱隊
司令，並准其成立兩個團；賀國光另介紹當地彝族領導
人寧屬靖邊司令孫仿，孫即被任命為第五縱隊司令；此
外，樂山縣國大代表、當地哥老會領導人周瑞麟、仁壽
縣國大代表及哥老會領導人、青年黨人伍道遠則均發給
步槍五十支、機槍一挺和黃金一百兩，成立第六和第七
縱隊；另派李廷桐為「金沙江南岸挺進司令」，王文深
為越嶲特務大隊長，楊砥中（中央政治學校畢業，「極

親致田中田、陶慶林等人親筆函及補給見《胡宗南先生日記》，
1950 年 3 月 8 日；《胡宗南上將年譜》，頁 275；另參考《國民
革命軍戰役史第五部—戡亂》，第七冊，頁 221。

有思想」）則任為邊務委員會主任。[14]

　　另一方面，父親也呈准中央設置「西南幹部訓練團」（原計劃成立中央陸軍軍官學校西南分校），目的是為統合漢彝思想，自兼團長，以賀國光、羅列任副團長，沈策為教育長，楊蔭寰為軍事幹部訓練班主任兼學生大隊長；另外徵購糧食，掌握糧食，屯於昭覺（西昌東北東 100 公里）、大涼山（西昌東約 200 公里）、鹽源（西昌西南 136 公里）、西昌等地，再購買騾馬成立運輸隊，又電臺北催運銀元調濟金融。[15]

　　父親乃發表第六十九軍胡長青軍長兼第五兵團司令，朱光祖為第一師師長（士兵素質較高，有戰力），將第二十七軍特務團改編為第一師第一團（團長陶子傑），歸朱指揮；田中田為第三一七師師長，王伯驊為

14　《胡宗南先生日記》，1950 年 1 月 19、25 日，2 月 1、11、14、21-23 日；《胡宗南上將年譜》，頁 275-276；李猶龍遺稿，〈胡宗南部逃竄西昌和覆滅實錄〉，中國人民政治協商會議全國委員會文史研究委員會編，《文史資料選輯》，合訂本第 17 冊第 50 輯，頁 123-126（李猶龍之回憶文中有部分數字與《胡宗南先生日記》有出入，乃以《胡宗南先生日記》為準）。又，第一縱隊鄧德亮司令於 2 月 21 日陪同木里穆治富君（今木里係藏族自治縣）往見父親並晚餐，本書作者於 2019 年 3 月尋訪西昌，即得與年已 94 歲的穆治富君見面，穆文富君竟然談及當年與父親的晚餐，「以雞蛋為佳餚以作鼓勵」，一切歷歷在目，並以藏族之哈達贈送作者，藉表心意。見胡為真口述，汪士淳撰寫，《情到深處：胡宗南將軍與夫人葉霞翟在戰火中的生命書寫》，頁 302-304。

15　《胡宗南先生日記》，1950 年 1 月 19、22 日；《胡宗南上將年譜》，頁 276-277；楊蔭寰曾任旅長及師長，其後任長官部幕僚，《胡宗南先生日記》，1948 年 5 月 10 日、11 月 3 日，1949 年 12 月 26 日，1950 年 2 月 1 日；另參考父親長時期的幕僚戴濤回憶，〈胡上將宗南先生的孤軍奮鬥紀要〉，《令人懷念的胡宗南將軍》，頁 143；李猶龍遺稿，〈胡宗南部逃竄西昌和覆滅實錄〉，《文史資料選輯》，合訂本第 17 冊，第 50 輯，頁 120-131。

第三三五師師長，[16] 樊廷璜（原突擊總隊長，突圍來時
尚有千餘人）為第一三五師師長，陶慶林為副師長，分
駐康定、瀘定（位於今甘孜藏族自治州，在康定以東，
西昌以北 288 公里）、會理、富林（漢源）等地，其中
胡長青率第六十九軍殘部同王伯驊部守備康北，藉大渡
河天險阻敵前進；顧葆裕部守備康南，相機向滇西發
展，劉孟廉率部從昭覺（西昌東北東約 100 公里）相機
向今川滇邊境之雷馬屏峨（雷波、馬邊、屏山、峨邊，
在西昌東北 200 餘至 500 餘公里不等）發展，其中雷波
馬邊地區有不願隨從第七十二軍郭汝瑰投共的該軍營長
陳超率部突圍前來，到 2 月間已發展有三千人槍，乃被
父親派為川滇康游擊第一縱隊司令；此外再以第一師為
中央地區之鞏衛，並設法資各軍以黃金糧秣（軍需報告
當時有 18,571 兩黃金），使各整訓備戰。[17]

---

16 《胡宗南先生日記》，1950 年 1 月 4、5 日分別載：「王伯驊團向
　白羊崗伍逆叛軍攻擊前進」，「王團攻擊成功到達富林，此事關
　係重大」，另見 1 月 22 日、2 月 24 日（當日詳載第三三五師參謀
　長、副團長各人的背景）；王伯驊原係第三三五師第一○○四團
　團長，突圍時為劉文輝叛軍伍培英所阻，拒絕招降，力戰克敵後
　進佔富林鎮並與父親取得聯繫，見其 1950 年 1 月 11 日呈顧總長
　電〈臺展利 77 號電〉，國防部，《西南戡亂作戰經過概要：1949
　年 4 月－ 1950 年 5 月》，國發會檔案管理局檔號 38 ／ 543.64 ／
　1060.2B／1；《胡宗南上將年譜》，頁 274-275；《走到人民陣營的
　歷史道路》，頁 56-57。

17 《胡宗南先生日記》，1950 年 1 月 17-19 日；《胡宗南上將年譜》，
　頁 273-275；〈2 月 22 日臺展利字第 799 號電〉（劉敬五經由保
　密局電臺致國防部蕭次長電），國防部，《西南戡亂作戰經過概
　要：1949 年 4 月－ 1950 年 5 月》，國發會檔案管理局檔號 38 ／
　543.64 ／ 1060.2B／1；另參考羅列上將紀念集編輯委員會撰，〈羅
　冷梅（列）將軍西昌作戰及脫險來臺經過節略〉，《羅列上將紀
　念集》，頁 13-14；至於陳超司令後來被共軍第十五軍擊敗俘虜前
　已發展到 5 萬人，參考秦基偉（後來任中共國防部長），《秦基
　偉回憶錄》（北京：解放軍出版社，2007，2 版），頁 273；其奮

第三節　滇南戰役後蔣經國來訪

　　先是，在 1949 年底中共即令參加廣西戰役的陳賡
第四兵團及早從南寧入滇，以策應支持盧漢之叛變部
隊，其後為堵截國軍南退道路並全殲駐於滇南的國軍第
二十六軍和第八軍（後擴充為第八兵團），遂發起滇南
戰役，第四兵團的第十三軍（軍長周希漢）及原屬第四
野戰軍的第三十八軍（軍長梁興初）迅速隱蔽西進，突
擊我第二十六軍，於 1 月 16 日攻佔了我方對外聯絡的
重要交通中樞：蒙自機場，「堵死了（第二十六軍及
第八兵團）湯垚集團逃往越南和空運道路」，[18] 父親記
載，當日顧祝同總長及甫擔任雲南省主席之李彌將軍和
國防部第三廳廳長許朗軒中將等恰自西昌南飛，原欲往
南赴蒙自，而「蒙自突變，機場不能下。此事對西昌
打擊太大，一切計劃不能實施了！」[19] 優勢共軍繼續攻
擊，尤其仰賴地方土共，也就是邊縱部隊之協同，而進
行多次隱蔽突擊。第八兵團雖激烈抵抗，仍受重大損
失，至 2 月 20 日，湯司令及第八軍軍長曹天戈、第九

門經過另參趙嘉凱著，《奮戰江山：國共第二次戰爭實錄》，頁
293-295。

18 《中國人民解放軍全國解放戰爭史》，第五卷，頁 488-490；《國
民革命軍戰役史第五部－戡亂》，第七冊，頁 198-209；戴其萼，
彭一坤，《陳賡大將在解放戰爭中》（北京：解放軍出版社，
1985），頁 300，但該書稱 1950 年 1 月 16 日張羣在飛機上預備
降落於蒙自則是錯誤，應係顧祝同等人。

19 《胡宗南先生日記》，1950 年 1 月 16 日；按當時的計劃是我西
昌部隊與在雲南的第八軍等部隊合作，下到雲南在滇西建立根據地；
但因此次雲南國軍的失敗，西昌及附近地區便如同孤島，國軍處境
就更困難。參考李猶龍遺稿，〈胡宗南部逃竄西昌和覆滅實錄〉，
頁 134-137；另關於蒙自變化及後來撤退的情形見顧祝同，〈三十九
年蒙自撤退經過概要〉，《顧祝同將軍紀念集》，頁 95-101。

軍軍長孫進賢等均被俘，其他部分國軍則進入緬甸，第
二十六軍部分進入越南，另有部分則向滇西突進至騰衝
龍陵山區（靠近緬甸密支那），在李彌指揮下，繼續與
共軍周旋。按，十分諷刺的是，這個結果正是 1949 年
8 月間宋希濂前往漢中與父親商議時所設想保存軍力到
最後的用兵之地（見第五章第一節）。[20]

　　由於雲南局勢之不利發展，使得西昌愈顯勢孤，在
臺北的立法委員祝紹周於 1 月 22 日即上書總裁，以「反
攻端賴海上，儲將尤為第一」，建議將父親「調回臺灣
重整旗鼓，以為反攻大陸之準備，另簡（檢）一名位較
低、意志堅毅之士以率其眾」。顧祝同總長根據此一意
見於 2 月作出人事建議簽呈，總裁先批示約賀國光主席
回臺商議，後又請賀主席緩來臺；[21] 而這時父親的同仁
們也因為雲南的變化使西昌完全如同孤島，而在考慮是
否準備退入西藏。[22]

---

20 《國民革命軍戰役史第五部—戡亂》，第七冊，頁 202-209；《中
國人民解放軍全國解放戰爭史》，第五卷，頁 490-493。

21 祝紹周委員曾任陝西省政府主席，於 1950 年 1 月 22 日上書稱父
親係「與共匪周旋最久，亦為匪所最忌之人，忠貞堅毅，刻苦耐勞，
向為人所稱道。此次西南戰局，幸有此軍輾轉苦鬥，惜為大勢所
厄。」〈中國國民黨總裁辦公室中心檔號 370.34／10604 及 370.34
／10605〉、〈臺展利簽 2 月 10 日第 465 號及 2 月 16 日第 888
號〉，國防部，《西南戡亂作戰經過概要：1949 年 4 月—1950 年 5
月—1949 年 4 月—1950 年 5 月》，檔案管理局檔號 38／543.64／
1060.2B／1；按，顧總長擬議的人事建議簽呈中有 2 項選擇：將
父親調臺後由賀國光副長官指揮在西昌黨政軍人員，或將父親與
賀國光同時調臺，撤銷西南軍政長官公署，保留警備總部，任命
第二十七軍軍長劉孟廉為警備總司令，孫仿代理西康省主席兼警
備副總司令、第六十九軍軍長胡長青、第一二四軍軍長顧葆裕均
任警備副總司令等想法。

22 《陳誠先生日記》，1950 年 2 月 1 日載：「趙龍文、王叔銘來談
胡宗南在西昌情形，決作退西藏之準備。」

　　1950 年 1 月 26 日，蔣總裁派即將出任國防部總政治部主任的蔣經國先生及空軍王叔銘副總司令飛西昌視察，並親筆致函父親（全文見附錄七）。經國先生抵達後，即告知父親雖然雲南情況變化，西昌更為艱難，但最近共軍應不會大部入康，故可將軍火自臺灣轉運西昌，只是不可能將軍隊撤出，空運入臺灣；總裁自己必死守臺灣而不出國，是以希望國軍部隊「以西昌為延安」，也要有死守西昌之決心。父親則表示：「如最近運輸二個師武器到西昌（最後只運到一個師所需的三分之一），假如兩個月內無戰事（但共軍在大約一個月之後就發動攻擊了），則（部隊有了裝備，經過訓練後）第三個月可南向雲南打昆明。如果不空運武器，則一切無希望。至與西昌共存亡，需待武器到後，庶有共存亡之可言也」。[23]

　　其實總裁雖然明知西昌危險，仍然沒有放棄自己至西昌常駐的念頭，而還計劃把臺灣交給陳誠主席，這次乃派經國先生偕同王叔銘副總司令到現地研究。父親除了介紹當地彝族鄧德亮司令的母親和孫仿司令請經國先生當面慰勉外，並安排蔣與王二人與長官公署各幕僚（羅列、沈策、蔡棨、裴世禺等人）在新村懇談。從晚上八時談到午夜（父親日記形容：「雙方皆真誠，並不掩飾及客氣」），結論是以當時西昌的地理環境，四面都是不熟悉的山區、彝區，交通極為不便，糧食等後勤

---

23 《胡宗南先生日記》，1950 年 1 月 27 日；詳情可參《王叔銘日記》，
　　1950 年 1 月 26-29 日。

186　疾風勁草：胡宗南與國軍在大陸的最後戰役（1949 - 1950）
Against All Odds: Hu Tsung-nan and the Chinese Nationalist Army in the Last Battles
on the Mainland（1949-1950）

支援亦均不可能得，如此如何能發展大部隊？於是等經
國先生回臺灣報告總裁後，蔣總裁經仔細考慮一夜，始
打消親自去西昌常駐的心意。此事經過見於經國先生後
來在臺灣擔任行政院長時，親筆致當時擔任革命實踐研
究院及中國青年反共救國團主任的李煥先生手札（全文
見附錄八）。[24]

　　父親率部在西昌積極經營，兩個半月之後，情況逐
漸好轉，其總兵力連同地方武裝共達約三萬五千人，南
邊擊破來犯寧南會理之土共，北邊光復康屬各縣，再向
西、向北進擊，使劉文輝叛部非殲即降，向東則以雷
波為根據地，進克馬邊、屏山（在今宜賓市，距離西
昌523公里）以致軍民士氣均增長，乃呈報其作戰方針
為：「以國軍遠行支撐游擊部隊及民眾武力，建立外圍
據點，吸收人力物力，充實基本力量；將寧屬各縣劃定
游擊區，力求避免不利決戰。對於土共之進擾則迅速集
中兵力各個殲滅，對於優勢共軍則依狀況分散展開游
擊，尋找機會形成局部優勢消耗其戰力，爭取時間之持
久，以配合政府之大陸反攻作戰。」[25]

---

24 《胡宗南先生日記》，1950 年 1 月 26-29 日；《風雨中的寧靜》，
頁 58-59；父親於 2 月 10 日函謝經國先生謂：「這一次你們冒了
危難飛臨了西昌，使我們非常感奮。你說：失敗是歷史的段落，
而不是歷史的結束，這對我個人的啟示非常深刻……至一個師武
器運輸尚未開始，盼即催促，至修械所人員，修械所工具材料，
亦盼你代為主持督促。」見《胡宗南上將年譜》，頁 277。按，
蔣中正總裁在抗戰期間曾赴西昌視察，當時的西昌行轅主任張篤
倫曾在西昌邛海建有新村作為蔣中正的行轅，作者於 2019 年 3 月
前往尋訪時亦見其遺跡。

25 〈1950 年 3 月 18 日展利字第 1101 號電〉，但臺北參謀本部因總
長換人，由周至柔繼任，遲至 3 月 25 日才回電同意此方針，見
〈臺展利字第 730 號電〉，均見國防部，《西南戡亂作戰經過概要

西昌作戰經過概要圖

（1950 年 3 月 21 日至 27 日）

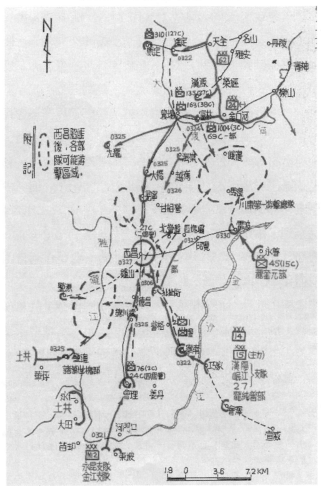

三軍大學編纂，國防部審定，《國民革命軍戰役史第五部—戡亂》，
第七冊，頁 224。

_____

—1949 年 4 月 -1950 年 5 月》，檔案管理局檔號 38 ／ 543.64 ／
1060.2B ／ 1。

188 疾風勁草：胡宗南與國軍在大陸的最後戰役（1949-1950）
Against All Odds: Hu Tsung-nan and the Chinese Nationalist Army in the Last Battles
on the Mainland（1949-1950）

第四節　準備不及的最後奮戰

　　但是由於部隊裝備不足，完全沒有輜重及大型火炮，當地又無軍需工業，必須仰賴臺灣的空運補充，因而對武器裝備一直望穿秋水。在經國先生回臺北報告蔣總裁、並親自督促下，空運了七次，統共運到不足一個師武器的三分之一，主要是機步槍、手榴彈、彈藥等輕武器，少數衝鋒槍及八二、六零迫擊炮，及衛生器材，通信器材等，[26] 且因防地太廣，有一千四百多華里，有些武器用騾馬還未運到前線，戰事就已開始了，而其中戰士在那冬天急需的軍衣五千付到了 3 月 18 日才運到；甚至到了敵軍已臨近西昌，「機場只能維持三日」的 3 月 24 日，父親還電報臺北，強調軍品一定要在兩日內空運完畢；即使如此，到了戰事已經吃緊的 3 月中旬，還繼續拓展兵力及強化核心「國民革命同志會」的黨務組織，例如派戴濤兼「夷務作戰組長」，派當地彝族嶺邦俊成率領一千兵力，還吸收了黃振理、秦志明、劉心田、鄒建平等三十多人參加組織。[27]

---

26 按，當時臺灣本島的軍火都奇缺，例如甫自臺灣省主席職位接任行政院長的陳誠即指出，「幾十萬殘破的部隊，固有戰志而無戰備，全部軍火的總和也不夠打一兩天的仗……」，見《陳誠先生的回憶錄——建設臺灣》，上冊，頁 110。

27 《胡宗南先生文存》，頁 365-367；1950 年 2 月 20 日蔣經國先生告知王叔銘，武器彈藥已由輪船運赴海南島；其後於西昌天氣良好時，即進行空運，以 C46 飛機擔負任務，至 3 月 19 日共 90 架次，才運 117 噸。由於自海口至西昌間航線遙遠，其間均係共軍占領區，困難甚大，但「飛行員均爭先恐後，熱忱服務，殊為難得」，見《王叔銘日記》，1950 年 2 月 20 日，3 月 14-19 日；武器運到詳細數額及分發從日記看出實在是需要孔急，見《胡宗南先生日記》，1950 年 2 月 12、25、28 日，3 月 6 日、17-19 日、

　　中共則絕不能等待西昌壯大，乃於 2 月 22 日特別組成「西南軍區」，任命賀龍為司令員、鄧小平為政委，於 3 月 3 日決定進行西昌戰役，以陳賡部第四兵團的第十四軍（軍長李成芳，政委雷榮天）、第十五軍（軍長秦基偉，政委谷景生）和第十八兵團周士第的第六十二軍（軍長劉忠，政委袁子欽）為主力，配屬滇桂黔邊縱隊一部，再加上盧漢的新編第十二軍（軍長余建勛）、劉文輝的第二十四軍等其他叛軍、土共等共十三萬餘兵力，南北夾擊並分道來犯，強渡大渡河及越巧家渡金沙江攻寧南。優勢共軍的迅速攻擊使國軍無法如原先計劃的「避免不利的決戰」，3 月上旬，國軍尚能堅守，分別在寧南、會理、鹽邊、雷波、昭覺等地退敵，傷斃共軍二千餘人，虜獲迫炮機槍不少，第一師尤其建功多次，例如解了寧南之圍等，[28] 但因我軍武器根本就不夠，訓練當然亦未成，故當人數、裝備均佔絕對優勢的共軍加強攻擊，突破防線任何一點後，在西昌的署部均無預備兵力可以前往支援阻擊。

　　3 月下旬，父親還期望主力朱光祖的第一師「能策應（第一二四軍）高超作戰，擊破敵人後才能抽調兵力

---

　　23 日，其中亦詳載各參加組織之人名等資料；另參〈3 月 25 日臺展利字第 1220 號電〉，國防部，《西南戡亂作戰經過概要—1949 年 4 月 -1950 年 5 月》，國發會檔案管理局檔號 38 ／ 543.64 ／ 1060.2B ／ 1；《胡宗南上將年譜》，頁 277。

28 《中國人民解放軍全國解放戰爭史》，第五卷，頁 493-494；3 月 22 日胡宗南代長官綜合戰報，見《胡宗南先生文存》，頁 370-372、374-376；〈胡宗南臺展利字第 1031 號電〉、〈賀國光 3 月 14 日臺展利字第 1046 號電〉，國防部，《西南戡亂作戰經過概要—1949 年 4 月 -1950 年 5 月》，國發會檔案管理局檔號 38 ／ 543.64 ／ 1060.2B ／ 1。

1

應援他方」，可惜第一師於支援寧南時在共軍第十五軍
主力猛烈攻擊受戰損，退至普格（西昌東南 82 公里）
後，再受數倍之共軍三面包圍，激戰後殘部再撤；而北
面共軍第六十二軍渡過大渡河後攻陷富林，我胡長青部
退守，第三三五師忠勇抵抗，幾全部犧牲，南面共軍新
編第十二軍與我顧葆裕、張桐森部激戰後攻陷會理；共
軍另派一師直攻農場、康定，田中田師長等抵抗不及，
康定於 24 日又再淪陷。[29] 父親 25 日的日記寫：「匪
竄到德昌（西昌之南 62 公里）附近，海棠（西昌之北
200 公里）亦到匪，朱光祖退扯扯街（西昌東南 73 公
里），西昌危在旦夕」，民國 39 年（1950 年）日記就
此中斷。[30]

第五節　西昌陷共及西南戰役結束

此時西康賀國光主席除急電臺北俞濟時侍衛長請轉

29 《胡宗南先生日記》，1950 年 3 月 20-21 日；《走到人民陣營的
歷史道路》，頁 57-58；〈3 月 25 日展利字第 1236 號電、3 月 26
日第 1235 號電、3 月 26 日第 1234 號電〉，及其他無電號之電報，
見國防部，《西南戡亂作戰經過概要－1949 年 4 月 -1950 年 5 月》，
檔案管理局檔號 38 ／ 543.64 ／ 1060.2B ／ 1。

30 《胡宗南先生日記》，1950 年 3 月 25 日；西昌戰役之中的各項
戰報參考《胡宗南先生文存》，頁 367-376；另參《胡宗南上將
年譜》，頁 275-285；《國防部裁決書》偵查第二卷，頁 166-184，
190-192。戰役經過見《國民革命軍戰役史第五部－戡亂》，第七
冊，頁 214-224；《中國人民解放軍全國解放戰爭史》，第五卷，
頁 493-495；以及〈3 月 17 日臺展利簽字 714 號簽呈〉、〈西昌警
備總司令部西昌戰鬥經過要報〉、〈國防部 4 月 1 日臺三（四）
呈蔣中正總統大簽〉，〈西昌作戰經過暨檢討〉、〈國防部 6 月
27 日浩沱收 167 號文〉，均見國防部，《西南戡亂作戰經過概要
－ 1949 年 4 月 -1950 年 5 月》，檔案管理局檔號 38 ／ 543.64 ／
1060.2B ／ 1。

呈已經在臺北復職的蔣中正總統立即派機去西昌之外，並直接電報總統稱：「寧屬全係山地，多為夷區，此後游擊兵力只能以連為單位，否則給養困難，無法生存……高級司令部實難存留。胡宗南長官固願遵從鈞座從事游擊，但游擊結果不死於匪即死於夷之手，不僅無益於黨國，適足以增匪熾。三軍易得，一將難求，萬懇立電胡長官乘機離昌，以備將來之用。」[31]

　　蔣總裁其實也早就想到如同孤島的西昌可能無法久守，[32] 乃派了飛機到西昌接父親及賀國光主席等人離開戰場，新任參謀總長周至柔也電報讓父親撤至海南，但要把黨政軍之部署、游擊根據地之建立、軍隊行動之指示、通信聯絡之維持，尤其各項負責人員之指定必須妥為安排。[33] 但是父親堅持不走，把自己的日記和文件整理好交給秘書長趙龍文，要他帶到臺灣。此時幾位親近的幕僚力勸，要他留下一身，好捲土重來，才能號召陷在敵後的大量部屬、學生繼續鬥爭，他們甚至以自殺相勸，均未能說動。最後，參謀長羅列鄭重表示要效法「漢高祖的紀信」，[34] 義無反顧的留在西昌帶部隊打游

---

31 賀國光〈3月25日A3293號電〉，〈3月26日B2120號電〉，均見國防部，《西南戡亂作戰經過概要—1949年4月-1950年5月》，檔案管理局檔號38／543.64／1060.2B／1；《胡宗南先生文存》，頁376。

32 蔣中正總裁早在五個月前即記述張羣曾坦白表示：「西昌可為對外抗戰根據地之一，而絕非剿共之最後據點。以共用滲透戰術，無孔不入，故西昌亦不能久安也」，見《蔣中正日記》，1949年11月27日。

33 周至柔〈寅宥未親2874號電〉，國防部，《西南戡亂作戰經過概要—1949年4月-1950年5月》，檔案管理局檔號38／543.64／1060.2B／1。

34 紀信是漢高祖劉邦之部將，楚漢相爭時劉邦被項羽圍困，紀信挺

擊後，父親方才在部屬們的催促下與賀國光主席一同搭
機回臺，另同機來臺者為西南長官公署秘書長趙龍文，
總務處代處長蔣竹三，參議蔡棨等十餘人。[35]

　　西昌於 3 月 27 日陷共後，我方留於西昌附近各部
隊在羅列參謀長和胡長青司令等人領導下輾轉浴血奮
戰，最後於 4 月中旬全部犧牲。羅列參謀長受傷昏迷後
衣服被當地土著剝光，是以共軍未能認出他來，而宣佈
他已戰死（以致臺北已將他列入忠烈祠），甦醒後為漢
人所救，憑機智和所遇舊友協助，幸能輾轉來臺，後來
曾擔任我江浙反共救國軍副總指揮、陸軍總司令、副參
謀總長等職；與羅同行突圍之沈策副參謀長及李猶龍處
長、楊蔭寰主任、裴世禹處長等則於 4 月下旬在山地甘
相營附近先後為投共之彝兵及共軍所俘。[36] 胡長青司令

身而出，願假冒劉邦向項羽詐降，劉邦因而逃脫，但紀信旋被項
羽處死。見班固（東漢）撰，《漢書，百衲本二十四史》（臺北：
臺灣商務印書館，2010 年），新版，高紀第一上，頁 02-21 載：
「項羽急攻滎陽，漢王患之……將軍紀信曰，事急矣，臣請誑楚，
可以間出……紀信乃乘王車黃屋左纛曰，食盡漢王降楚……以故
漢王得與數十騎出西門遁……羽燒殺信」。

35 〈3 月 26 日展利字第 1235 號電、第 1252 號電〉，周總長根據蔣
中正總統寅寢未勝電指示回電「准照辦」，見《臺展利字第 1252
號電》；行政院長陳誠於 4 月 1 日答復立法委員質詢時強調「胡
代長官和賀主席已撐持到最後一點，實已盡了最大努力，這次撤
退是奉中央命令，並非自行撤離。」〈5 月 8 日浩沱字第 3319 號
代電〉；均見國防部，《西南戡亂作戰經過概要－1949 年 4 月
-1950 年 5 月》，國發會檔案管理局檔號 38／543.64／1060.2B
／1；西昌生活工作的艱苦、離開西昌的詳情和趙龍文、羅列
人的力勸見張政達，〈胡宗南先生行誼〉，《令人懷念的胡宗南
將軍》，頁 162-164；以及胡為真講述、汪士淳撰寫，《國運與天
涯：我與父親胡宗南，母親葉霞翟的生命紀事》（臺北：時報出版，
2019，二版），頁 40-42；《胡宗南上將年譜》，頁 265-266。

36 參考〈羅列上將行述〉、〈羅冷梅（列）將軍西昌作戰及脫險來
臺經過節略〉，羅列上將紀念集編輯委員會撰，《羅列上將紀念
集》，頁 1-11、13-21；陳漢廷，〈走出忠烈祠的上將──羅列傳

官則早已寫信予其夫人稱，決不作俘虜，是以他戰到 3 月 31 日，在越嶲（今越西）縣（西昌北西北 132 公里）星姑廟受重傷後自殺明志，所遺「報國歌」感人至深。東面雷馬屏區域之劉孟廉中將、陳超司令等則在其後的游擊作戰中力盡而為共軍第十五軍所俘，不久遇害。[37] 另陣亡及拼戰被俘遇害者尚有上年 12 月 7 日始奉政府任命的西南第二路游擊總司令、國大代表唐式遵、民間領袖高介夫、羅子州和其女羅良鳳、新編第三師師長李玉光、反共救國軍第四縱隊司令、青年黨人伍道遠[38] 等人。

　　作者後來閱及父親所珍藏母親給他的信才知道，母親葉霞翟博士曾於 1 月間自臺北鄭重寫信到西昌給父親，告知如果他最後在西昌自殺殉國，則她必也在臺北自殺，而將三歲的作者送往加拿大交由舅父葉霆撫養。父親熟知母親的性格，知道這絕非單純的警告，因此他

奇〉，《傳記文學》，2018 年 6 月號、7 月號、8 月號；《中國人民解放軍全國解放戰爭史》，第五卷，頁 493-494；沈策副參謀長於 1970 年代方始被「特赦」赴美，1980 年代曾來臺訪友；另參李猶龍遺稿，〈胡宗南部逃竄西昌和覆滅實錄〉，《文史資料選輯》，合訂本第 17 冊第 50 輯，頁 146-156。

37 秦基偉，《秦基偉回憶錄》，頁 275；而胡長青司令官所撰「報國歌」以「青天白日下，正氣信長存」開始，其全文及胡長青傳略、日記、紀念文等見林景淵編，《胡長青將軍：日記、家書……追念》（新北：遠景出版公司，2014），頁 16-17、27-277，455-499；高雄鳳山陸軍軍官學校另建有「長青樓」以紀念胡長青烈士。

38 羅列，〈懷念伍道遠先生〉，《傳記文學》，第 3 卷第 5 期（1963 年 11 月），頁 7-9；《胡宗南上將年譜》，頁 282-283；按，投共的劉文輝、鄧錫侯和潘文華也都是當時的國大代表。另，中共在 1950 年前後奪取大陸圖可參考〈中國人民解放軍實施戰略追擊解放全國大陸示意圖 1949 年 4 月 -1951 年 12 月〉，《中國現代史地圖集》，頁 265-266。

194 疾風勁草：胡宗南與國軍在大陸的最後戰役（1949-1950）
Against All Odds: Hu Tsung-nan and the Chinese Nationalist Army in the Last Battles
on the Mainland（1949-1950）

最後痛苦地選擇活著回臺灣，這當是另外一個鮮為人知的關鍵因素。[39] 父親原已在臺南設辦事處，辦理前線供應和臺灣眷屬管理等事宜，但突於 3 月 27 日奉周至柔參謀總長命令調為總統府戰略顧問，西南軍政長官公署同日亦奉裁撤，以致所留置在西昌以及其他地區作戰各軍之補給通訊亦因之中斷，[40] 西南戰局的正規戰也從此結束。

由於父親及政府其他部門在撤退時於大陸各地區均佈置了相當的游擊武力持續奮鬥，例如在陝西和西南、西北等地區的武力係以「川陝救國軍」、「西安綏靖公署第三縱隊」、「川陝邊區人民自衛軍」、「反共救國軍」、「忠義救國軍」等名號從事游擊，中共中央軍委乃從 1949 年下半年開始，先後投入六個兵團部、四十一個軍部、一百四十個師，共一百五十萬餘人，在華東、中南、西南和西北地區從事其「剿匪鬥爭」，並結合農村土地改革和「鎮壓反革命運動」，逐漸將各地的反共抗暴運動撲滅，其中西南地區至 1953 年底共被消滅一百一十六萬餘人。另一方面，父親也在來臺後以

---

39 信件全文載於《國運與天涯：我與父親胡宗南，母親葉霞翟的生命紀事》，頁 346-349 及《情到深處：胡宗南將軍與夫人葉霞翟在戰火中的生命書寫》，頁 218-219；另參《胡宗南先生日記》，1950 年 3 月 21 日；至於各先烈殉國之經過亦可參考《胡宗南上將年譜》，頁 278-285；西昌戰況另可參考《一代名將胡宗南》，頁 490-500。

40 相關電文見《胡宗南先生文存》，頁 375-379；《胡宗南上將年譜》，頁 280-281；又，由於東南部的福建過早陷共，致使我方西昌最後基地喪失一切憑藉，終於導致整個大陸淪陷。參考《國民革命軍戰役史第五部－戡亂》，第七冊關於福建戰役的評論，頁 22。

及 1951 到 1953 年在浙江外海的大陳列島擔任「江浙反
共救國軍總指揮」期間，仍然以大陸游擊作戰為念，並
派舊日同仁、幕僚如徐先麟、蔡棨、吳俊、戴濤、曹維
漢等至香港、滇緬邊境或至大陸，設法與敵後游擊部隊
聯繫，接待脫險赴港官兵，接濟生活費用等，甚至以大
陸為其心目中的工作重心。[41]

---

41 見《胡宗南上將年譜》，頁 288；及呈陳誠院長〈成立大陸挺進
　部隊建議函〉、〈致戴濤同志函〉、〈致羅冷梅同志函〉、〈致
　陳建中同志函〉等，錄於《胡宗南先生文存》內頁、頁 397-398、
　400-401；共軍鎮壓游擊武力經過參考《中國人民解放軍全國解放
　戰爭史》，第五卷，頁 540-555；《劉伯承傳》，頁 324-327；根
　據中共方面的統計，1950 年 1 到 10 月，大陸即發生「反革命暴
　亂 818 次」，半年內就有「四萬幹部及群眾被殺害」，是以「解
　放軍各主力部隊相繼調一大部精幹兵力參加剿『匪』鬥爭……採
　取軍事進剿、政治瓦解與發動武裝群眾相結合的政策……西南
　地區 1950 年 4 月份就殲『匪』85,433 人，投誠 38,676 人……到
　1950 年 9 月底，全國除廣東、廣西、福建、浙江和解放最晚的西
　南地區尚有部分股『匪』外……共剿『匪』100 餘萬，僅西南地
　區就剿『匪』85 萬人……在鎮反運動中，全國共殲滅『土匪』
　240 餘萬，關押各種反革命分子 127 萬，管制 23 萬，殺掉 71 萬
　（註：其中包括甚多投共的官兵）。」（以上雙引號乃作者所加）
　參考賀龍、鄧小平、張際春、李達於 1951 年 1 月 6 日向中共中央
　軍委所匯報之〈西南軍區一九五零年剿匪情況總結〉，見顧永忠，
　《賀龍與共和國元帥》，頁 147；陳果吉、崔健生，〈鎮壓反革
　命運動紀實〉，張樹軍、史言主編，《紅色檔案：中國共產黨重
　大事件實錄》，頁 385-396；《秦基偉回憶錄》，頁 272-284；以
　及《國民革命軍戰役史第五部─戡亂》，第六冊，頁 5-6。臺灣出
　版之專書可參考趙嘉凱著，《奮戰江山：國共第二次戰爭實錄》，
　其中分別臚列分析各地區省市游擊作戰領導人及犧牲情形，尤其
　第 1-3 章，第 4-6 部與本書有關。另，1957 年 11 月大陸報紙曾批
　判投共後擔任「民革」中常委但又策動部隊起事反共的前國軍第
　一一九軍蔣雲臺軍長，當時行政院退除役官兵就業輔導委員會的
　蔣經國主委聞悉後還奉親命發函在澎湖擔任防衛司令官的父親
　查詢其背景，父親亦即答復，告知渠係甘肅定西人，朱紹良上將
　擔任新疆省主席時調其至新疆為預備第三師師長，聰明精幹，曾
　加入紅幫等，全文見《胡宗南先生日記》，1957 年 12 月 29 日，
　原函存作者處。按《中國人民解放軍全國解放戰爭史》，第五卷
　記載，蔣雲臺係於 1949 年 12 月 7 日以第一一九軍副軍長（軍長
　王治岐）身份率國軍第二四四師（按，渠原為該師師長）在甘肅
　武都「起義」，頁 473。

第十一章　結語

　　關於 1949 年西南戰局的回顧，從「胡宗南先生日記」及國共雙方的史料來看，顯示本書前言「緣起」中所述李宗仁先生在其回憶錄中關於「胡宗南部」的兵力、裝備、行動、時間、地點等方面之論述，無一正確，尤其「一槍未發，便土崩瓦解」的說法更與事實完全相反，因而證明其論斷係完全不能採信的命題；而蔣中正總統的褒揚令和日記感受則述及部分實情，其所感慨父親乃其部屬、學生中「忠貞之尤者」，自有其根據。儘管如此，父親所率領的國軍最後確實是失敗了。其主要因素為何？此種犧牲有何代價？在此亦擬歸結如下：

　　我國蔣中正先生領導的政府，在八年艱苦抗戰中戰勝了日本，成為國際上的四強之一，竟然在四年之後從巔峰跌到谷底，敗於中共，退到臺灣，這究竟是甚麼緣故？為了尋求解答，中外各界關於此期間之歷史論述極多，而隨著一手檔案的不斷湧現，迄今仍然是學界持續討論之重要題材，而中國西南戰局既為當年大局演變的延伸，自亦值得持續研究。

　　如前所述，溯自 1949 年初，國軍主力已在三大戰役中損耗殆盡，蔣中正總統在其引退前後，決定另起爐灶，以鞏固臺灣，建設臺灣，作為其大戰略的基礎。惟在中國大陸上，除了在東南方繼續抵抗共軍攻勢外，他仍試圖強化西南地區的防務，在大陸上維持據點，以便

198 疾風勁草：胡宗南與國軍在大陸的最後戰役（1949-1950）
Against All Odds: Hu Tsung-nan and the Chinese Nationalist Army in the Last Battles
on the Mainland（1949-1950）

與臺灣配合，才能維持我政府的國際地位，並繼續進行
反共戰爭，以待國際局勢的變化。可是就當時的大形勢
以及國共雙方的實力對比而言，我方在全國經濟總崩
潰，外交又孤立，各有關首長均面臨難以解決的重大困
難之際，基本上就已經是一個「敗中求勝」、甚至是
「死中求生」的險局，在中國西南的最後戰役中，其最
後仍然終歸失敗，除了因為國際和國內在政、經、軍、
心各方面大環境的不利情勢沒有機會得到改善外，另有
兩個根本原因：

　　其一，蔣中正總裁和李宗仁代總統的政府是我方領
導的雙頭馬車，兩方都有作戰到底的反共決心，但在我
方已經是絕對弱勢的情況下，卻因為歷史的原因仍然沒
有互信，不能合作，兩者的戰略考慮、動機和作為皆
不一致，甚至衝突，以致根本影響到對中共的全局作
戰，在共軍於4月渡江後的東南、華中、華南以及西南
地區的戰役中均充分顯示出來；不但如此，國軍將帥之
間，政府大員之間，因為歷史的原因或因為中央的指揮
挑撥（如國防部共諜劉斐次長的作為），以致摩擦分裂
的情形比比皆是；相反地，中共則是中央軍委一條鞭的
指揮，其第一野戰軍、第二野戰軍、第四野戰軍分配協
調，合作並進，佔取西南，沒有分裂的問題。

　　其二，由於執政的中國國民黨一直未能在西南各省
深入扎根，而當地的各個政治勢力又有其長久的基礎及
背景，以致在國共戰爭後期，不但「西南軍政長官公
署」無法加以整合同心抗共，蔣總裁和張羣長官由於缺
乏精確的調查和內外情報，未能知己知彼，反而還一再

被地方上的親共政要、和公署內的共諜所欺騙誤導，使得一向為外界公認有戰力的「中央軍嫡系」的西安綏靖公署／陝甘川邊區綏靖公署胡宗南部，在1949年夏秋的關鍵時期，竟然被滯留於漢中狹窄地帶達半年之久，而不獲允及早進入川、滇，為政府掌控局面。

直到蔣總裁在李代總統因病出國，趕回重慶領導危局，但西南內部情勢已經非我方能掌控的11月間，胡宗南部才受任於敗軍之際，奉命於危難之間；離久戌之西北，入生疏之西南，率萬里疲憊之師，當四面悍騖之敵。緊急入蜀之後，所面對的是友軍或叛或散，讓共軍自各地迅速衝來，惟他的孤軍仍然奮力拼戰，先在重慶挫敵席捲之鋒，讓政府及蔣總裁得以撤退赴蓉；再奉命防衛成都，於岷江、錦江血戰二十一晝夜，擊破劉伯承第二野戰軍第三兵團，但是由於十倍於我的共軍合圍勢成，致使官長士兵慘烈傷亡。由於入川太晚，以及道路、交通工具和汽油的缺乏，父親的三個兵團根本沒能集結而形成局部的足夠戰力，來與共軍「決戰」，也就是，在那已經不可為情況下，獨木實難支撐大廈——儘管後來趕到重慶和成都的部隊，也證明了他們實在是國軍的精銳勁旅，能在絕對劣勢下仍然爭取到時間，成功地護衛我政府和蔣總裁都平安地轉移到臺灣來實施憲政。

就中共方面而言，早在1949年夏準備進兵西南時，其中央軍委即洞悉了國軍防衛西南佈局的弱點，而選擇了以第二野戰軍全部、在第一野戰軍和第四野戰軍的配合下，以高明的大迂迴戰略，集中力量進兵，斷絕

200　疾風勁草：胡宗南與國軍在大陸的最後戰役（1949-1950）
Against All Odds: Hu Tsung-nan and the Chinese Nationalist Army in the Last Battles
on the Mainland（1949-1950）

了國軍退保雲南之路，從而贏得了在大陸上的作戰。但是，卻也因為如此，共軍在中國的東南方面，自從十月間金門古寧頭之役失敗後，反而未能集中第二野戰軍和第三野戰軍的力量全力攻打臺灣，讓臺灣在 1950 年 6 月 25 日韓戰前的軍事、外交、經濟上最孤立無援的脆弱階段安渡危機，也才有了後來臺灣生存的機會與發展的奇蹟。[1]

　　換言之，中共中央當年是因為看到我政府遷西南，蔣總裁也注重西南，尤其共軍的老對手──父親和其他一些中央部隊還健在，而作了集中兵力先打西南，後打臺灣的決策，卻忽略到臺灣長久而言有更為重要的戰略價值，從而失去了統一臺灣的先機。以致中共毛澤東曾在大陸文革時對他的宣傳部門負責人王力後悔地承認，「這是我黨七大後所犯的第一個大的歷史錯誤……我們只看到胡宗南在西南還有大軍……沒有把二野三野集中起來解放臺灣……在大陸，蔣介石輸了，我們贏了；在

1　中共毛澤東早在 1949 年 6 月 21 日即曾電令華東局和第三野戰軍粟裕、張震、周駿鳴「準備佔領臺灣」，粟裕提意見後毛澤東再度答復，要其積極準備，見《毛澤東軍事年譜 1927-1958》，1949 年 6 月 21 日；《毛澤東年譜（1893-1949）》，1949 年 8 月 2 日；毛澤東在 6 月間也要當時訪問蘇聯的中央軍委副主席劉少奇請求蘇聯協助中共建立或直接選派海空軍助陣，以攻佔臺灣，見沈志華主編，《俄羅斯解密檔案選編：中蘇關係》（上海：東方出版中心，2014），卷二（1949 年 3 月 -1950 年 7 月），頁 58、95、109-110；另見中共江蘇省委黨史工作辦公室編，《粟裕年譜》（北京：當代中國出版社，2012），頁 301-306；《蔣介石與現代中國的奮鬥》，頁 540；及金門古寧頭戰役共軍前敵總指揮蕭鋒後人蕭鴻鳴、蕭南溪、蕭江所著，《金門戰役紀事本末》（北京：中國青年出版社，2017），頁 38-39；古寧頭戰役經過另參考《國民革命軍戰役史第五部─戡亂》，第七冊，頁 29-71；《中國人民解放軍全國解放戰爭史》，第五卷，頁 175-181。

臺灣，蔣介石贏了，我們輸了。這是一個大的歷史錯誤，是不能挽回的錯誤。」[2] 關於此一論點，近年來國內外學者們均有進一步的論述。[3]

　　父親在這段期間的日記內容雖然都甚簡略，但明確見證了在那危急存亡之秋，他和袍澤們的努力和成績。如果蔣中正在年初引退之後，甚至在 7、8 月間便能及早下決心，不顧張羣等人對情勢的錯誤評估，而支持父親所極力建議把主力部隊調往四川雲南、並積極在當地擴軍的主張，我方當然有可能在大陸上繼續與中共分庭抗禮。軍人出身的郝柏村院長便有如下的論斷：「戰略上，如早準備在西南保有基地，則雲南比四川重要，因其邊界與外國相鄰也。如於今（1949 年）夏即放棄西北，胡宗南進入雲南，配合以（李彌和余程萬指揮的）第八軍及二十六軍，中央嫡系完全控制，並撤除盧漢，本有可為……胡部（既）陷川康絕境，雲南（亦）已不

2　王力，〈漫談舒同〉，《北京傳記文學》，第 12 期（1995），頁 57-61；王力在 1960 年代大陸文化大革命時曾任中共中央宣傳組組長。

3　例如南京大學歷史系教授經盛鴻在所著〈1949 國共軍事戰略及其得失〉中特別強調稱，「中國最高層（毛澤東）把戰略重點與軍事進攻矛頭集中指向大西南地區，尤其注重於消滅國民黨在大陸的最後重要軍事力量—胡宗南軍事集團，而把進攻臺灣放在次要地位……卻忽視了臺灣地區對中國統一有著更為重要的意義……」見《二十一世紀雙月刊》，10 月號（2000），頁 95-105；又如旅美學者吳興鏞在其〈蔣毛博弈及臺灣免於戰禍初探〉論文中亦強調，1949 年蔣總裁以胡宗南部及黃金軍費，不斷「引導對手誤會國府主要戰略目標是以大西南為未來復興基地，重走抗戰時的路線，保衛四川，把絕大部分的解放軍帶向大西南深處，遠離臺海，讓臺灣在陳誠的理政下能有時間……1949 年底（蔣中正便）達成了初步的戰略目標……」，《傳記文學》，第 682 期（2019 年 3 月），頁 4-28。

202 | 疾風勁草：胡宗南與國軍在大陸的最後戰役（1949 - 1950）
Against All Odds: Hu Tsung-nan and the Chinese Nationalist Army in the Last Battles
on the Mainland（1949-1950）

可能確保矣。」[4] 當然，如果桂系白崇禧部隊能如毛澤
東所擔心的，在夏秋華中作戰後也願意退入雲南，與父
親部隊整合，那我方當更有長期作戰的本錢了（見第四
章第一節）。

　　作為職業軍人，父親依據專業，在戰略上多次對蔣
總裁、李代總統、張羣長官、閻錫山院長兼部長、顧祝
同總長等長官們表達了不同的，甚至是反對的意見，
但最後仍然服從長官的決策而去盡力執行；結果他的
代價是巨大的——喪失了三十年來他所一路訓練帶領、
死忠於蔣中正總裁及中華民國政府、中國國民黨的嫡系
部隊；而這竟是他早從 1949 年初聽聞張羣被任命為西
南軍政長官時就「感到殷憂」、後來數次力爭讓部隊及
早南下、或不在成都「決戰」，卻都被否決而未能如願
時，早就料到的不幸結果。在這痛心疾首、刻骨銘心的
過程中，令人十分驚訝的是，竟然並未見到在其私人日
記中有任何怨恨他人、及灰心喪志的語句，而永遠不懈
地在繼續奮鬥；不但如此，日記顯示即使在各方情勢不
利、軍情緊急、內外煎熬的強大壓力之下，他念茲在茲
的竟然是部屬家庭的安置、遺眷的照料，甚至還著想到
長期的為國家培育人才（見第七章第二節），卻並未為
自己的家庭作打算。[5]

4　《郝柏村解讀蔣公日記 1945-1949》，頁 456。

5　《胡宗南先生日記》，1949 年 9 月 18 日、10 月 18 日、11 月 13 日、
　　1950 年 1 月 22 日；《陳誠先生日記》（陳當時為副總統兼行政
　　院長）1962 年 2 月 26 日載：「袁守謙來談…胡宗南去世後其家
　　屬生活無法維持」，同年 6 月 9 日載：「胡宗南今日下葬陽明山，
　　前往致祭，並送其家屬子女教育費二萬元。」

父親於 1950 年 4 月來臺後，詎料竟然遭受以李夢彪為首的四十六位監察委員根據完全不實的資訊，控訴率軍長程援救、拚戰到底的他反而要為「丟失大陸」負起責任，建議予以彈劾，並送公務員懲戒委員會懲戒；而輿論不查，亦跟著大力撻伐！雖然接著有一百零八位立法委員如江一平、張鴻烈、劉暨、黃通等人上書總統及行政院長為他辯白，請為國家愛惜人才，父親自己的反應卻是除了在國防部調查、質詢時忍受委屈地坦白應對，並提供一份論理明確、措辭溫和的書面答辯書外，竟然完全不接受外界訪問、或作任何公開的解釋或辯護，更沒有把責任推給任何一位不聽他多次建言的長官，或其他大量背叛國家的軍政領導人，甚至還強力禁止悲憤莫名的來臺部屬們做任何公開辯解。[6] 幸而國防部經過慎密的調查後，確認父親部隊的真實情況，包括其所有的調動、作戰都是遵奉長官指示，或獲得上級同意的，乃於臚列各項事實後，裁決稱「本件不付軍法會審」，從而阻止了彈劾案，還了他公道。[7]

---

6 父親對部屬們勸說，「我們身為國家軍人，為領袖負責的幹部，丟掉大陸，我們沒有責任，誰有責任？」又把其軍校學生陳大勳所寫辯白的文章收下一笑置之，對他說：「我們是革命軍人，是領袖的幹部，只求俯仰無愧，一切誹謗加之於我，復又何辭？」，見陳大勳，〈沉默的巨人：胡宗南先生〉，《令人懷念的胡宗南將軍》，頁 197；《胡宗南上將年譜》，頁 285-288，349-361。

7 《國防部裁決書》，國防部檔案，三十九年（1950 年）動勵字第十七號，裁決主文；另，在父親去世的第二天，陳誠副總統兼行政院長在其日記中載：「劉總司令（安祺）來訪談：胡宗南之死殊為可惜，胡在西北貢獻極大，在四川救出中央各院會重要人員，真所謂功在黨國。而一般攻擊胡者，胡一言不發，尤為難能可貴」，見《陳誠先生日記》，1962 年 2 月 15 日；但了解內情的父親部屬們卻對父親的遭遇在心中難以平服。例如曾任警政署長的盧毓鈞，在 1950 年代以警員身份查戶口到盛文將軍（1949 年

　　這種只求盡職、不推責任，不稱功諉過，只為大
局、不顧自己的態度，[8] 以及參謀長羅列在西昌慨然志
願率領殘部拼到最後，準備為父親代死來酬知己、報黨
國的志節，尤其西安綏靖公署各部隊的大量官佐士兵在
極艱困的情勢下，明知不可為、卻仍然願意捨身拼到
底，為國奮戰到奉獻出自己的生命，可說是中華民國國
軍武德和軍魂最崇高的表現。[9]

　　時窮節乃見，一一垂丹青；當其貫日月，生死安足
論。在犧牲軍隊而保大局之考慮下，領袖黨國得以退守
臺灣，臥薪嘗膽，生聚教訓，期望捲土重來，還我河
山。七十年來的發展雖然未能如願，可是中華民國法統

---

　　12 月，任成都防衛總司令）宅，盛將軍談到父親時，竟然雙手掩
　　面痛哭，喊著：「胡先生！胡先生！」令人驚訝而感動，說怎麼
　　有這麼感召部屬的長官。此為盧署長於 1987 年親告作者。

8　父親在臺灣撰寫自傳或與人談及大陸失敗時卻從不卸責，反而自
　　責稱：「階級愈高，錯誤愈大，而負疚亦愈深」，見《胡宗南先
　　生文存》，頁 496；但也認為自己對中共作戰有極寶貴的經驗，
　　而且有把握，1960 年代新聞界聞人之一的卜少夫評論稱：「反攻
　　大陸這一機會到來，他是絕不放過的。」甚至當他心臟病已經極
　　嚴重的 1961 年 2 月，他還寫信給老部屬金門防衛司令官劉安祺上
　　將說：「匪如大舉來犯而兄認為外圍島嶼有顧慮時，弟願參加大
　　擔島（前線中的前線）之作戰，屆時朝電夕來，共襄盛業。」分
　　見卜少夫，〈在臺北認識胡宗南〉，《令人懷念的胡宗南將軍》，
　　頁 68；及《胡宗南先生文存》，頁 489-497；該項父親致劉安祺
　　司令官的親筆信是在父親 1962 年 2 月去世後，劉將軍自拿到作
　　者家中，請作者當場謄抄後，原件他即帶回珍藏。

9　父親部屬中國軍基層軍官捨身取義另一例為：「陝北洛川瓦子街
　　作戰（1948 年 2 月，見第一章第三節）……嚴明為九十師師長，
　　為爭奪一高地，匪我距離甚近，突然一手榴彈飛來，落在嚴明之
　　後數步，當時隊伍密集，無法避開，有中尉軍官劉炳者，看到情
　　形惡劣，挺身而起，飛躍而前，覆於手榴彈之上，頓時轟然爆炸，
　　劉炳粉身碎骨，而嚴明與其他官兵無恙，此所謂為主義而生，為
　　主義而死。」錄於胡宗南，〈三民主義的戰鬥革命的人生觀〉演講，
　　民國 45 年 8 月澎湖「三民主義講習班開學典禮」演講，《胡宗南
　　先生文存》，頁 436。

卻得以成功地在臺灣繼續，不但如此，在臺灣的成功和
失敗的建設經驗，尤其是在蔣中正、嚴家淦、蔣經國三
位擔任國家領導人的年代，至少可成為我中華民族發展
的前鋒。中外各界包括西方歷史學家們對於臺海兩岸過
去數十年發展的分析與評論，仍在不斷演化之中，其途
徑與方向卻逐漸趨近：

　　前行政院長郝柏村在評介蔣中正總裁的歷史地位時
表示：「眾雖叛而親未離，土雖失而國未亡，（他）重
建了實現三民主義的中華民國基地。」[10]而兩位美國現
代名歷史學家艾愷（Guy Allito）及陶涵（Jay Taylor）
則有此論斷：艾愷在 1980 年代中共在大陸上放棄毛澤
東的「階級鬥爭」政策，轉而實施「改革開放」之後，
在蔣中正百年誕辰的「蔣中正先生與現代中國學術研討
會」上強調：「蔣先生留下的臺灣，幾乎在每一方面都
是無比的成功……它實行了真正的革命，但沒有大規模
的屠殺或數以百萬計人民的死亡……事實上，中共領導
階層已放棄馬克思主義……與此同時，臺灣在蔣中正和
蔣經國先生的領導之下，已發展成一個遠比中國大陸更
開放、民主和『現代』的社會。」[11]陶涵則於 2010 年
在完成蔣中正先生傳記時所作的結論中斷言：「推動現
代中國在二十一世紀前進的，是蔣介石的主張、而不是

---

10 《郝柏村解讀蔣公日記 1945-1949》，頁 476-477。

11 艾愷著，彭思衍譯，〈西方史學論著中的蔣中正先生〉，《蔣中
　　正先生與現代中國學術討論集》，第一冊──蔣中正先生之思想
　　學說行誼，頁 629、647。

206 疾風勁草：胡宗南與國軍在大陸的最後戰役（1949 - 1950）
Against All Odds: Hu Tsung-nan and the Chinese Nationalist Army in the Last Battles
on the Mainland（1949-1950）

毛澤東的觀點！」[12] 這幾個相似論點當可視為七十年前
我方大量忠貞軍民為中華民國建國理想而犧牲了一切
所得的報償吧。

12 《蔣介石與現代中國的奮鬥》，頁 735。

附錄一：蔣經國先生於南京致西安胡司令長官宗南親筆函（1947 年 9 月 16 日）

國民政府用牋

宗南老兄大鑒西京別
後山即奉命北上後又
因事返回重慶最近在
廬山參加青年團代表
大會於昨日返京
家父近來福體康健精
神甚好此則可告慰於
兄者也下月九日為家

中華民國　年月日

國民政府用牋

父六旬大壽心中極有
所感故作此書與兄
一談得訴心中之情
領袖領導革命平內亂
爭己謀獨立謀富強此種偉
業已定千秋之基礎但
直至今日尚未成功反而
困難重重關於此點凡

中華民國　年月日

國民政府用牋

領袖主學生子弟自不
了不注意與考意者也
一般幹部之中有悲觀者
有消極者此種人之後退者亦有
在花天酒地之中解其
苦悶者此種人皆無眼
量之徒如此態度唯有加
重困難加深危機而已

中華民國　年月日

吾人必須以理想與事業，以及道義作為團結，主義精神年應以受苦而不惜氣之信心歸召志，友人作最後，閃道令之，戰鬥之準備，領袖之最近曾謂「如雨不知恥而奮鬥則三五年

之後必為共產黨之天下，此語意義之深長矣，足使吾人警惕而深思者也，今鬥爭與二路了行矣，領神事業之成敗決定於最近二十年之中凡其忠實之士，茅務必重考，陣寒。加強團結準備作

共為領神之革命事業而奮鬥到死餘倩僑寄即請，秋安，小弟經國手上九月廿日

最後之戰役，老兄為人人所敬佩者，極望積極領導吾輩青年從事神聖之鬥爭，數年以來，小弟之事時勞，老兄闕切奮任感激今，後極願追隨，老兄抱忍辱員重之決心

說明：蔣經國先生撰本函時年三十七歲，擔任三民主義青年團中央常務幹事，但國民黨及青年團甫於四天前的 9 月 12 日在國民黨第六屆四中全會及黨團聯席會議上通過「統一中央黨部團部組織案」，決議團部本屆中央幹事一律改任為本屆（國民黨第六屆）中央執行委員（參考《蔣中正先生年譜長編》，第八冊，頁 746-747）

原函除兩句點外，無標點符號。以下第一行為信封封面。標點則為編者所加。

西安東倉門乙號　胡司令長官宗南勛啟

南京勵志社　蔣經國

宗南老兄大鑒：

西京別後小弟即奉命北上，後又因事返回重慶，最近在廬山參加青年團代表大會，於昨日返京。家父近來福體康健，精神甚好，此則可告慰於兄者也。下月九日為家父六旬大壽，心中極有所感，故作此書與兄一談，得訴心中之情。領袖領導革命，平內亂、爭獨立、謀富強，此種偉業已定千秋之基礎。但直至今日尚未成功，反而困難重重。關於此點，凡領袖之學生子弟，自不可不注意與考慮者也。一般幹部之中有悲觀者，有消極者，有後退者，亦有在花天酒地之中解其苦悶者，此種人皆無膽量之徒，如此態度唯有加重困難加深危機而已矣。吾人必須以理想與事業以及道義作為團結之精神，並應以受苦而不挫氣之信心，號召志同道合之友人作最後戰鬥

之準備。領袖最近曾謂：「如再不知恥而奮鬥，則三五
年之後必為共產黨之天下。」此語意義之深長，實足使
吾人警惕而深思者也。舍鬥爭無二路可行矣！領袖事業
之成敗，決定於最近二十年之中，凡其忠實之學生子弟
務必重整陣容，加強團結，準備作最後之犧牲。老兄為
人人所敬佩者，極望積極領導吾輩青年從事於艱苦之鬥
爭。數年以來小弟之事，時蒙老兄關切，無任感激。今
後極願追隨老兄，抱忍辱負重之決心，共為領袖之革命
事業而奮鬥到死。餘情續書。即請

秋安

　　　　　　　　　　　　　小弟經國手上　九月十六日

附錄二：蔣中正總統於南京致西安胡宗南主任親筆函（1949 年 1 月 20 日）

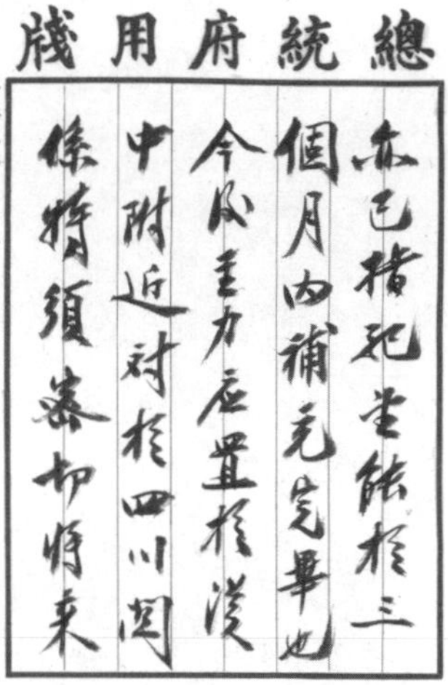
總統府用牋
中華民國 年 月 日
亦已措施業能於三
個月內補充完畢也
今後主力應置於漢
中附近對於四川關
係特須密切將來

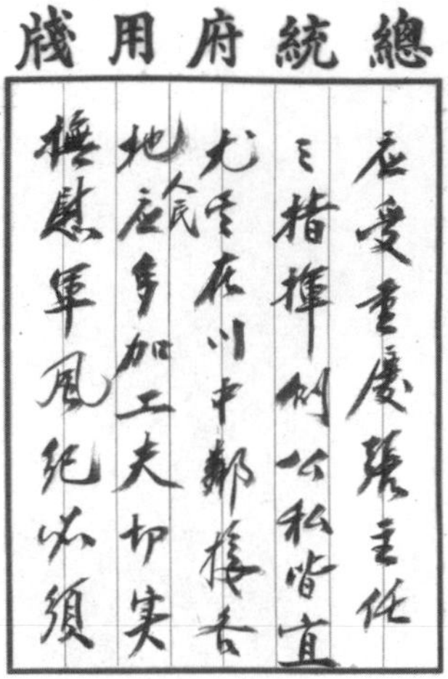
總統府用牋
中華民國 年 月 日
應受重慶張主任
之指揮則公私皆宜
尤其在川中鄰接各
地人民應多加工夫切實
撫慰軍風紀必須

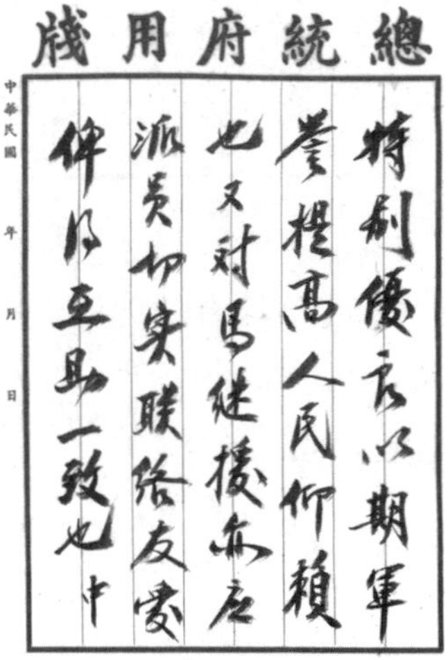
總統府用牋
中華民國 年 月 日
特別優良以期軍
譽提高人民仰賴
也又對馬繼援亦應
派員切實聯絡友愛
俾能互助一致也 中

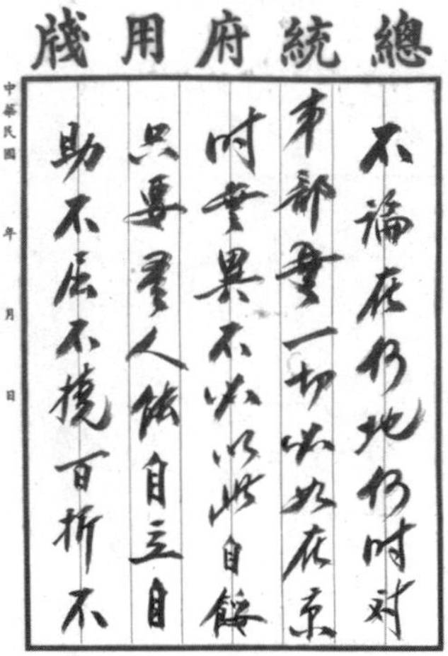
總統府用牋
中華民國 年 月 日
不論在何地何時對
本部要一切如在京
時要果不必以此自餒
只要軍人能自立自
助不屈不撓百折不

說明：附錄二至附錄七蔣中正先生各函均係以毛筆書
　　　寫，亦均無標點符號。以下首繕信封，繼繕本
　　　文，依照原函之文字寫法、用字及體例，繕文
　　　之標點符號為編者所加。

胡主任宗南親啟

總統府蔣緘

宗南主任弟勛鑒：

近日政局即有變動，但陝省重要，一切工作皆應照常進
　　行，而且比前更應積極準備，作死中求生之奮鬥。關於
　　增加弟部之番號，已指定兩個軍及另配四個師，似已足
　　用；武器亦已指配，望能於三個月內補充完畢也。今後
　　主力應置於漢中附近，對於四川關係特須密切，將來應
　　受重慶張〔羣〕主任之指揮，則公私皆宜。尤其在川

中，鄰接各地人民應多加工夫切實撫慰，軍風紀必須特別優良，以期軍譽提高，人民仰賴也。又對馬繼援亦應派員切實聯絡友愛，俾得互助一致也。中不論在何地何時，對弟部一切必如在京時無異，不必以此自餒。只要吾人能自立自助，不屈不撓，百折不回，則最後勝利未有不屬於我也。餘不百一，順頌

戎祉

中正手啟　中華民國卅八年一月二十日正午

附錄三：蔣中正總裁於臺北致漢中胡宗南主任親筆函（1949 年 10 月 21 日）

宗南吾弟同志閱悉
本部今派三郭署之根
卓方針已詳告顧總
長面示當決待定俟後
遲卯行動但必須極

端秘審尤應設計各種
假情報士假行動以
眩惑匪部耶目不使
壬卯時察覺追警為
要第一先抽最優良

三個軍在棉陽之廣
元間地區布防第二
再抽優良之三個軍
直由至業甫大亮雅安
榮經道上最妥不結

216 疾風勁草：胡宗南與國軍在大陸的最後戰役（1949-1950）
Against All Odds: Hu Tsung-nan and the Chinese Nationalist Army in the Last Battles
on the Mainland（1949-1950）

通成都即由綿陽
棉竹經彭縣崇甯
至大邑但此道公路不通
且須渡河數道必須由
周到之偵察之準備

也惟該路糧食困難交
通不便而且幫會之勢
力此較有力如兵力太多
恐反生障碍之擁擠此
此不如今兩路並進即派

雲中兩個軍一個軍由
廣元循嘉陵江至今川
壁山一個軍由綿陽循
涪江至壁山再循渝瀘
公路至瀘州集中監視

再由瀘州入滇乃乃西昌
連接使康滇打成一片
但西郊不妨要佔西康
僅路西昌而借雅名為
通道此時不宜再占康

劉勇起仲紹實於我 雷削
不利此第三年部決必以
西昌為根據而以鞏固
靈本為惟一要務但由
崇寧經雅妥至西昌道

防交通及糧食困難
情形在在可慮此事前
要籌畫時間之準備
臨時倉促必難周密西
又不能在事先修築對自

乾上川人必防洩露計
畫以阻礙行動故應
嚴防慎行而動作又
須敏捷是為苦耳
繼之西昌至崇寧之間

必須有優良之西軍
擇要部署如果不分
兵循嘉漢二康本下削
應由四個列三個軍皆
由此路前進甚恐遲中

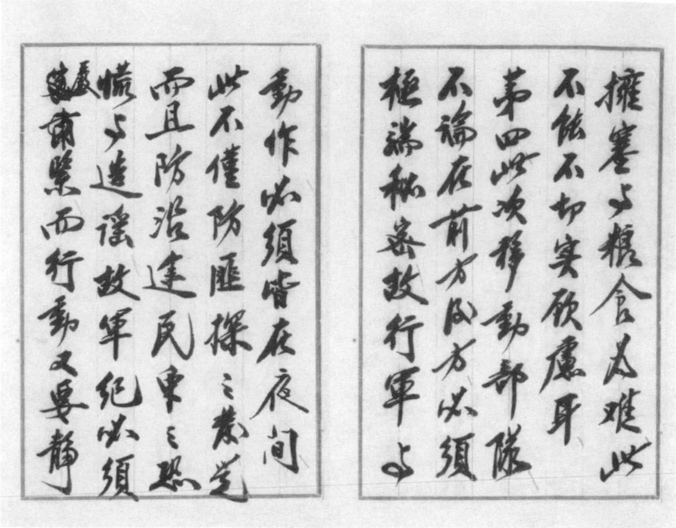

擁塞之糧食為難此
不能不切實顧慮耳
第四步次移動部隊
不論在前方後方必須
極端秘密故行軍之

動作必須皆在夜間
此不僅防匪探之發覺
而且防沿途民眾之驚
慌之造謠故軍紀必須
嚴肅整而行動又要靜

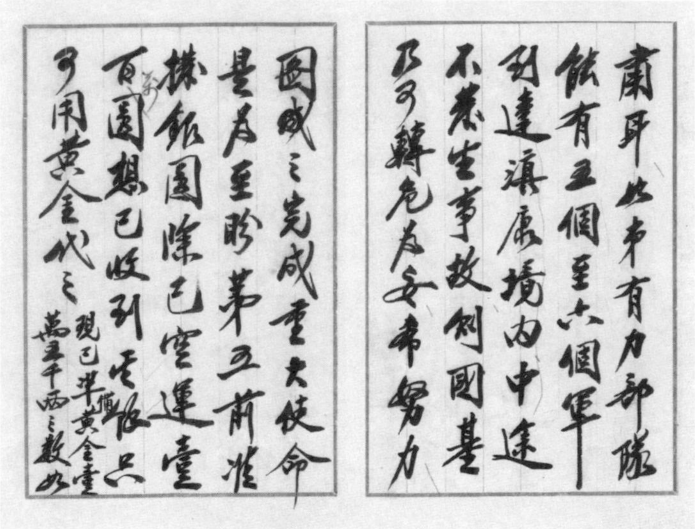

肅耳此外有力部隊
能有五個至六個軍
到達滇康境內中途
不發生事故則國基
乃可轉危為安希努力

圖成之完成重大使命
是為至盼第五前准
撥銀圓除已空運臺
百萬圓想已收到電報只
可用黃金代之
現已準備黃金壹
萬五千兩之數也

胡主任親啟

蔣緘

宗南吾弟同志：

關於弟部今後之部署與根本方針，已詳告顧總長面示。望決定後迅即行動，但必須極端秘密，尤應設計各種假情報與假行動，以眩惑匪部耳目，不使其即時察覺追擊為要。第一，先抽最優良三個軍，在綿陽與廣元間地區布防。第二，再抽優良之三個軍直至崇寧、大邑、雅安、榮經，道上最好不經過成都，即由綿陽、綿竹經彭縣、崇寧至大邑，但此道公路不通且須渡河數道，必須由周到之偵察與準備也。惟該路糧食困難，交通不便，而且幫會之勢亦比較有力。如兵力太多，恐反生障礙與擁擠。如此不如分兩路並進，即派其中兩個軍，一個軍由廣元循嘉陵江至合川、璧山，一個軍由綿陽循涪江至

220 疾風勁草：胡宗南與國軍在大陸的最後戰役（1949－1950）
Against All Odds: Hu Tsung-nan and the Chinese Nationalist Army in the Last Battles
on the Mainland（1949-1950）

璧山，再循渝瀘公路至瀘州集中，然後再由瀘州入滇，
可與西昌連接，使康滇打成一片。但弟部不必要佔西
康，僅駐西昌而借雅安為通道，此時不宜再與〔西〕康
劉〔文輝〕另起糾紛，否則實於我不利也。第三，弟部
決以西昌為根據，而以鞏固雲南為惟一要務。但由崇寧
經雅安至西昌，道路交通與糧食困難情形，在在可慮。
如事前無較長時間之準備，臨時倉促，必難周密，而又
不能在事先明告劉自乾與川人，以防洩露計畫與阻礙行
動。故應嚴防慎行，而動作又須敏捷，是為苦耳。總之
西昌至崇寧之間，必須有優良之兩軍擇要部署，如果不
分兵循嘉、涪二江南下，則應由四個到五個軍皆由此路
前進，甚恐途中擁塞與糧食為難，此不能不切實顧慮
耳。第四，此次移動部隊，不論在前方後方，必須極端
秘密，故行軍與動作必須皆在夜間，此不僅防匪探之發
覺，而且防沿途民眾之恐慌與造謠，故軍紀必須嚴緊而
行動又要靜肅耳。如弟有力部隊能有五個至六個軍到達
滇康境內，中途不發生事故，則國基乃可轉危為安。希
努力圖之，完成重大使命，是為至盼。第五，前准撥銀
圓，除已空運壹百萬圓想已收到，其餘只可用黃金代
之。現已準備黃金壹萬五千兩之數，如有需要隨時可派
員來領也。第六，前准撥之步槍等武器，想已如數領足
矣。此實不易之物，務須慎重使用為要。時急勢迫，如
無必要不必來臺，免誤時機也。順頌
戎祉

中正手啟　十月二十一夕

附錄四：蔣中正總裁於臺北致成都胡宗南副長官親筆函（1949 年 12 月 11 日）

宗南吾弟昨午作別情緒悲
戚依依不盡此言革命變幻
至此寧愧對忠實之幹部
上軍寬戴三軍民更當以
對總理之先烈惟忠盡救

國恥之不息之赤忱俯仰天
地無愧怍深信革命必
成共匪必滅最後勝利必
歸吾忠貞不貳成敗不計
之革命信徒惟弟之

弟能繼予逝也此次昆明叛
變早有許多徵候豈無珠一
般因志太不警覺皆為叛
徒盧漢群兒所欺蒙而不
加頂防此實中正宇疏粗

222　疾風勁草：胡宗南與國軍在大陸的最後戰役（1949 - 1950）
Against All Odds: Hu Tsung-nan and the Chinese Nationalist Army in the Last Battles
on the Mainland（1949-1950）

竟拙終以君子之心度小人
之腹焉以而不擬敗耶惟
默察匪勢據觀大局尤以
共匪不惜收容叛徒利用
一時且見之實力統制令

國不能不作此飲鴆止渴之
舉此使我軍與一樣其之轉
機不來惟冀箭失馬之福
故祇要我軍尤其幹部
能在西平之西北之令作

長期奮鬥之計未有不能
轉敗為勝此損計匪在川
默察者不過六個至九個正
規軍并知傳匪虛相仍匪
軍不入雲南為條件是流

政工人員改造之軍隊之
討四川鄭到是否尚有匪
不入成都為條件則不以
而知但觀成渝方面匪之
行動之不願派遣

我軍決此重受犧牲是
在意中吾人尚在此一時時
上研究某到為要中意龍
泉驛庫地最好在簡陽以
東地區增強著干兵力事之

作十日以上之周旋以待我
棉陽附近主力部隊之
蔣進是為上策故成都
非萬不已不宜故棄至
於成績部隊經綿竹灌

縣附近再積進至岷江以
西地區是萬不以已之舉平
今以本部行動之方鍼分
有下列數項方案
第一在成都平原濟戰

以期確保成都
第二蔣進岷江西岸以雅
安康宜為基地并堂依
先控制西昌不失故中意
西昌仍須繼續空運至

一個加強團先解決該處
之刺郡編併之然以挹要
對雲本各山口分分沿口切實
防守之但須派要員主持
并遣委賀元靖受電指揮

第三、第二方集實行完
成後仍須向雲南發展
而以及佔昆明為今後作戰
惟一目標必須始終不懈
積極準備務期達成任務

甚未可郡令以生存占成
功惟一之出處也
第四、此第三方集不成則另
化領滇康青藏之中間地
區而以難薩或昌都為基
地相機向滇向青藏發展無
不可但此為萬不得已之舉
無亦不可不作此著想惟該
區氣候寒冷糧食缺乏人
口稀少只可少地就食然中

深信中國及世界局勢吉不

伎多人實艱至此即伎有

此第為暫时之計耳故慮者

為此一冬季必須在呧江西

岸及雅安亚昌以迤東慶運

冬季前一戌哈年四月自己

南北東西縱橫自如矣此

乃中蘊藏拒心者已久橔时不

忍道破不願道而今不及不为言

希詳道矣倌不一一　中正手啓

十青吉十□

再者軍事部署必一切行

動必須事前棄棄周詳

縱長為要

中正又及

中正用箋

226　疾風勁草：胡宗南與國軍在大陸的最後戰役（1949 - 1950）
Against All Odds: Hu Tsung-nan and the Chinese Nationalist Army in the Last Battles
on the Mainland（1949-1950）

送成都空軍徐司令轉　胡副長官宗南親啟

蔣緯

宗南吾弟：

昨午作別，情緒悲戚，依依不盡於言。革命變幻至此，實愧對忠實之幹部與愛戴之軍民，更無以對總理與先烈。惟忠黨救國肫肫不息之赤忱，俯仰天地，毫無愧怍。深信革命必成，共匪必滅，最後勝利必歸於忠貞不貳、成敗不計之革命信徒，惟望吾弟能繼其後也。此次昆明叛變早有許多徵候，無殊一般同志太不警覺，皆為叛徒虛偽辭色所欺蒙而不加預防，此實中平生疏粗鈍拙，終以君子之心度小人之腹，焉得而不挫敗耶？惟默察匪勢、綜觀大局，尤其共匪不惜收容叛徒利用一時，足見其無力統制全國，不能不作此飲鴆止渴之舉。此使我軍得一喘息之轉機，亦未始非賽翁失馬之福。故祇要我軍——尤其弟部能在西南與西北之間作長期奮鬥之計，未有不能轉敗為勝也。預計匪在川黔者不過六個至七個正規軍，並知傳匪盧〔漢〕相約匪軍不入雲南為條件，只派政工人員改造其軍隊。其對四川鄧〔錫侯〕劉〔文輝〕，是否亦有匪不入成都為條件則不得而知。但觀成渝路方面匪之行動，其不願派遣主力與我軍決戰重受犧牲，是在意中。吾人應在其此一弱點上研究策劃為要，中意龍泉驛陣地最好在簡陽以東地區增強若干兵力，予之作十日以上之周旋，以待我綿陽附近後續主力部隊之轉進是為上策。故成都非萬不得已不宜放棄，至於後續部隊經綿竹、灌縣附近再轉進至岷江以西地區，是萬不得已之舉耳。今後弟部行動與方鍼，約有下列數

項方案：

第一、在成都平原決戰，以期確保成都。

第二、轉進岷江西岸以雅安、康定為基地，並望能先控制西昌不失。故中意西昌仍須繼續空運，運足一個加強團。先解決該處之劉〔文輝〕部編併之，然後扼要對雲南各山口與各江口切實防守之，但須派要員主持，並遵重賀元靖，受其指揮。

第三、第二方案實行完成後，仍須向雲南發展，而以攻佔昆明為今後作戰惟一目標，必須始終不懈積極準備，務期達成此一重大任務，是亦弟部今後生存與成功惟一之出處也。

第四、如第三方案不成，則可佔領滇康青藏之中間地區，而以昌都為臨時基地，相機向滇、向青、向川發展亦無不可。但此為萬不得已之舉，然亦不可不作此著想。惟該區氣候寒冷、糧食缺乏、人口稀少，只可分地就食。然中深信中國與世界局勢，當不使吾人窘艱至此，即使有此亦為暫時之計耳。所慮者為此一冬季，如能在岷江西岸及雅安、西昌以東度過冬季，則一至明年四月，自可南北東西縱橫自如矣。此乃中蘊藏於心者已久，往時不忍道亦不願道，而今不得不為吾弟詳道矣。餘不一一。

　　　　　　　　　　　中正手啟　十二月十一日十一時

再者，軍事部署與一切行動必須事前秉承顧總長為要。

　　　　　　　　　　　　　　　　　中正又及

附錄五：蔣中正總裁於臺北致成都胡宗南副長官親筆函（1949 年 12 月 21-22 日）

一路戊以溪黔桂趙進臣為
一路巳不及已附了退入趙事
現在姑以此五個進臣為目
標但幾月標仍在雲南事
猶為必須設法收復雲南

一
不易應敵耳
三分路進趨，甲以川康溪進
臣為一路乙以川溪甘進臣為
一路丙以川黔陝鑛連臣為
一路丁以川黔湘黔進臣為

空投叛匪及空中通信聯
絡設便之地致離海岸線
愈近愈將并座特別注意
支援帶空空聯絡各種有
繼務盡在落空空軍多

將來匪臣將黔延在雲南
我軍不敢易為力惟最近情勢余
李兩軍終以為匪逐路歟
受人宰割不能作戰耳
四分路進趨時應注意者即

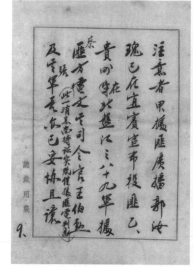

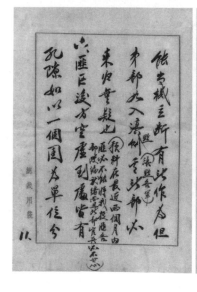

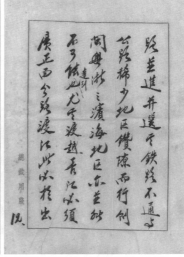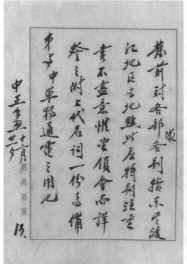

胡長官　親啟

蔣緘

宗南吾弟：

茲派機專帶〈西南各省兵要地圖（十萬分一）〉，以備隨時參考。此圖實為最詳實之調查，務望珍藏勿失。茲將弟部今後行動方針概述如後：

一、照最初預定計畫仍能以西康為目標、以雲南為基地，自為上策。

二、如上項計畫照目前情勢已不能實現時，則只可照哿（皓？）電所述者，即以樂山、宜賓與瀘州為目標，分向貴州與西昌進趨，亦不失為中策；若至萬不得已時，即在川康滇黔邊區暫駐，再定方針。惟恐兵力太大，給養為難，而且目標太大不

易隱蔽耳。

三、分路進趨：甲、以川康滇黔邊區為一路；乙、以
川陝甘邊區為一路；丙、以川鄂陝豫邊區為一路；
丁、以川鄂湘黔邊區為一路；戊、以滇黔桂越邊區
為一路，至不得已時可退入越南。現在姑以此五個
邊區為目標，但總目標仍在雲南，無論如何必須設
法收復雲南，將來匪區弱點還在雲南，我軍亦較易
為力。惟最近情勢，余〔程萬〕、李〔彌〕兩軍終
必為匪逆所欺，受人宰割，已不能作數耳。

四、分路進趨時應注意者，即擇其空投較易與空中通信
聯絡較便之地，故離海岸線愈近愈好，並應特別注
重與攜帶陸空聯絡各種符號，務望在蓉與空軍多約
各種暗語與符號，專與弟部通信聯繫也，但將來川
陝甘豫邊區陸空聯繫與投擲必不易矣。

五、最近各方情形應特別注意者：甲、據匪廣播，郭汝
瑰已在宜賓宣布投匪；乙、貴州在北盤江之〔第〕
八十九軍，據察匪方電文，其司令官王伯勳及其
張〔濤〕軍長亦已妥協（此一消息尚待證實，現僅
據匪電判斷）且讓開防地，已允匪由滇黔公路向霑
益進竄，與昆明盧〔漢〕逆夾擊余〔程萬〕、李
〔彌〕兩部矣；丙、余程萬寡斷無能必被欺弄，
而李〔彌〕則為雲南關係，恐亦不能當機立斷、
有所作為。但弟部如入滇黔，則其所部（滇黔各
軍）必來歸無疑也。（預料在最近兩個月內匪必
不能將我投匪各部改編就緒，而且所部官兵必不
甘心。）

六、匪區後方空虛，到處皆有孔隙，如以一個團為單位
分路並進，並選其鐵路不通與公路稀少地區鑽隙而
行，則閩浙之濱海地區亦並非不可能達到也。尤其
渡越長江，必須廣正面分路渡江，此必於出發前
對各部隊各別指示其渡江地區與地點，此應特別
注重。

書不盡意，惟望領會而詳察之。附上代名詞一份專備弟
與中單獨通電之用也。

　　　　　　　　　　　中正手啟　十二月廿一夕

民國三十八年十二月二十二日

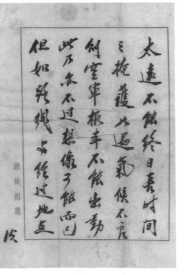

17.

行動之連時聯絡如
有特殊隨隱務必互相
机通查并应设法
投掷或置之必须品车
惟此必须在出菜前

總裁用箋

18.

由詳細規定並約定
多數路線以第一或
第二路線不通則第三
第四路線亦可用机複
察聯絡故特將月基

總裁用箋

19.

以上之各軍任指揮部
尤其中个人務在地之
特將更應詳確約定
各次用地圖指明各部
隊經過路線地點與大

總裁用箋

20.

約日期皆須圓形出
前用正考素必便
平備一切最要者為
渡江地段與大約日期
必宣軍械事先偵察

總裁用箋

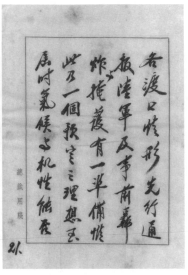

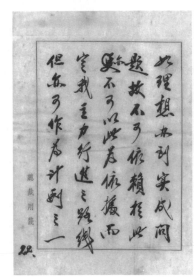

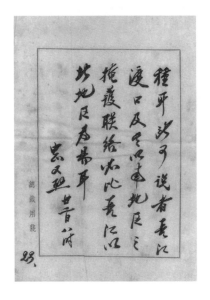

胡長官宗南親啟

蔣緘

再者，主力渡江，在某一段江上約在某數日之間，先行電告，或可派機掩護渡江之部隊，但亦不過數小時。以飛行距離太遠，不能終日長時間之掩護，如遇氣候不良則空軍根本不能出動，此乃亦不過想像可能而已。但如路線與經過地點確定，以及其經過大約時日如能預先規定，最好於未出發之前用詳函約定，則可依地依時派機到其地區偵察我軍行動與隨時聯絡。如在其渡河點附近地區或有特殊匪情，亦可相機通告，並望能設法投擲小量之必須品耳。惟此必須於出發前由詳細規定並約定多幾路線，如第一或第二路線不通，則第三第四路線亦可用機偵察聯絡。故符號自營以上之各單位指揮部，尤其弟個人所在地之符號與行進間遇我空軍，更應明確約定；其次，用地圖指明各部隊經過路線地點與大約日期，皆須於出發前用函寄來，以便準備一切。最要者為渡江地段與大約日期，如空軍能事先偵察各渡口情形，先行通報陸軍及事前轟炸，與掩護有一準備。惟此乃一個預定之理想，至屆時氣候與機性能否如理想辦到，實成問題，故不可依賴於此，亦不可以此為依據而定我主力行進之路線，但亦可作為計劃之一種耳。所可說者，長江渡口及其以南地區之掩護聯絡，必比長江以北地區為易耳。

中正又啟　廿二日八時

238 | 疾風勁草：胡宗南與國軍在大陸的最後戰役（1949－1950）
Against All Odds: Hu Tsung-nan and the Chinese Nationalist Army in the Last Battles
on the Mainland（1949-1950）

附錄六：蔣中正總裁於臺北致海口胡宗南副長官親筆函（1949 年 12 月 28 日）

宗南吾弟勛鑒 王副總司令
羅參謀長來台面報詳情
日來憂慮為之盡息此時大陸
局勢業經西昌一點而此僅存之
點之存亡安危全在於吾
弟一人之身能否不顧一切單刀
中正用牋

前往坐鎮其間挽回頹勢速
行以成排佪則革命於之絕
坐矢務坐養揚革命精神
完成最大任務不愧為吾黨
之信徒是所切盼 順希 羅參
謀者面達不贅 中正手啟
中正用牋

胡副長官勛啟

蔣緘

宗南吾弟勛鑒：

王副總司令、羅參謀長來臺面報詳情，日來憂患為之盡息。此時大陸局勢繫於西昌一點，而此僅存之點，其得失安危全在於吾弟一人之身，能否不顧一切單刀前往，坐鎮其間挽回頹勢。速行必成，徘徊則革命為之絕望矣。務望發揚革命精神，完成最大任務，不愧為吾黨之信徒，是所切盼。餘屬羅參謀長面達不贅。

中正手啟　十二月廿八日正午

（註：王副總司令係空軍副總司令王叔銘，羅參謀長係西南軍政長官公署參謀長羅列）

附錄七：蔣中正總裁於臺北致西昌胡宗南副長官親筆函（1950 年 1月 25 日）

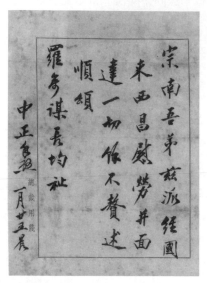

胡副長官　勛啟

蔣緘

宗南吾弟：

茲派經國來西昌慰勞，並面達一切，餘不贅述。順頌

羅參謀長均祉

中正手啟　一月廿五晨

附錄八：行政院蔣經國院長致革命實踐研究院及中國青年反共救國團主任李煥先生手札原文繕稿（1975年）

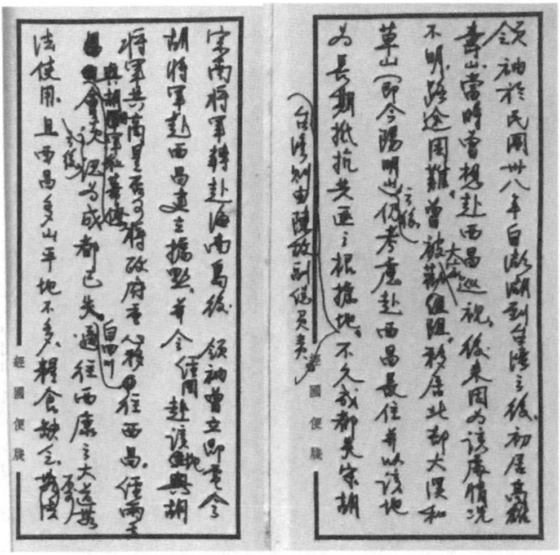

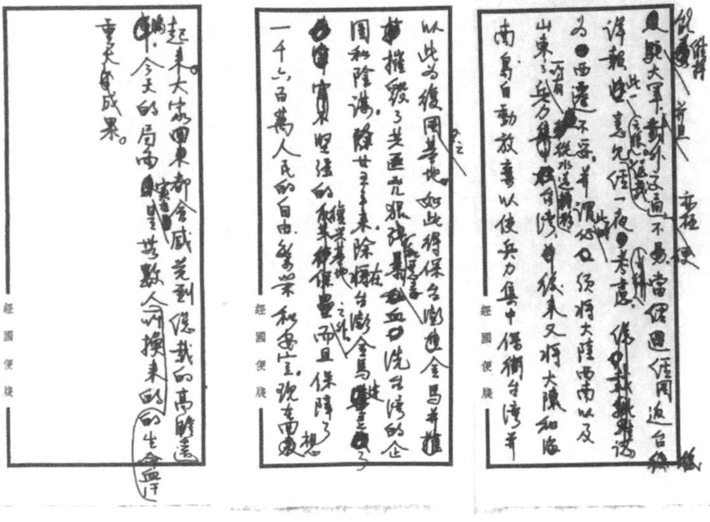

242 疾風勁草：胡宗南與國軍在大陸的最後戰役（1949-1950）
Against All Odds: Hu Tsung-nan and the Chinese Nationalist Army in the Last Battles
on the Mainland（1949-1950）

資料提供：李慶華委員

　　領袖於民國卅八年自澎湖到臺灣之後，初居高雄壽山，當時曾想赴西昌巡視。後來因為該處情況不明，路途困難，曾被大家勸阻，移居北部大溪和草山（即今陽明山）之後，仍考慮赴西昌長住並以該地為長期抵抗共匪之根據地，臺灣則由陳故副總（統）負責。不久成都失守，胡宗南將軍轉赴海南島後，領袖曾立即電令胡將軍赴西昌建立據點，並令經國赴該地與胡將軍共商是否可將政府重心移往西昌。經兩天與胡將軍和幕僚會談之後，認為成都已失，自四川通往西康之大道無法使用，且西昌多山，平地不多，糧食缺乏，不可能維持大軍，並且對外交通亦極不便。當經國返臺後，詳報此一意見之後，總裁經一夜考慮，認為西遷不妥，並謂此時必須將大陸西南以及山東之所有兵力從水道轉移臺灣；後來又將大陳和海南島自動放棄，以使兵力集中保衛臺灣，並以此為復國之基地，如此得保臺澎金馬並摧毀了共匪兇狠殘暴和惡毒血洗臺灣的企圖和陰謀。廿五年來，除在臺澎金馬建立了堅強的復興基地之外，而且保障了一千六百萬人民的自由、繁榮和安全。現在回想起來，大家都會感覺到總裁的高瞻遠矚。今天的局面實在是無數人的生命血汗所換來的重大成果。

（書於「經國便牋」上）

附錄九：1949-1950 年戰役國軍胡宗南部 高階殉國部分名單

資料來源：《胡宗南上將年譜》增修版

	姓名	籍貫	學經歷軍階	殉職日期地點及戰役
1	胡長青	湖南臨湘	黃埔四期 第五兵團中將司令官兼第六十九軍軍長	1950 年 3 月 31 日 四川越嶲星姑廟 西昌戰役負傷自戕
2	劉孟廉	陝西	黃埔四期 第二十七軍中將軍長	1950 年 9 月 四川瀘州 西昌戰役被俘多時不屈遇害
3	余錦源	四川金堂	黃埔二期 成都防衛中將副司令	1951 年 四川成都戰役被俘逃脫 游擊再被俘遇害
4	周士冕	江西永新	黃埔一期 西南軍政長官公署中將參議	1950 年 3 月西昌戰役被俘 1953 年遇害
5	李夢筆	陝西武功	黃埔一期 陝西鳳翔汧山少將守備司令	1949 年在鳳翔被俘不屈 1950 年遇害
6	沈開樾	浙江寧波	黃埔三期 第三軍少將副軍長兼成都防衛司令部參謀長	1950 年 7 月 成都戰役負傷 被俘後組織抗暴 再被俘遇害
7	李學正	河南靈寶	黃埔五期 第一屆國大代表 川陝甘挺進軍少將副總指揮兼新編第四軍副軍長	1951 年 2 月 四川通江 於敵後游擊時被俘逃出 再游擊再被俘而遇害
8	趙 仁	陝西三原富里堡	黃埔五期 第一軍第一六七師少將師長	1949 年 12 月 4 日 四川潼南 重慶戰役陣亡
9	陳壽人	福建閩侯	黃埔六期 第六十九軍少將參謀長	1949 年 12 月 27 日 四川邛崍 成都戰役率軍殿後掩護第六十九軍主力突圍陣亡
10	吳方正	浙江東陽	黃埔六期 第六十九軍第二十四師少將師長	1949 年 12 月 24 日 四川新津 成都戰役率軍殿後掩護第五兵團主力突圍陣亡

	姓名	籍貫	學經歷軍階	殉職日期地點及戰役
11	汪承釗	湖南靖縣	黃埔六期 第三十六軍 第一六五師少將師長	1949 年 12 月 27 日 四川蒲江西來場東北 成都戰役陣亡
12	柯愈珊	湖北鄖西	黃埔六期 川陝甘挺進軍 新編第十二師師長	1950 年 1 月 四川 敵後游擊失敗自戕
13	龐仲乾	浙江天臺	黃埔七期 第六十九軍少將副軍長	1949 年 12 月 成都戰役自戕
14	黃維一	湖北大冶	黃埔七期 西南長官公署少將高參	1950 年 3 月 30 日 西昌戰役陣亡
15	王菱舟	山東齊東	黃埔九期 第五十七軍第二一四師少將師長	1949 年 12 月 26 日 四川邛崍積善橋 成都戰役與妻同時自戕
16	劉逢會	陝西	二十七軍少將參謀長	1950 年 9 月 四川瀘州 西昌戰役負傷被俘多時不屈遇害
17	朱光祖	甘肅平涼	行伍出身 第一軍第一師少將師長	1950 年 4 月 2 日 四川成都 西昌戰役負傷被俘，劉文輝恨之入骨遭凌遲遇害
18	高宗珊	河北	黃埔十一期 第一軍第一六七師上校副師長	1949 年 12 月 26 日 四川蒲江縣西北 30 公里處 成都戰役陣亡
19	梁德馨	河北	黃埔十二期 第一軍第七十八師上校副師長	1949 年 12 月 成都戰役陣亡
20	劉禹田		第二十七軍第三十一師上校參謀長	1949 年 12 月 成都戰役陣亡
21	鄧德亮	西康彝族	西南人民反共自衛軍第一縱隊司令	1950 年底 游擊被俘不屈遇害
（附）	王生明	湖南祁陽	陸軍官校軍官教育班 第二十七軍第一三五師副師長 成都戰役負傷 大陳防衛部一江山少將防衛司令	1955 年 1 月 20 日 大陳列島中之一江山島 一江山戰役自戕

附圖

以下係作者於 2019 年 3 月赴胡宗南將軍於 1949 年所駐
大陸有關城市留影。

父親亦於1949年元旦隨蔣中正總統赴中山陵行禮。

在抗戰時期父親為蔣中正委員長所建之西安常寧宮防空
地道入口。

246 | 疾風勁草：胡宗南與國軍在大陸的最後戰役（1949 - 1950）
Against All Odds: Hu Tsung-nan and the Chinese Nationalist Army in the Last Battles
on the Mainland（1949-1950）

西安常寧宮望遠亭現址。

父親部隊於 1949 年 12 月在成都力戰保衛的新津機場
（1），如今仍有文字介紹，但已成為飛行教練場。

父親部隊於 1949 年 12 月在成都力戰保衛的新津機場
（2）。

西昌邛海濱的邛海新村，是父親於 1950 年春在大陸最
後駐守之地。

248 | 疾風勁草：胡宗南與國軍在大陸的最後戰役（1949 - 1950）
Against All Odds: Hu Tsung-nan and the Chinese Nationalist Army in the Last Battles
on the Mainland（1949-1950）

西昌原小廟機場是父親於 1950 年 3 月 26 日撤離大陸的
機場，如今已經廢棄。

主要參考書目

古籍

1. 班固（東漢）撰，《漢書，百衲本二十四史》，臺北：臺灣商務印書館，2010 年 3 月新版，高紀第一上。
2. 顧祖禹（清代）《讀史方輿紀要》輯於《續修四庫全書》，上海：古籍出版社，2003 年。

檔案

1. 行政院蔣經國院長致革命實踐研究院及中國青年反共救國團主任李煥先生手札（1975 年）。
2. 沈志華主編，《俄羅斯解密檔案選編：中蘇關係》，上海：東方出版中心，2014 年出版，卷二（1949 年 3 月 -1950 年 7 月）。
3. 胡宗南，《胡宗南將軍手札》，未刊本。
4. 胡宗南著，胡為真增訂，《胡宗南先生文存》，臺北：臺灣商務印書館，2016 年。
5. 國防部，《西南戡亂作戰經過概要：1949 年 4 月 － 1950 年 5 月》，臺北：國家發展委員會檔案管理局，檔號38/543.64/1060.2B/1。
6. 國防部，《西南戡亂作戰經過概要：1949 年 12 月 － 1950 年 4 月》，臺北：國家發展委員會檔案管理局，檔號38/543.64/1060.2B/2。
7. 國防部裁決書，三十九年勛勵字第十七號。

8. 習仲勛、王震主任編審，《中國人民解放軍第一野戰軍文獻選編》，第一冊，北京：解放軍出版社，2000年 8 月。

9. 蔣中正總統致胡宗南主任（副長官）親筆函，1949 年 1 月 20 日，1949 年 10 月 21 日，1949 年 12 月 11 日，1949 年 12 月 21-22 日，1949 年 12 月 28 日，1950 年 1 月 25 日。

10. 蔣經國先生於南京致西安胡司令長官宗南親筆函，1947 年 9 月 16 日。

政府出版品

1. 三軍大學編纂，國防部審定，《國民革命軍戰役史第五部─戡亂》，第四冊、第五冊、第六冊、第七冊，臺北：國防部史政編譯局出版，1989 年 11 月。

2. 《中共教導旅陝北作戰日誌：1947 年 3 月 22 日 -1948 年 3 月 13 日》，臺北：國史館，2001 年 9 月。

3. 中共湖南省委黨史研究室及中共瀏陽市委編，《楊勇紀念集》，北京：中共黨史出版社，2013 年 10 月。

4. 中國人民政治協商會議全國委員會文史研究委員會編，《文史資料選輯》，合訂本第五冊，北京：中國文史出版社，1986 年 12 月。

5. 中國人民政治協商會議全國委員會文史研究委員會編，《文史資料選輯》，合訂本第十七冊，第 50 輯，北京：中國文史出版社，1986 年 12 月。

6. 中國人民解放軍軍事科學院及毛澤東軍事思想年譜組編，《毛澤東軍事年譜1927-1958》，南寧：廣西人民出版社，1994 年 8 月 。

7. 中國人民解放軍國防大學劉伯承傳編寫組編，《劉伯承傳》，北京：當代中國出版社，2007 年 2 月。

8. 世界知識出版社編輯，《中華人民共和國對外關係文件集 1949-1950》。北京：世界知識出版社，1957 年。

9. 毛澤東，《毛澤東選集》，北京：人民出版社，第四卷，2009 年11 月。

10. 四川省革命委員會文史研究館編輯組，《四川文史資料選輯》，第18 輯（1949 年的四川），成都：政協四川省委員會出版，1978 年12 月。

11. 呂芳上主編，《蔣中正先生年譜長編》，第八冊、第九冊，臺北：國史館、中正紀念堂、中正文教基金會出版，2015 年12 月。

12. 《文史資料選輯》，第二十三輯，北京：中華書局，1962 年。

13. 全國政協文史和學習委員會編，范漢傑等著，《我所知道的胡宗南》，北京：中國文史出版社，2017 年 8 月。

14. 武月星主編，《中國現代史地圖集》，北京：中國地圖出版社，四版，2006 年。

15. 《武都縣文史資料選輯》，第一輯，甘肅省刊物，出版年份不詳。

16. 軍事科學院軍事歷史研究部編著，《中國人民解放軍全國解放戰爭史》，北京：軍事科學出版社，第三卷，1999 年 1 月。

17. 軍事科學院軍事歷史研究部編著，《中國人民解放軍全國解放戰爭史》，北京：軍事科學出版社，第四卷，1997 年 7 月。

18. 軍事科學院軍事歷史研究部編著，《中國人民解放軍全國解放戰爭史》，北京：軍事科學出版社，第五卷，1997 年 8 月。

19. 俞濟時，《八十虛度追憶》，臺北：國防部史政編譯局，1983 年。

20. 逄先知主編，胡喬木等指導，《毛澤東年譜（1893-1949）》，北京：中共中央文獻研究室編，1993 年。

21. 秦基偉，《秦基偉回憶錄》，北京：解放軍出版社，2007 年 8 月 2 版。

22. 《陝西文史資料選輯》，第六卷，西安：陝西人民出版社，2010 年 4 月。

23. 《浙江文史資料選輯》，第二十三輯，杭州：1982 年。

24. 陳誠，《陳誠先生回憶錄》，臺北：國史館，2005 年。

25. 陳錫聯，《陳錫聯回憶錄》，北京：解放軍出版社，2007 年 8 月。

26. 郭汝瑰，《郭汝瑰回憶錄》，北京：中共黨史出版社，2009 年 5 月。

27. 國史館中華民國史外交志編輯委員會編，《中華民國史外交志初稿》，臺北：國史館，2002 年 12 月。

28. 國史館編，《中華民國褒揚令集初稿》，臺北：臺灣商務印書館，1985 年。

29. 國史館編，《戰後變局與戰爭記憶》，臺北：國史館，2015 年。

30. 張樹軍、史言主編，《紅色檔案：中國共產黨重大事件實錄》，長沙：湖南人民出版社，2006 年 5 月。

31. 《賀龍傳》編寫組著，《賀龍傳》，北京：當代中國出版社，2007 年 2 月。

32. 潘振球主編，《中華民國史事紀要（初稿）－中華民國 38 年 1 －6 月份，10 －12 月份》，臺北：國史館，1997 年 10 月。

33. 鍾仁、林峰、張高陵主編，《一野檔案：第一野戰軍》，第三版，北京：國防大學出版社，1998 年 10 月。

34. 鍾雲，《楊勇故事》，北京：解放軍出版社，2015 年 3 月。

35. 戴其萼，彭一坤，《陳賡大將在解放戰爭中》，北京：解放軍出版社，1985 年 12 月。

36. 顧永忠，《賀龍與共和國元帥》，北京：人民出版社，2007 年 8 月。

37. 顧祝同將軍紀念集編輯小組，《顧祝同將軍紀念集》，臺北：國防部史政編譯局，1988 年 1 月。

254 | 疾風勁草：胡宗南與國軍在大陸的最後戰役（1949 - 1950）
Against All Odds: Hu Tsung-nan and the Chinese Nationalist Army in the Last Battles
on the Mainland（1949-1950）

日記、傳記、回憶錄

1. 王叔銘，《王叔銘日記》，未刊本1949 － 1950 年部分。

2. 王萍訪問，官曼莉紀錄，《杭立武先生訪問紀錄》，臺北：中央研究院近代史研究所出版，1990 年。

3. 中共江蘇省委黨史工作辦公室編，《粟裕年譜》，北京：當代中國出版社，2012 年。

4. 李宗仁口述，唐德剛撰寫，《李宗仁回憶錄》，香港：南粵出版社，1986 年。

5. 李振回憶，劉學超整理，《三十七年的戎馬生涯》，未刊本。

6. 宋希濂，《鷹犬將軍：宋希濂自述》，北京：中國文史出版社，1986 年。

7. 沈劍虹，《使美八年紀要：沈劍虹回憶綠》，臺北：聯經公司，1982 年。

8. 林景淵編，《胡長青將軍：日記、家書……追念》，新北：遠景出版公司，2014 年 2 月。

9. 汪士淳，《千山獨行：蔣緯國的人生之旅》，臺北：天下文化出版，1996 年 9 月。

10. 吳興鏞編注，《吳嵩慶日記（一）1947-1950》，臺北：中央研究院臺灣史研究所，2016 年 6 月。

11. 於達、羅列編纂，葉霞翟、胡為真增訂，《胡宗南上將年譜》，臺北：臺灣商務印書館，2014 年 8 月。

12. 胡宗南，《胡宗南先生日記》，上、下冊，臺北：國史館，2015 年 7 月。

13. 胡故上將宗南先生紀念集編輯委員會編纂，胡為真增

訂，《令人懷念的胡宗南將軍》，臺北：臺灣商務印書館，2014 年 12 月。

14. 胡為真講述、汪士淳撰寫，《國運與天涯：我與父親胡宗南，母親葉霞翟的生命紀事》，臺北：時報出版，2019 年 1 月，二版。

15. 胡為真口述，汪士淳撰寫，《情到深處：胡宗南將軍與夫人葉霞翟在戰火中的生命書寫》，臺北：臺灣商務印書館，2020 年 3 月。

16. 段克文，《戰犯自述》，臺北：聯經公司出版，1978 年 3 月。

17. 政協山東省濰坊市濰城區委員會學宣文史委員會編，《愛國起義將領裴昌會》，濰城文史資料第十四輯，濰坊市：1999 年 7 月。

18. 孫元良，《億萬光年中的一瞬：孫元良回憶錄》，臺北：時英出版社，2008 年 7 月。

19. 孫震，《八十年國事川事見聞錄》，高雄：四川同鄉會，1985 年。

20. 徐永昌，《徐永昌日記》，第九冊，臺北：中央研究院近代史研究所，1991 年。

21. 徐枕，《一代名將胡宗南》，臺北：臺灣商務印書館，2014 年 8 月。

22. 徐枕，《風霜雨露集》，臺北：飛燕公司，2004 年。

23. 陳誠，《陳誠先生日記》，臺北：國史館，2015 年 7 月。

24. 張玉法、陳存恭訪問，《劉安祺先生訪問紀錄》，臺北：中央研究院近代史研究所，1991 年 6 月。

25. 張岳軍傳略與年譜編纂委員會，《張岳軍傳略與年譜》，臺北：中日關係研究會，1991 年 5 月。

26. 張羣，《張羣先生日記》，未刊本，1949 年部分。

27. 習仲勛傳編輯委員會，《習仲勛傳》，香港：中和公司，2013 年。

28. 盛文，《盛文先生訪問記錄》，臺北：中央研究院近代史研究所，1989 年 6 月。

29. 秦孝儀主編，《總統蔣公思想言論總集》，卷二十三（演講），臺北：中國國民黨中央委員會黨史委員會，1984 年 10 月。

30. 曹志漣彙編，《一片祥和日月長－報人曹聖芬》，臺北：開元書局，2002 年 9 月。

31. 傅高義著，馮克利譯，《鄧小平改變中國》，臺北：天下遠見，2012 年。

32. 彭德懷傳記組著，《彭德懷全傳》，北京：中國大百科全書出版社，2009 年 4 月。

33. 童世璋，《忠藎垂型：谷正倫傳》，臺北：近代中國出版社，1986 年 4 月。

34. 楊森，《楊森回憶錄》，臺北：天聲出版，1968 年 2 月。

35. 楊鴻儒、李永銘，《張羣傳》，武漢：湖北人民出版社，2006 年 4 月。

36. 鄭彥棻，《往事憶述》，臺北：傳記文學社，1978 年 6 月，再版。

37. 臺北市四川同鄉會、重慶同鄉會編，《張岳軍先生在川言論選集》，高雄：四川同鄉會，1985 年。

38. 樓文淵編，《老蔣在幹啥？從蔣介石侍從日誌解密1949 大撤退》，臺北：聯經出版，2019 年 6 月。

39. 蔣中正，《蔣中正日記》，未刊本，1947－1949 年

40. 蔣中正，《蘇俄在中國：中國與俄共三十年經歷紀要》，第二十八版，臺北：中央文物供應社，1976年 5 月。

41. 蔣經國，《風雨中的寧靜》，臺北：正中書局，2003 年。

42. 劉文輝，《走到人民陣營的歷史道路》，北京：三聯書店，1979 年 12 月。

43. 劉同飛，〈父親劉宗寬："潛伏"背後的功勳〉，《黃埔雜誌》，北京：黃埔軍校同學會，2010 年 1 月。

44. 錢世澤編，《千鈞重負：錢大鈞將軍民國日記摘要》，第三冊，美國加州蒙特利公園市：中華出版公司，2015 年 7 月。

45. 蕭慧麟，《蕭毅肅上將軼事》，臺北：書香文化，2005 年。

46. 嶺光電遺著，爾布什哈整理，《民國川康往事》，未刊本。

47. 魏德邁（Albert Wedemeyer）著，程之行等譯，《魏德邁報告（Wedemeyer Reports）》，臺北：臺灣光復書局，1959 年 2 月。

48. 羅列上將紀念集編輯委員會，《羅列上將紀念集》，臺北：1977 年。

專書

1. 王克俊等著，《起義1949》，北京：中國文史出版社，2009 年 9 月。

2. 民國歷史文化學社編輯部，《關鍵年代：空軍一九四九年鑑（一）》，臺北：民國歷史文化學社，2020 年 7 月。

3. 林桶法，《一九四九大撤退》，臺北：聯經出版，2009 年 8 月。

4. 林曉寒（丁三），《藍衣社碎片》，北京：人民文學出版社，2003 年 6 月。

5. 胡為真，《從尼克森到柯林頓：美國對華一個中國政策之演變》，臺北：臺灣商務印書館，2001 年 4 月。

6. 吳興鏞，《黃金密檔：1949 年大陸黃金運臺始末》，南京：江蘇人民出版社，2009 年。

7. 郝柏村，《郝柏村解讀蔣公日記1945-1949》，臺北：天下遠見，2011 年 6 月。

8. 許倬雲、丘宏達主編，《抗戰勝利的代價：抗戰勝利四十周年學術論文集》臺北：聯經公司出版，1986 年 9 月。

9. 張玉法，《中華民國史稿》，修訂版，臺北：聯經出版，2013 年 11 月。

10. 張憲文、張玉法主編，《中華民國專題史第十六卷：國共內戰》，南京：南京大學出版社，2015 年 3 月。

11. 陳永發，《中國共產革命七十年》，修訂版，臺北：聯經公司出版，2018 年 4 月，2 版。

12. 陳虎，《解放日記—1949 年的故事》，北京：當代中國出版社，2004 年。

13. 陳佑慎，《國防部：籌建與早期運作》，臺北：開源書局；民國歷史文化學社，2019 年。

14. 陶涵（Jay Taylor）著，林添貴譯，《蔣介石與現代中國的奮鬥》（*The Generalissimo Chiang Kai-shek and the Struggle for Modern China*），臺北，時報公司出版，2010 年 4 月。

15. 資中筠，何迪編，《美台關係四十年1949-1989》，臺北：海峽學術出版社，2014 年 12 月。

16. 蔣永敬、劉維開，《蔣介石與國共和戰：一九四五－一九四九》，臺北：臺灣商務印書館，2013 年 1 月。

17. 趙嘉凱，《奮戰江山：國共第二次戰爭實錄》，臺北：時英出社，2018 年 6 月。

18. 劉維開，《蔣中正的一九四九》，臺北：時英出版社，2009 年 8 月。

19. 蕭鴻鳴、蕭南溪、蕭江著，《金門戰役紀事本末》，北京：中國青年出版社，2017 年 1 月。

專文

1. 王力，〈漫談舒同〉，《北京傳記文學》，（北京，1995 年），第 12 期。

2. 艾愷（Guy Allito）著，彭思衍譯，〈西方史學論著中的蔣中正先生〉，《蔣中正先生與現代中國學術討論集》，臺北：蔣中正先生與現代中國學術討論集編輯委員會編輯出版，1986 年 12 月 31 日，第一冊——蔣中正先生之思想學說行誼；英文原文 "Chiang

260 疾風勁草：胡宗南與國軍在大陸的最後戰役（1949 - 1950）
Against All Odds: Hu Tsung-nan and the Chinese Nationalist Army in the Last Battles
on the Mainland（1949-1950）

Kai-shek in Western Historiography ", *Sino-American Relations*,
Taipei: Chinese Cultural University, Winter, 2001, Vol. XXVII,
No.4

3. 吳俊，〈恭逢胡宗南長官百歲誕辰懷感〉，《王曲通
   訊》，臺北：內部刊物，第23 期1996 年6 月2 日。

4. 吳興鏞，〈蔣毛博弈及臺灣免於戰禍初探〉，《傳
   記文學》，臺北：傳記文學社，2019 年 3 月，第
   682 期。

5. 陳漢廷，〈走出忠烈祠的上將——羅列傳奇〉，《傳
   記文學》，臺北：傳記文學出版社，2018 年 6 月號、
   7 月號、8 月號，第 673、674、675 期。

6. 張玉法，〈兩頭馬車：總裁蔣介石與代總統李宗仁的權
   力運作（1949）〉，呂芳上主編，《蔣中正日記與民國
   史研究》，臺北：世界大同出版公司，2011 年 4 月。

7. 張漱涵，〈英雄無淚〉，《王曲》，內部刊物，不對外
   發行。臺北：王曲叢刊編輯委員會編，第 20 集：軍
   校七分校第十七期畢業五十周年紀念特刊，1993 年
   6 月。

8. 彭玉龍，〈抗日戰爭時期正面戰場作戰的胡宗南〉，
   《軍事歷史雙月刊》，北京：軍事科學院主管，軍事
   科學院軍事歷史研究所主辦，2010 年第 6 期，總第
   177 期。

9. 經盛鴻，〈1949 國共軍事戰略及其得失〉，《二十一
   世紀雙月刊》，香港：中文大學中國文化研究所，
   2000 年，10 月號。

10. 潘邦正，〈蔣檔關於西南聯大歷史新證：建校、學運及李、聞兩案〉，《春秋雜誌》，香港，2019 年 12 月。

11. 蔡孟堅，〈馬步芳、馬鴻逵、馬步青三傑─戰後西北回軍三馬由分崩而人亡的史實〉，《蔡孟堅傳真三集》，臺北：傳記文學社，1997 年 8 月。

12. 羅列，〈懷念伍道遠先生〉，《傳記文學》，臺北：傳記文學社，1963 年 11 月號，第 3 卷第 5 期。

報紙

1. 《中央日報》，南京，1949 年 1-4 月。

2. 《華商報》，香港，1949 年 4-6 月。

說史敘事 02

疾風勁草：
胡宗南與國軍在大陸的
最後戰役（1949-1950）

Against All Odds: Hu Tsung-nan and
the Chinese Nationalist Army in the Last Battles
on the Mainland（1949-1950）

作　　者	胡為真
總 編 輯	陳新林、呂芳上
執行編輯	林育薇
美術編輯	溫心忻

出　　版　　開源書局出版有限公司

香港金鐘夏慤道 18 號海富中心
1 座 26 樓 06 室
TEL：+852-35860995

民國歷史文化學社 有限公司

10646 台北市大安區羅斯福路三段
37 號 7 樓之 1
TEL：+886-2-2369-6912
FAX：+886-2-2369-6990

http://www.rchcs.com.tw

初版一刷	2020 年 11 月 30 日
定　　價	新台幣 400 元
	港　幣 105 元
	美　元 15 元
I S B N	978-986-99448-9-2
印　　刷	長達印刷有限公司
	台北市西園路二段 50 巷 4 弄 21 號
	TEL：+886-2-2304-0488

國家圖書館出版品預行編目 (CIP) 資料

疾風勁草：胡宗南與國軍在大陸的最後戰役
(1949-1950) = Against All odds : Hu Tsung-
nan and the Chinese National Army in the last
battles on the mainland(1949-1950)/ 胡為真著.
-- 初版 . -- 臺北市 : 民國歷史文化學社有限公司 ,
2020.11

　面；　公分 . -- (說史敘事 ; 2)

ISBN 978-986-99448-9-2 (平裝)

1. 國共內戰　　2. 民國史

628.62　　　　　　　　　　　　　109017781